高等院校应用型教材——经济管理系列

U0365931

ERP 项目实施教程
(第 2 版)

吴鹏跃 主 编

清华大学出版社
北京

内 容 简 介

本书是 ERP 项目实施的综合实践课程用书。主要包括 ERP 项目实施方法、ERP 项目定义、业务蓝图设计、系统实现、上线支持、工业企业案例植入、ERP 个性化应用共计七章内容。

本书作为 ERP 项目管理类课程用书，在适度的方法论指引下，注意了对专业综合知识的训练，最大可能地调动学生的实践积极性，难度适中。考虑到应用型院校的特点和实际情况，在内容的组织上做到贴近企业一线，以 ERP 实施顾问岗位能力为导向，以每阶段的工作任务为范本，充分体现出应用型人才的培养要求。在工业企业案例植入部分，本书基于金蝶 K3/12.3 平台，增加了从销售、生产、采购到财务核算的全过程实验，不仅在 ERP 实施中对基础资料、初始数据的整理进行了讲述，还拓展了企业日常业务应用场景的实验，更加鲜明地呈现了 ERP 项目实施、项目应用的全域场景。本书多数章的后面增加了实训课堂，供学习者练习与提升。

本书适合作为高等院校 ERP 课程综合实践的教材，也可作为企业 ERP 实施的参考书，亦可作为高校学生课外自学参考书。

图书在版编目(CIP)数据

ERP 项目实施教程/吴鹏跃主编. —2 版. —北京：清华大学出版社，2022.10
高等院校应用型教材. 经济管理系列
ISBN 978-7-302-61925-3

Ⅰ．①E… Ⅱ．①吴… Ⅲ．①企业管理—计算机管理系统—高等学校—教材 Ⅳ．①F272.7

中国版本图书馆 CIP 数据核字(2022)第 175959 号

责任编辑：陈冬梅　桑任松
封面设计：杨玉兰
责任校对：周剑云
责任印制：刘海龙
出版发行：清华大学出版社
    网   址：http://www.tup.com.cn, http://www.wqbook.com
    地   址：北京清华大学学研大厦 A 座   邮 编：100084
    社 总 机：010-83470000   邮 购：010-62786544
    投稿与读者服务：010-62776969, c-service@tup.tsinghua.edu.cn
    质量反馈：010-62772015, zhiliang@tup.tsinghua.edu.cn
    课件下载：http://www.tup.com.cn, 010-62791865
印 装 者：大厂回族自治县彩虹印刷有限公司
经 销：全国新华书店
开 本：185mm×260mm   印 张：14   字 数：340 千字
版 次：2013 年 9 月第 1 版 2022 年 10 月第 2 版 印 次：2022 年 10 月第 1 次印刷
定 价：46.00 元

产品编号：092567-01

前　言

本书内容符合中华人民共和国教育部关于"高等教育要面向 21 世纪教学内容和课程体系改革计划"的基本要求，紧跟大数据、数字化管理的要求，参照金蝶软件实施"四步法"，为高等院校培养应用型人才专业编写的 ERP 项目管理课程教材。本书包括 ERP 项目实施方法、ERP 项目定义、业务蓝图设计、系统实现、上线支持、工业企业案例植入、ERP 个性化应用共计七章内容。主要介绍一些 ERP 实施过程中方法技术及工具应用。

本书在编写过程中力求突出以下几个方面的特点：

(1) 将一些实际应用有机地渗透到 ERP 项目实施的学习中，将实用性和适用性体现在教材中的实例、例题和习题中，并突出创新。

(2) 内容组织尽量保持与企业实际工作相一致，完成的任务文档尽量采用企业实际工作需要为范本，体现应用型人才的培训要求。

(3) 每章提出一个与本章知识点相关的典型问题作为引入，以启发思考，激发兴趣。在内容叙述中体现出了对这些问题的解决思路。

(4) 本书在编写过程中得到宁波金蝶和金蝶精一信息科技服务有限公司的大力支持，提供了较为丰富的企业一线案例，尽最大可能地贴近工作实际，充分体现了 ERP 实施顾问的岗位能力要求。

(5) 本书在案例的组织上，呈现了 ERP 实施到应用的全过程，充分地仿真了企业信息化项目应用的场景，特别增加了销售、生产、采购与财务核算的集成应用，并提供各节点练习账套(K3/12.1 以上版本需先升级后，才可使用)。

本书面向高等院校经管类或非经管开设 ERP 相关课程的专业，建议授课时数为 64 学时。不同专业在使用时，可根据自身的特点和需要加以取舍。

本书由吴鹏跃(宁波大学科学技术学院)主编，在积累多年教学素材的基础上编制而成，依托教育部产学合作协同育人项目的成果，对实验部分做了仿真企业真实应用场景的设计，突出了企业智能化管理的特点与应用趋势。

由于编者水平所限，书中如有不足之处敬请使用本书的师生与读者批评指正，以便修订时改进。如读者在使用本书的过程中有其他意见或建议，恳请向编者踊跃提出宝贵意见。

编　者

目　　录

第一章　ERP 项目实施方法

【学习要点及目标】

(1) 重点掌握 ERP 项目实施的含义。

(2) 了解国内外典型 ERP 项目实施方法。

(3) 掌握 Kingdee Way 实施方法的内容与步骤。

【核心概念】

ERP 实施　Kingdee Way 方法

【引导案例】

如何成功应用 ERP

ERP 在我国风风雨雨历经 30 多年，从 20 世纪 70 年代计算机最初在财务、生产部门的应用，到如今已扩展到整个供应链、CRM 等。

提到 ERP，业界对其最早的印象大多是"上 ERP 找死、不上 ERP 等死"。可是，最近几年 ERP 的实施已经不再是这么可怕的事情，现阶段的 ERP 实施成功率要高于过去的许多倍，成功应用 ERP 的企业数量也在进一步增加。据一份调查资料显示，现阶段企业普及 ERP 已达到 52.4%，并且这一水平还在进一步提升。可见，我国企业的 ERP 实施正在逐步地成熟。

那么，究竟什么是 ERP，如何才能提高应用 ERP 的效果呢？

【案例导学】

企业实施 ERP 是一个系统化的选择，是由 ERP 系统化的特点决定的。它把客户需求和企业内部的制造情况以及供应商资源整合在一起，将企业的各种资源充分调配和平衡，使制造、销售、财务、人力资源等各个分散、独立的部门通过计算机连接到一起，实现整个企业信息的集成。ERP 的实施是一个非常庞大的系统工程，它不仅涉及企业生产、经营、技术和管理的各个方面，还涉及企业体制和国家的经济环境等诸多因素，其复杂性和艰巨性可想而知。

本章将通过几种典型 ERP 实施方法的介绍，让读者了解 ERP 实施的内涵。

什么是方法论？近些年来，人们通常把"方法论"一词错误地认为只不过是"方法"

一词的同义词。其实不然，方法论不仅仅是一系列方法和工具的简单汇总，也是一系列使这些方法和工具成为具有战略指导意义的架构体系。

实施方法论可使 ERP 项目各阶段的管理更加标准，同时也为各阶段设立了先后顺序并描述了最佳实践，从而使整个组织期望的成果更加丰富，对资源的利用更加有效。

第一节　ERP 实施方法概述

一、SAP 实施方法

ASAP 是 SAP 公司为使 R/3 项目的实施更简单、有效而开发的一套完整的快速实施方法。ASAP 优化了在实施过程中对时间、质量和资源的有效使用等方面的控制，是一个包括了项目实施得以成功的所有基本要素的完整的实施方法。ASAP 主要包括：ASAP 路线图、ASAP 工具包、SAP 技术支持和服务、SAP 培训策略和 SAP 参考模型。

1．ASAP 路线图

ASAP 提供了面向过程的、清晰的和简明的项目计划，在实施 R/3 的整个过程中提供了一步又一步的指导。其路线图共有五个步骤，包括项目准备、业务蓝图、实现过程、最终准备、投产和技术支持，如图 1-1 所示。

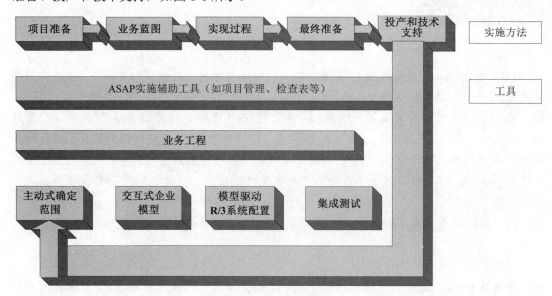

图 1-1　ASAP 路线图

具体来说，每个阶段的主要工作内容如下：

1) 项目准备

(1) 建立项目组织。

(2) 确立项目日程安排。

(3) 培训项目队伍。

(4) 准备网络环境和硬件。

(5) 启动项目。

2) 业务蓝图

(1) 分析业务流程现状(组织结构、流程)。

(2) 确定未来业务流程(组织结构、流程)。

(3) 确定项目文档标准。

(4) 安装 SAP 系统。

(5) 管理层批准业务蓝图。

3) 实现过程

(1) 配置系统基本参数。

(2) 培训项目组。

(3) 测试流程。

(4) 设计接口和报表。

(5) 确定与完善系统测试。

(6) 制定外部接口及报表开发方案。

(7) 建立用户权限和系统管理机制。

(8) 准备最终用户培训。

4) 最终准备

(1) 确定配置系统。

(2) 最终用户培训。

(3) 准备基本数据。

(4) 准备初始数据。

(5) 设计上线计划。

5) 上线与技术支持

(1) 系统上线。

(2) 不间断地提供支持。

(3) 持续的业务流程优化。

(4) 项目评估及回顾。

2. ASAP 工具包

运用正确的工具会产生与众不同的效果。工具包指的是 ASAP 中用到的所有工具,包括 R/3 业务工程(R/3 Business Engineering);一些其他软件产品,如 MS-Project;ASAP 的"估算师"(Best Estimator)工具,使用户能精确测算实施中所需的资源、成本和时间;ASAP 的"实施助理"(Implementation Assistant),它是一个"如何做"的指导书,可以伴随用户走过项目实施中的每一个阶段,包括调查表和项目计划。ASAP 还充分发挥了 R/3 企业设计的强大配置能力。在这个似乎无限大的工具箱里还有建模、实施、改进和建立技术文件等工具,利用公认的企业模型和行业模板可以有效地加速对企业的实施。

3．SAP 技术支持和服务

SAP 的技术支持和服务网络对用户在实施和使用过程中可能出现的问题随时进行解答，是用户的助手。用户还将得到从项目开始到成功实施及其后续方面的支持和服务，其中，服务包括咨询和培训。ASAP 提升了服务与支持的范围，即所有与 SAP 环境相关的服务。"早期预警"概念评估和启动检查是其中的一部分，可用来保证整体的品质，并让用户可以主动调整 R/3 系统。

4．SAP 培训策略

SAP 培训策略包含了对项目小组和最终用户的培训。一般来讲，项目小组的培训是混合了标准 1～3 级课程和现场培训。对最终用户来说，是由已受训的项目小组成员作为教员，再将知识传授给他们(详见后面 SAP 培训支持)。

5．SAP 开发的 R/3 参考模型

SAP 开发的 R/3 参考模型以商业术语描述了在 R/3 系统中所支持的标准应用功能与业务过程。此信息帮助企业识别应用中可见的不同过程以及应用之间的集成关系，因此企业能够运用 SAP 软件为自己获取最大利益。R/3 的参考模型集成在 R/3 的系统中，此集成版本被认为是商业的领航者。

二、Oracle Applications 实施方法论

Oracle Applications 实施方法论是一套建立整体解决方案的方法，主要由 AIM(应用系统实施方法论)和 PJM(整体项目管理方法论)等各自独立的方法论组成。这些方法论可以提高工作效率及项目实施质量。顾问在项目实施过程中，可以借用 Oracle Applications 实施方法论及实施工具来帮助，并将此方法论技术作为技术转移的一部分。

1．PJM 和 AIM

整体项目管理方法论(PJM)的目标是提供一个主框架，对所有项目采用同样的方法进行计划、评估、控制和跟踪。

经过在全球多年的应用，Oracle 公司提炼出了结构化实施方法，以满足用户的需求。从定义用户的实施方法、策略到新的系统上线运行，AIM(应用系统实施方法论)包含了所有的实施步骤。因而尽可能地降低用户的风险，以保证快速、高质量地使用 Oracle 应用系统。

2．AIM 的七个阶段

1) 建立实施策略

本阶段主要从商务和技术上划定项目的范围，并确定项目的目标。这一阶段的工作，包括建立以公司主要领导为首的项目实施领导小组和各部门有关人员参加的项目实施小组，并对员工进行初步的业务管理观念和方法培训。具体制定出企业实施应用管理的策略和目标。

2) 业务流程分析

本阶段主要是项目的具体内容细化，即对现行的管理进行细致的回顾和描述，从而梳

理项目在业务和技术上的具体要求。在这个阶段一般要编写一个项目定义分析报告，这样可以更多地借助 IPO 图的形式来描述目前的流程，并从中找出希望改进的地方，为进一步解决方案的设计创造条件。为此，须对项目实施小组成员的业务管理概念和 Oracle 系统软件功能层次进行较为系统的培训。

3) 设计解决方案

本阶段主要是对上一阶段形成的业务分析流程，结合业务管理的基本概念和具体的软件功能，进行逐项回顾、分析，以便对目前每个管理业务流程提出具体方案。具体方案可以是直接套用 Oracle 应用系统中的某些功能，也可以是对现行管理流程做一些改进，还可以是对软件系统做一些必要的二次开发。无论哪种方案，一般都应编写项目说明书之类的文档(里程碑)，作为建立系统的设计任务书。

4) 建立应用系统

本阶段需根据前一阶段拟订的方案，对管理(或组织)上须改进之处制定改进方案，包括调整分工、规范流程、统一方法、标准信息编码等。从软件方面来讲，系统初始化设计及二次开发工作可开始进行，这样建立起一个符合企业管理思想的应用系统，此时大量的基础数据的整理工作也将着手进行。

5) 文档编码

本阶段在建立应用系统的同时，除了必须对软件进行二次开发，按软件工程要求提供必需的文档以外，还要对管理的流程及方法、制度、职责及流程图等，也必须进行修改。这时，系统一旦建立起来，可着手对最终用户的主要应用进行培训。

6) 系统切换

在这个阶段，为了减少系统实施时的风险，各职能部门分别按照自己的日常业务活动，参照已文档化的流程，运行计算机系统进行测试，以证实其系统是基本可行的。此时开始正式向新系统输入数据，创建初始状态，定义参数，并运行。为了保证切换的成功，这时项目领导小组要及时发布许多指令，来逐步地进行系统的切换。一般来讲，如果能有一个新老系统并行的运行期间，系统切换的风险就会更低一些。

7) 运行维护

在并行一段时间后，如果事实证明系统是安全、可靠、可行的，那么可以正式投入运行。在运行中要做好有关的记录和报告，并及时地发现运行中的问题，以便对系统进行维护和提高。

三、用友实施方法论

用友软件公司是亚太地区最大的管理软件供应商，中国最大的管理软件、ERP 软件、财务软件供应商，也是中国最大的独立软件供应商。用友设计了一套价值实现方法论，规范系统实施咨询服务，以降低实施风险。该实施方法论体系与用友 ERP 软件紧密结合，规定了实施双方的权利和义务、行为规范、实施工具等涉及实施流程的全方位内容。经过数十万用户的成功体验，证明了该体系的科学性和实用性。

用友实施方法分为 6 个步骤，如图 1-2 所示。

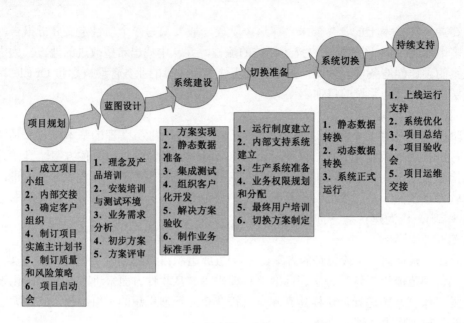

图1-2　用友实施方法的6个步骤

第二节　Kingdee Way 实施工作要点

Kingdee Way 是金蝶软件实施方法论，它遵循国际先进的项目管理理论，集金蝶全体知识工作者的集体智慧，在金蝶120万用户实践经验的基础上被创造性地提出。

金蝶的实施方法采用的是四步法，分别为项目定义(项目准备)、蓝图设计、系统实现和上线支持(验收交付)。金蝶实施四步法融合了国外的项目管理方法及流程，目的是加强实施过程中的项目管理计划、蓝图设计、上线准备及测试管理的内容，其实施过程如图1-3所示。

项目定义			蓝图设计			系统实现			上线支持		
工作内容	交付物	时长	工作内容	交付物	时长	工作内容	交付物	时长	工作内容	交付物	时长
1.1项目立项 1.2成立项目组织 1.3项目调研 1.4制订实施方案 1.5召开启动大会 1.6客户高层增调 1.7客户软件安装	1.1准备工作计划 1.2项目公约 1.3调研报告 1.4实施方案书 1.5项目启动大会 1.6高层培训教材 1.7完成确认书	1 3 3 1 3 3 0.5	2.1核心成员培训 2.2制订资料规范 2.3基础资料准备 2.4现有流程管理 2.5流程优化模拟 2.6新流程确认	2.1培训教材 2.2编码说明书 2.3基础数据明细书 2.4业务流程说明书 2.5标准业务规程 2.6流程确认书	3 5 1 5 3 3	3.1初始数据准备 3.2最终用户培训 3.3系统初始化 3.4日常业务辅导	3.1数据确认书 3.2完成确认书 3.3初始化方案 3.4报表确认书	2 1 3 1	4.1编写验收报告 4.2召开验收大会 4.3项目交接服务	4.1项目验收报告 4.2实验转服务交接单 4.3ERP项目系统	3 0.5 0.5
项目管理（工具/模板）			项目管理（工具/模板）			项目管理（工具/模板）			项目管理（工具/模板）		
知识库（顾问实施文档管理系统/标准流程库/应用指南/经典案例）											

图1-3　Kingdee Way 实施方法的4个步骤

一、项目定义

好的开始是成功的一半！任何项目在开始前，其要素诸如项目范围、主体计划等必须要有明确的界定。没有范围的界定，将不能称其为项目；没有主体计划，项目的进度将得不到控制。作为信息系统实施项目，客户方和顾问方必须形成一个共识：本次系统实施要涵盖哪些部门的业务，哪些是主要的，然后在此基础上制订阶段性可控的主体计划。

这一阶段，我们还要强调客我双方组织的对等有效性，提醒顾问方不要"越俎代庖"。因为大多数情况下，项目实施的主体只能是客户自身，顾问的作用主要应该表现在"引导、培训、监督"等方面，只有客户的实施应用体制健全而有效，系统的实施和应用才会有基本的保证。否则，即使项目勉强交付，日后客户和顾问方也会遇到不可预知的困难。

由此可知，项目定义是任何项目都必须首先解决的问题。针对企业 ERP 项目以及大型的企业信息化项目实施，项目组织尤为重要。与一般工程项目不同，企业信息化实施项目通常是在外部实施顾问的指导下，以企业为实施主体，转变管理思想和工作方法，实现新系统的建立。在项目实施过程中，企业内部实施人员通常在实施周期内，以兼职的方式完成实施任务为主，涉及企业的业务面较广，并且也涉及企业全部的管理层次。

顾问方项目实践表明，项目实施组织的完善，还必须贯穿于整个项目的实施周期，使项目组织根据项目的实施情况，实现动态调整。

项目定义阶段的主要工作内容包括以下几个方面。

(1) 项目授权责任书(甲方)。

(2) 高层访谈纪要。

(3) 项目管理手册。

(4) 项目实施计划。

(5) 启动大会材料。

(6) 软件安装完成确认书。

二、蓝图设计

蓝图设计是客户和顾问方互动的阶段。客户方在顾问方的指导下，着眼于通过系统来实现的目标，参照顾问方提供的标准流程库，梳理自己的现行业务流程，以便明确自己真正的需求是什么，核心需求是什么，从而描绘出一个完整且可行的业务蓝图。

这一阶段客户和顾问方将最终要实现的业务流程通过系统测试，明确具体实现的途径有三种：①直接通过系统标准流程得以实现；②通过调整或借鉴行业流程满足客户的要求；③客户方通过金蝶提供的自定义工具实现个性化的要求。只有极少部分可能需要通过二次开发实现客户的特别要求。通过对实现方法的定义，客户方和顾问方可以确定后续的工作方法与具体工作计划。

这一阶段主要工作内容包括以下几个方面：

(1) 关键用户培训材料。

(2) 基础数据收集模板/规范/计划。

(3) 项目调研报告。

(4) 未来流程文档。

(5) POC 配置文档和测试用例。

(6) 测试策略/计划。

(7) 客户化开发需求文档/计划。

(8) 业务蓝图。

(9) 蓝图阶段完成确认书。

三、系统实现

本阶段更多的是帮助客户加强基础管理工作,对即将通过系统来管理的对象作精确而排他的描述,扫清企业管理信息化的技术障碍。例如,对公司业务涉及的物料、仓库、业务往来客户、加工设备等进行编码管理,有利于系统对这些对象进行定性和定量管理。

通过前面几个阶段工作的串行或并行,系统开始在企业发挥作用,一切初始化的工作是系统开始运行的必要技术条件。我们要强调那些非技术化的因素对系统运行的重要作用。我们在这个阶段必须关注的是:客户方在开始使用新系统时,是否经过必要的培训;知识的传递链在企业内部是否已经建立;每个系统业务相关人员是否明白:他在什么时候、什么地方、使用什么方法去做他应该做或能做到的事等。在此阶段,客户方必须在顾问方的指导下制定系统运行规则,并通过阶段性的运行调整后固化下来。

这一阶段的主要工作内容包括以下几个方面。

(1) 配置文档。

(2) 客户化开发设计/测试。

(3) 测试文档/报告。

(4) 最终用户培训/测试文档。

(5) 制定上线方案。

(6) 准备基础数据,完成确认单。

(7) 编写环境测试报告。

(8) 构建支持流程(甲方)。

(9) 上线完成确认单。

四、上线支持

任何项目都必然存在预定的结束时间。项目的验收标志着项目的实施在一定周期内已完成预定目标,也标志着项目从实施正式转入应用。但这并不是说,从此项目与顾问方就再也没有关系,而是随着项目应用的正式启动,一个新的项目——"项目应用维护"从此也开始了。项目应用维护绝不是项目实施的一个阶段,而是一个独立的、持续的过程。这个过程可按年度来划分阶段,即可以年度作为项目应用维护的周期。顾问方在项目实施验收通过后,对项目应用维护的支持方式一般由有关合同条款来约束。

必须要强调的是:信息化项目是以企业为主体来实施的,项目的验收并不意味着企业内部实施工作的结束，而是意味着项目进入了一个新的起点。企业内部实施人员应当在已达到的实施成果的基础上，继续优化业务处理和流程，以巩固实施成果。

这一阶段主要工作内容包括以下几个方面。

(1) 填写系统运行状况报告。

(2) 填写实施转服务交接单。

(3) 填写系统验收单。

(4) 填写上线支持完成确认单。

 本章小结

(1) 本章介绍了四种 ERP 项目实施的主流方法，并阐明了各种方法的内容与步骤。

(2) 本章重点介绍了国内主流 ERP 软件供应商金蝶公司开发的 Kingdee Way 的实施方法与理念，从项目定义、蓝图设计、系统实现及上线支持四个阶段进行工作内容及要点分析，并突出了每个阶段的成果内容。

 实训课堂

20 世纪初，一位美军营长对值班军官下达了如下命令："明晚 8 点，哈雷彗星将在这个地区出现。这种情况每隔 76 年才能看到一次。命令士兵，届时身着野战服到操场集合，我将向他们解释这一罕见的现象。如果下雨，就到礼堂集合，我将为他们放映一部有关彗星的电影。"

经过连长、排长、班长的层层传达，士兵接到这条命令时，这条命令已经变为：

"明晚 8 点下雨的时候，76 岁的哈雷将军，将在营长的陪同下，身着野战服，乘坐'彗星'牌汽车，经过操场前往礼堂。"

请问，如果你是这位值班军官，你将如何保证命令准确传达至每位士兵？请制订一份实施计划与方案。

 复习思考题

1. 查阅 ERP 实施相关资料，构建评价指标，分析说明 ASAP、Oracle Applications 及用友实施方法的各自特点。

2. 简述 Kingdee Way 实施方法的过程。

3. 在 Kingdee Way 的四个步骤中，哪些是属于关键阶段成果(里程碑)？

第二章 ERP 项目定义

【学习要点及目标】

(1) 重点掌握 ERP 实施过程中项目定义的含义。
(2) 了解和掌握 ERP 实施项目定义的工作内容。
(3) 了解和掌握 ERP 实施项目定义的价值点。
(4) 掌握项目定义的实施工具。

【核心概念】

项目启动　实施计划　调研报告

【引导案例】

项目定义的重要性

某公司购买了一套 ERP 系统，刚开始实施进展比较顺利，一切按计划进行。可是在即将进行系统初始化时，客户提出 ERP 系统要直接读取 MES 的数据来进行生产计划与排程。因此，项目不得不中断。你认为问题出在什么地方？应该怎样改进？

【案例导学】

准确定义是项目成功的保证。如果不断变更对项目的要求，就会给项目的成功实施带来不必要的风险。因此，在项目开始之初就准确定义项目是至关重要的。

项目定义阶段是 ERP 实施的一个重要环节，通过此环节可以详细了解企业的现状及需求。本阶段的主要工作流程如图 2-1 所示。

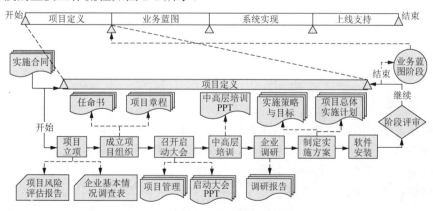

图 2-1　项目定义阶段的工作流程

项目定义是任何项目首先需要解决的问题。针对企业 ERP 项目以及大型的企业信息化项目实施，项目组织尤为重要。与一般工程项目不同，企业信息化实施项目通常是在外部实施顾问的指导下，以企业为实施主体，转变管理思想和工作方法，建立新的系统。在项目实施过程中，企业内部实施人员通常在实施周期内，主要以兼职的方式完成实施任务，涉及企业的业务面较广，也涉及企业的管理层次。

实践表明，项目实施组织的完善，必须贯穿于整个项目实施周期，使项目组织根据项目实施情况，实现动态调整。

因此项目定义是指针对项目人员、项目计划和项目有关初始约定的一系列相关活动，其主要目标是根据项目解决方案和企业情况，解决项目做什么、如何做、谁来做的问题。在较大型或综合型(包括 ERP、CRM、OA 等系统)项目的实施过程中，实施项目的经理必须根据项目变化情况，进行项目实施组织的动态调整，以满足实现项目实施目标的需要。

第一节　项　目　立　项

一、项目立项的意义

项目立项主要是指完成项目启动前，对客户项目进行的前期准备工作。主要包括立项分析、项目前期文档分析、客户背景研究、制定项目实施策略、项目实施方案和项目实施整体计划、与客户交流项目组织要求和项目公约。

为保证项目启动及首次实施的成功进行，科学的项目分析和充分的项目准备工作必须扎扎实实地完成。只有做好了项目立项阶段的准备工作，才有可能在与客户高层交流首次实施中确定的项目实施目标、策略、计划时顺利，为未来的项目实施奠定良好的基础。

项目立项是整个 ERP 项目实施的第一步，也是项目由销售转入实施的交付阶段。在项目立项环节中需要输入、输出和借用的工具、模板资料主要包括以下内容。

(1) 输入：前期各项售前资料、合同、客户企业相关背景、客户方主要人员、企业环境因素、组织过程资产。

(2) 输出：项目背景分析、项目实施策略(粗略)、项目整体计划(粗略)、主要困难及所需资源。

(3) 工具、模板：《项目销售转实施交接单》《项目立项报告》。

二、目标与策略

1. 项目准备的主要目标

(1) 选择合格的项目经理，针对项目特点选派顾问，建立顾问方项目小组。

(2) 通知客户按项目公约和项目组织要求的内容进行项目组织准备工作。

(3) 收集项目信息，进行项目分析。

(4) 制订总体实施方法、策略。

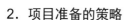

2．项目准备的策略

(1) 根据项目特点组建项目实施小组。

(2) 在立项完成后的第一时间进行客户高层拜访，提交项目准备的要求，在顾问方项目小组进行项目准备的同时安排客户做项目准备。

(3) 项目实施小组与售前顾问收集项目资料，进行项目分析。主要应关注项目的企业期望目标、合同对项目实施的要求、企业高层对项目的态度、企业内部各关键方对项目的态度、反对势力的情况、项目实施的难点等。

(4) 项目小组要对客户信息资料进行全面分析，做出项目风险分析。

(5) 不打无准备之仗，在全面收集和分析项目资料的前提下，制订出项目实施的策略和方法。

3．一般实施策略需要考虑的问题

(1) 项目实施范围的界定和控制。顾问方要充分考虑实施范围的界定和控制，确保项目在可控的范围内进行。

(2) 项目实施目标及验收标准的控制。尤其是验收，顾问方必须有一个清晰、可达到、可衡量的标准。

(3) 项目进度的安排策略。尤其在多公司、多系统、多模块实施时，要做好相互之间的顺序、关系的安排策略。

(4) 在进行项目分析时要随时关注客户项目准备的情况，以确保与客户在项目前期的互动，逐渐培养客户作为实施主体的意识。

三、工作内容

1．工作目标

了解前期项目销售过程，对项目各项文档(包括拜访记录、招投标文件、销售合同等)进行分析，承诺客户的实施目标、范围、计划、人员、付款方式等因素，分析项目存在的风险(如过度承诺等)，为制定正确的实施策略和方案作准备。

2．主要工作事项

(1) 交接项目所有相关文档。例如，客户方招标文件、金蝶方投标文件、项目方案建议书、软件使用合同、实施合同、服务合同、往来 E-mail 等。

(2) 介绍客户方相关重要人员，并分析他们的特点，了解他们的关注点。例如，项目决策者是谁，决策者较信任的人是谁，本项目的负责部门和可能的负责人有哪些，有利于推进项目的人有哪些，对项目持反对或怀疑态度的人有哪些，以及相关的对策。

(3) 对客户企业自身进行了解。例如，客户方所处的行业、客户企业的主要产品、重要的客户及供应商、客户方的重要且特殊的业务流程、客户现在的管理水平如何、信息化的主要目的等。

(4) 对实施工作进行初步规划，制定实施策略，落实相关资源，初步形成意向性的项目实施小组名单。

(5) 项目经理初步制定《项目实施方案书》(初稿)、《项目实施计划》(初稿)。

3．参与人员

(1) 客户方：无。

(2) 顾问方：销售员、售前支持顾问、实施项目经理、实施顾问。

4．准备事项

(1) 客户方：无。

(2) 顾问方：填写如表 2-1 所示的销售转实施交接表(需要双方签字)，准备好销售员拜访记录、招投标文件、销售合同。

5．操作时机

销售合同签订后，公司将首先指定一名项目经理，进行销售与实施工作的交接。

6．建议工作时间

建议工作时间为 1 个工作日，其中，收集资料 0.5 个工作日，交流 0.5 个工作日。

7．关键业务指导(产品关键功能或重要基础理论指导)

分析前期合同文档，重点了解以下方面。

(1) 了解合同收款计划，实施计划应与之配合。实施计划要有利于收款计划。例如软件安装的时间、培训的时间、调研报告提交的时间、实施方案制定的时间等。

(2) 是否有过度承诺？如果有(如研发投入计划、二次开发等)，及时向领导汇报，并采取必要措施，确保承诺的可交付性。

(3) 不能交付的承诺，在开始确定实施目标时，要注意规避风险。

8．注意事项(本阶段工作可能存在的风险、应采取的对策)

多了解一分客户的相关信息，进驻客户时就会多一分把握。

9．后续工作安排

根据对项目的初步分析，开始着手项目组织的落实。

10．可供参考的工具和模板

(1)《销售转实施交接表》。

略。

(2)《项目实施方案书》。

略。

(3)《项目实施计划》。

略。

表 2-1　销售转实施交接表

签订时间：

项目基本情况

客户名称					
客户地址					
主要联系人 1	姓名		职务		
	座机		手机		
	E-mail		QQ		
主要联系人 2	姓名		职务		
	座机		手机		
	E-mail		QQ		
主要产品/服务类别					
合同签订时间					
合同总金额		已收金额		未收金额	
销售人员姓名		联系方式			

交接资料清单

序号	文档资料名称	文档类型(书面/电子)	文档数量	资料转交时间
1	软件销售合同(含软件使用许可合同/实施合同/运行支持合同)			
2	客户招标文件			
3	投标文件			
4	项目方案建议书			
5	往来 E-mail 资料			
6	其他(请具体说明)			

其他事项说明

序号	说明事项	具体内容
1	合同/方案书中，是否有超出当前标准产品/服务内容的事项	没有□　　有□ (若有请注明具体事项)
2	合同/方案书中，是否已经约定项目实施计划/交付时间	没有□　　有□ (若有请注明具体时间及可能会有的风险)
3	是否有超出合同范围的额外承诺事项	没有□　　有□ (若有请注明具体事项)
4	是否有其他需要单独说明的事项	没有□　　有□ (若有请注明具体事项)

各方签字确认

转出方代表	同意　　□ 不同意　　□ 签名： 确认时间：	接收方代表	同意　　□ 不同意　　□ 签名： 确认时间：
转出方领导意见	同意　　□ 不同意　　□ 签名： 确认时间：	接收方领导意见	同意　　□ 不同意　　□ 签名： 确认时间：

11．成果清单(用于实施工作检查)

(1)《客户方招标文件》。

略。

(2)《顾问方投标文件》。

略。

(3)《顾问提供的项目方案建议书》。

略。

(4)《销售合同》(包括软件使用许可合同、实施合同、服务合同)。

略。

(5)《项目实施建议书》。

略。

(6)《其他相关资料》。

略。

第二节　成立项目组织

一、成立项目组织的意义

好的项目组织是关系项目能否成功的关键因素之一。因此，组建的双方项目组织要与项目要求相匹配，必须由企业高层信赖的人员参与，并且能够与顾问方建立良好的关系，具备相应的协调能力，熟悉企业管理运作实务。团队成员必须通过正式沟通和非正式沟通明确如何参与项目实施。

由于项目成员来自各个不同的工作岗位，须使小组成员都有足够的时间参与项目实施，避免由于选择人员不当，使项目小组不能有效地转变管理工作方式，接受新的管理思想与方法。因此，应当了解备选项目小组成员的背景资料和工作表现，选择合格的人员参加项目小组，同时建立和完善项目运作管理方式以及顾问方与企业方的沟通机制。

成立项目组织是项目定义阶段人力资源的准备过程，在该阶段必须完成甲乙双方项目组人员的配备、人员职责的划分等。在成立项目组织环节中需要输入、输出和借用的工具、模板资料主要包括以下内容。

(1) 输入：企业环境因素、组织过程资产、合同、前期售前资料。

(2) 输出：项目组织架构图、项目角色与职责、团队绩效评估。

(3) 工具、模板：《项目章程》(甲方)、《实施团队任命书》(乙方)、《项目实施管理(奖惩)制度》《项目实施办公室准备事项说明》。

二、项目组织角色

1. 成立双方项目组织

项目组织可以图表的方式直观地列出，具体的格式可参考图 2-2。

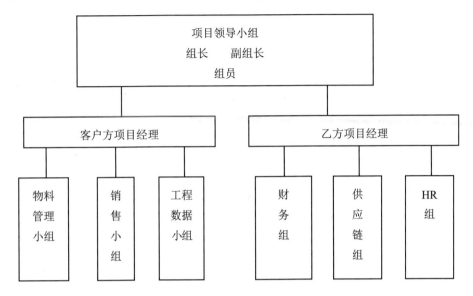

图 2-2　项目组织图

2. 成立项目指导委员会

项目指导委员会由甲乙双方高层领导以及双方项目经理共同组成，其目的是审查项目的进展状况，并解决可能对项目产生不利影响的管理问题。经甲方、乙方项目经理提议，每月召开一次项目指导委员会会议。会议上，双方项目经理将和项目指导委员会一起审阅项目进展状况。

项目指导委员会的职责包括以下几个方面。

(1) 决策项目总体目标和计划安排，并定期参与项目里程碑目标的制定。

(2) 监督项目实施进度和质量。

(3) 解决项目实施过程中的意见分歧，确定重大事项与作出决策。

(4) 组织双方高层领导的沟通与协调。

(5) 按项目实施需要负责有关资源的分配和工作授权。

信息化项目是个"一把手"工程，甲方高层要给予充分的支持和强有力的推动。尤其在项目实施遇到障碍、人员调整、部门之间的协调时，应迅速出面帮助解决。同时，应给项目组成员充分授权和相应的激励措施。

3. 双方项目任务及职责

甲方项目组包括项目经理、关键用户、技术人员等，配合乙方完成工作任务书中约定的各阶段任务；乙方项目组负责按照本工作任务书确定的实施范围，提供项目管理和总体协调，组织项目实施工作。双方按工作任务书中约定的分工保证各自工作任务的质量和进度。

乙方项目组的责任也可以用图表的方式明确下来，以规划乙方项目的工作，达到与甲方良好的合作关系。乙方项目组成员的责任可参考表 2-2。

表 2-2　乙方项目组成员的责任

项目角色	职责和任务	基本标准
项目监管(总部/大区)	(1) 负责监督项目实施质量； (2) 负责审阅项目监督报告； (3) 负责检查项目实施文档资料	(1) 产品实施专家； (2) 具有丰富的项目管理经验； (3) 非常熟悉 ERP 项目的实施方法论
乙方项目总监	(1) 项目实施程序、原则标准的建立与执行； (2) 项目责任的清楚定义和理解程度； (3) 项目组成员在团队内的有效工作； (4) 负责监督项目实施质量； (5) 负责完成项目监督报告	(1) 非常熟悉实施的产品； (2) 具有项目监管的经验； (3) 非常熟悉金蝶的实施方法论； (4) 具有丰富的项目实施经验
乙方项目经理	(1) 编制项目费用预算报告； (2) 建议项目的阶段审核点； (3) 制订项目实施主计划； (4) 规定培训内容及过程，制订培训及后勤计划； (5) 指导、建议、管理项目日常活动； (6) 管理项目初始变更及变更过程； (7) 参加项目指导委员会会议； (8) 定期向项目领导及项目指导委员会汇报项目的进展状况，并提出问题改进措施的建议； (9) 协助客户方通报并解决出现的问题； (10) 合理分配项目内资源； (11) 计划、组织系统集成的执行； (12) 确认任务的完成，实施质量控制； (13) 发现、协调相互沟通/变更控制/组织方面等问题； (14) 寻找、协调和定义项目组每一成员的职责； (15) 完成每周一次的项目状态报告； (16) 完成每月一次的工作总结；	(1) 非常熟悉自己的产品； (2) 具有很强的项目管理和控制的能力； (3) 具有很强的组织协调能力； (4) 通过集团组织的项目经理资格认证； (5) 参加过项目管理培训、实施方法论的培训； (6) 应该具有相关行业项目的实施经验和实施组织经验

项目角色	职责和任务	基本标准
乙方项目经理	(17) 负责待解决问题备忘录； (18) 管理项目的各种风险和争议； (19) 组织讨论、编写《需求分析报告》； (20) 组织讨论、编写《业务解决方案》； (21) 在批准的项目预算内控制费用支出； (22) 向项目总监提交项目各阶段成果和报告； (23) 向项目总监提出更换项目组成员的意见； (24) 负责项目阶段成果确认和整个项目的验收工作，并获得用户签字； (25) 管理客户关系； (26) 负责向客户催收应收账款； (27) 负责项目组成员项目期间的绩效考核，向项目总监提出项目奖惩方案	
实施顾问	(1) 主持需求调研和讨论会，负责项目实施中客户需求的调研，以及文档的编制； (2) 指导培训计划的制订与培训后勤工作的展开； (3) 对客户高层进行培训； (4) 对客户项目组进行管理理念的培训； (5) 指导用户进行数据整理和导入； (6) 支持系统运行中的排错处理； (7) 分析现有业务流程和系统接口要求，负责项目整体框架的规划，并指导项目实施方案的编写； (8) 确定用户功能需求并协助制作文档； (9) 设计未来业务流程； (10) 根据功能需求确定 ERP 产品的功能和流程； (11) 根据双方确定的业务需求，定义和配置系统参数； (12) 计划集成测试，并预估集成测试所需的资源；	(1) 必须非常熟悉产品； (2) 能够与客户进行良好的沟通； (3) 通过集团组织的咨询实施顾问资格认证； (4) 能够单独承担培训任务； (5) 有相关行业项目的实施和咨询经验； (6) 精通相关行业的业务，并对 ERP/MRP 理论非常熟悉； (7) 可以实施对客户高层的管理培训

项目角色	职责和任务	基本标准
实施顾问	(13) 制定集成测试方案; (14) 协助制定系统测试过程和所需的业务案例; (15) 协助监控、评估集成测试的执行; (16) 为最终用户培训提供指导和建议; (17) 定义基础数据转换步骤和策略	
技术顾问	(1) 提供系统运行环境配置建议和优化措施; (2) 负责数据库及软件的安装、调试以及系统管理人员的培训; (3) 负责指导和培训客户系统管理员报表的开发和安装调试; (4) 负责指导客户系统管理员的软硬件及网络问题的排错处理; (5) 负责提交项目实施中技术方面的状态报告; (6) 负责项目的客户化开发的相关工作; (7) 熟悉系统的数据整理和转换导入流程; (8) 提供 ERP 产品与外部系统接口的分析工作; (9) 进行报表开发和程序包的安装测试	(1) 必须非常熟悉与产品有关的技术问题; (2) 能够独自处理技术问题; (3) 熟悉数据库、网络的相关知识; (4) 有相关系统的技术实施经验
客户化开发人员	(1) 负责项目中的报表开发和设计; (2) 负责项目中开发需求的调研; (3) 负责项目中客户化程序的开发和测试; (4) 负责客户化开发的提交	(1) 有相关系统的开发经验; (2) 熟悉开发工具; (3) 熟悉企业的业务流程

三、目标与策略

1．建立项目组织的主要目标

(1) 使企业高层充分重视项目实施，明确参与实施的工作方式。

(2) 选择合格的项目经理。

(3) 组建符合项目实施需要的项目实施小组。

(4) 建立项目沟通机制和项目运作管理制度与规范。

2．建立项目组织的策略

(1) 强调合作关系和以企业为主体实施的观念。

(2) 建立与企业高层(项目实施指导委员会负责人或主要成员)的沟通渠道。

(3) 帮助项目经理和项目实施小组建立成功实施的决心和信心。

(4) 明确实施责任、角色和沟通方式。

3．制定《项目实施公约》应当考虑的问题

(1) 项目的总体实施目标。

(2) 项目在实施周期内的应用实施范围。

(3) 项目实施推进策略和概要阶段计划。

(4) 项目实施组织的结构和成员。

(5) 项目实施组织和成员的责任与义务。

(6) 项目运作与管理方式。

(7) 项目沟通方式。

(8) 项目实施工作奖惩考核管理办法。

四、工作内容

1．工作目标

(1) 顾问方组建一支合适的项目实施团队，并建立与客户的联系。

(2) 指导客户方成立一个恰当的、有利于项目推进的项目实施小组。

(3) 明确项目的负责人和责任人，有效地推进后期工作的开展，避免出现无人决策、无人负责的混乱局面。

2．主要工作事项(角色、任务)

1) 顾问方的主要工作事项

(1) 由项目经理提出实施团队人员建议，并定义各角色的主要职责。

(2) 由主管领导及相关部门沟通后，确定项目组成员。

(3) 由公司正式发文形成《实施团队任命书》，并明确相关人员及主要责任。

(4) 到客户现场由销售人员负责将实施团队介绍给客户。

(5) 项目经理向客户方主管领导详细解释《项目实施公约》的意义和要求，指导客户成立项目实施小组。

(6) 建议客户确定项目小组成员名单后，签署《项目实施公约》，让项目组成员满怀荣誉感和责任感。

(7) 开会宣布《项目实施公约》，并签署。以《项目小组成员联系表》的格式记录项目小组成员的联系方式。

(8) 请客户制定奖惩制度，可提供《项目实施管理(奖惩)制度》作为参考。

2) 客户方的主要工作事项

(1) 认真了解《项目实施公约》的意义，并按照顾问方的建议成立项目实施小组。

(2) 组织项目组成员开会并签署《项目实施公约》。

(3) 制定奖惩制度并报送高层领导签署后作为公司制度发文，人事部门按其制度进行考核。

3．参与人员

(1) 顾问方：项目经理、主管领导、销售人员、项目实施团队成员。

(2) 客户方：项目联系人、客户方主管领导、客户方项目重要角色。

4．准备事项

(1) 顾问方：初步确认实施小组的成员名单，项目经理与小组成员谈话并进行分工。

(2) 客户方：仔细阅读《项目实施公约》，按照项目组职责要求有针对性地物色相关人选。

5．操作时机

项目经理经过对项目的初步了解和分析后，提出实施方项目组织的建议，并经由相关领导批准。同时，实施方项目经理指导客户方成立项目实施小组。

6．建议工作时间

建议工作时间为 3 个工作日。

7．关键业务指导

对于客户方项目经理的人选，可以参考以下建议。

(1) 受到项目决策者(一般是一把手)的信任，能够直接向项目决策人汇报工作。一定程度上，其观点和项目决策人的观点高度一致，其意见一般能代表项目决策者的意见。一般以总裁助理、企业职能部门部长、处长等职位居多。

(2) 有一定的业务、技术能力，对 ERP 及项目实施有一定了解，能够同金蝶方进行有效沟通。务实、客观，不好大喜功，不吹嘘，有自己的独立见解，不随波逐流。

(3) 工作积极主动，有强烈责任心，不推诿，不骄傲自大。

(4) 人际关系较好，能够有效推进各项实施工作。

8．注意事项

(1) 客户方项目经理的选择非常重要，对项目实施的成败将起到非常重要的影响。在向客户提交相关建议时，需要倾向于选择有利于项目实施的人员担任项目经理。

(2) 对于一些企业，在客户方项目经理等相关人员的选择上，可能会存在一些由于内部利益关系而产生的问题，实施小组最好不要太多参与其中，但可以通过高层，向客户方的高层传达相关信息，以达到协调解决的目的。

(3) 客户方内部如果由于权力、利益的原因出现纷争，最好不要直接参与，以免给后期实施人员造成麻烦。

9．后续工作安排

后续工作安排应使实施组成员与对口的客户项目组成员多联系，以维护客户关系。

10．可以参考的工具和模板

(1)《实施团队任命书》(主要用于顾问方)。

(2)《项目实施公约》(主要用于客户方)。

(3)《项目实施管理(奖惩)制度》。

(4)《项目实施办公室准备事项说明》。

11．成果清单

(1)《实施团队任命书》。

略。

(2)《×××公司项目实施公约》。

略。

(3)《×××公司项目实施管理(奖惩)制度》。

略。

(4)《项目实施成员联系表》。

略。

五、本阶段的价值点

(1) 引进项目人力资源管理理论,充分履行人力资源规划、项目团队组建、项目团队建设及管理工作。

(2) 为企业建立一套项目式运作的方式和方法提供宝贵的管理财富。

(3) 通过 ERP 的实施,帮助企业培养一名高素质的项目经理人才。

(4) 培养一批对企业业务精通的管理人员。

(5) 培养一批既懂业务又懂 ERP 系统的优秀的内部讲师。

第三节 项 目 调 研

项目调研是在项目合同签订后,为确定项目实施方案而进行的企业组织、产品、企业管理基础、已有 IT 应用系统接口技术要求、行业特性与特殊业务处理等调研实施活动。因此建议针对大型 ERP 项目(包含物流与制造模块的 ERP 项目以及综合型项目),有必要在项目定义阶段进行项目调研。

在调研中要充分了解企业所处的行业与特性,初步掌握企业的管理难题与重点,准备好调研的重点业务领域和问题,以及预计客户可能提出的问题,并做好如何回答的准备。

项目调研是项目实施开始的一个重要阶段。通过该步骤的工作,乙方将全面了解甲方的现状以及对该项目的需求。在项目调研环节中需要输入、输出和借用的工具、模板资料主要包括以下内容。

(1) 输入:调研计划、调研问卷、调研提纲,客户的企业、行业的前期了解。

(2) 输出:签字的《项目实施调研报告》、调研日志。

(3) 工具、模板:《ERP 业务调研方法》《ERP 业务调研指南》《ERP 业务调研计划》《ERP 业务调研客户准备资料清单》《业务调研问卷》《业务调研提纲》《调研清单(公司状况)》《ERP 软件安装部署上线检查表》《项目调研报告》。

一、项目调研的目的和任务

项目调研是认识企业的一种有效手段。通过调研可以对企业有更加深入的了解,为日后开展的项目实施工作尽量减少障碍。调研过程中将从业务层和人员关系层两方面进一步了解企业。

1．调研的主要目的

(1) 对企业的整体情况有个更加深入的了解。

(2) 更加清晰地了解企业的业务。

(3) 借调研的机会认识企业的各岗位人员和职责。

(4) 同一些关键用户沟通具体业务的处理模式。

(5) 了解企业方对于项目实施工作重点期望解决的问题。

2．调研的任务

(1) 树立一个项目灵魂(核心需求)。

(2) 熟悉两个流程(业务流程、决策流程)。

(3) 了解四个因素(干系人及态度、人员素质、配合程度、企业文化及概况)。

二、项目调研的方法

项目调研要注重调研的方式方法，这里主要介绍以下三类调研方法。

1．按形式划分的调研方法

按形式划分的调研方法有问卷式、开放式和混合式三种，如表 2-3 所示。

表 2-3　按形式划分的调研方法

	问 卷 式	开 放 式	混 合 式
适用范围	对不能及时准确给出答案，或须提前进行资料收集、分析、汇总的信息进行调研。基础类的信息常用此方法	一般先举一个实例，然后业务人员参照实例进行本岗位的业务现状等的填写	这是前两种方式的结合，就是说一部分问卷式，主要是对一些具体的细节问题让业务人员逐个回答，而对一些流程让业务人员采用开放的方式
优点	可以对一些自己关心的业务点设计详细的问题，整理各业务点较简单	业务人员可以根据自己熟悉的流程进行撰写，思路相对较清晰	
缺点	业务人员容易产生反感，有点儿类似于做试卷，而且对一些问题无法系统地说明；对流程性管理内容等无法描述清楚，潜在需求无法表达，某种情况下可接受性较差，准确性不可靠，引导性差等	用户书写的内容不受控制，对一些细节问题不会做过多的说明	

2．按对象划分的调研方法

按对象划分的调研方法有从低到高和从高到低两种，如表 2-4 所示。

表 2-4 按对象划分的调研方法

	从低到高	从高到低
适用范围	项目无明确核心需求，合同或技术协议书包括的范围极广，需求无重点的项目	项目存在或潜在核心需求，客户的管理存在较大变革要求，客户的高层领导对项目有明确的要求，项目核心价值带有导向性
优点	通过对基层和中层干部的调研，可较全面地了解企业管理现状和不足，在此基础上形成合理的 ERP 建设规划及项目核心价值，与高层调研时可在此框架内进行	易对项目形成导向，高层的意志能形成对需求的约束，对中层和关键用户的需求可控制在一定范围内，对项目扩散有明显的抑制作用

3．按场地划分的调研方法

按场地划分的调研方法有会议室和现场两种，如表 2-5 所示。

表 2-5 按场地划分的调研方法

	会 议 室	办公室、工厂(现场)
适用范围	复杂需求、管理模式的了解，调查潜在需求和带有引导性的需求	企业实际业务运作环境的了解，调查基础人员的需求
优点	可通过互动方式深入探讨，描述复杂业务流程，通过会谈获得额外信息，如态度、企业背景文化、建设性意见等	可了解基础人员实际业务，熟悉企业的整个业务流程以及人员素质等
缺点	准备工作需细致周到，对应变能力要求高，对业务领域知识需有过硬基础，对知识面要求较高，易对顾问产生先入为主的不良效果	无法详细了解业务部门的关键需求，不便于访谈过程记录

三、项目调研的内容

1．工作目标

进一步了解客户所处的行业和企业自身管理的特点。通过对客户的访谈，明确客户对本次项目实施关注的重点，了解客户的真实需求，并形成产品解决方案的雏形。

2．主要工作事项(角色、任务、工具/模板)

(1) 对客户做整体上的了解。首先可以对项目经理进行访谈，了解客户所处的行业及企业在行业中所处的位置、企业自身管理的特点和重点、企业对本次信息化的期望等。

(2) 拜访客户高层。了解企业战略规划、核心业务、发展目标等决策性信息。了解客户高层对本次信息化的期望、关注重点等。最重要的是获得客户高层的支持，每周将项目进度状况报告亲自递送给高层，在此过程中不断强化高层对项目的重视。

(3) 调研各部门。首先参观部门，介绍并认识各部门人员(最好能取得相关人员名片，没有名片的请记住重要人员姓名)，尤其要对部门领导进行访谈，并取得他(她)对项目的支持。之后在会议室进行该部门的调研,顾问不仅针对调研报告内容进行了解,同时也要根据参观的情况,灵活地询问关键点。顾问要掌握提问技巧,保持现场气氛的活跃,最好在不经意间就能得到需要的信息,并做好笔记。

(4) 提交调研报告。根据调研中了解的情况,撰写调研报告。如果无法完整地记录下当天所了解的内容,就应列出提纲,以免过后忘记。待调研完成后,撰写并提交详细的调研报告。

3. 参与人员

(1) 客户方:客户高层领导、客户项目组成员、客户财务部、销售部、采购部、质检部、工程部、生产计划部、生产车间办公室及相关业务部门骨干人员。

(2) 顾问方:实施组成员。

4. 准备事项

(1) 客户方项目经理根据实施方安排的调研顺序及时间,预先通知各部门相关人员,按报告内容准备相关资料(各种业务报表、业务单据、部门人员及职责、部门主要工作事项及流程、与其他部门的关系)。

(2) 实施方准备好相关的调研报告及调研时间安排,并预先通知客户方项目经理。

5. 操作时机

项目调研一般在进驻客户现场后、实施方案编写前进行。

6. 建议工作时间

建议工作时间为 3～5 个工作日。

7. 关键业务指导

(1) 项目调研过程中,可以从以下几个方面对客户进行引导。

① 部门的主要职责是什么?

② 部门人员数量有多少?他们有何分工?

③ 部门的重点业务是什么?

④ 部门对本次信息化更关注哪些方面?

⑤ 本次信息化有哪些主要需求?

(2) 了解客户是否经历过 BPR(业务流程重组),如果完成 BPR 则要获得相关业务流程图。

(3) 是否有咨询公司正在参与此项目,了解其工作范围,避免相互重叠,在衡量项目成功标准上要明确一致,并掌握控制权,使其不要对项目产生不良影响。

(4) 询问客户是否通过 ISO 系列认证,如果通过则要获得相关业务流程图。

(5) 如果是上市公司,则要取得相关内部控制文件。

8. 注意事项

(1) 调研应该以了解客户管理现状为重点。

(2) 深入分析客户的真实需求，并对客户施加恰当的影响，要能够有效地引导和控制客户提出的需求。

① 通过本次调研，应该对实施方案有初步的规划。

② 在调研仓库时要注意以下重点。

● 仓库区域划分是否有待检区、货架摆放及标识。

● 货物标识卡的内容及信息。

● 出入库流程。

● 出入库单据的填写格式和存放位置。

● 账簿填写情况。

● 成本核算所需提供的报表。

③ 在调研车间现场时要注意以下重点。

● 应以一个复杂产品的领料、工序转移、入库、委外加工、现场仓管理(包括现场仓物料或半成品标识卡)为蓝本进行。

● 取得车间现场组织管理结构图，越详细越好。

9．后续工作安排

(1) 收集并整理调研资料，与客户确认调研内容，完成调研报告。

(2) 准备制定并提交《项目整体实施方案》和《项目整体实施计划》。

10．可供参考的工具和模板

(1)《采购调研清单》如表 2-6 所示。

表 2-6　采购调研清单

采购调研清单
一、部门基本情况
1．公司是否有多个采购部门？
2．采购主管和采购人员名单。如有多个采购部门，请同时列出多个采购部门的人员名单。
3．采购业务是否由统一的部门进行管理？
4．是否计划由专门的人员负责录入采购订单？
5．不同类的物料是否由不同的采购人员负责？
6．不同的地区是否由不同的采购人员负责？
7．请列出采购部门的组织结构图及本部门的整体业务流程，包括审批流程和与其他部门的接口。
二、供应商情况
1．供应商的信息是否统一由专人维护？
2．公司有无统一的供应商编码？
3．公司的供应商总数约为_____个。
A.国内供应商有_____家，主要分布在_____，经常往来的有_____家；占公司采购额：_____%。
B.国外供应商有_____家，主要分布在_____，经常往来的有_____家；占公司采购额：_____%。

C. 大宗物料供应商有_____家,分别是_____。

4. 是否对供应商进行分类/分级?

5. 采购订单中是否需带有供应商自身的物料编号(即供应商物料编号)?

6. 公司是否对供应商进行定期考核?

7. 未通过审核的供应商是否允许交易?

8. 一次性(临时)供应商是否录入系统?

9. 对供应商的不满和投诉主要集中在哪些方面?

10. 如何选择一个新的供应商?

三、采购申请/价格管理

1. 是否有完整的供应商价格资料库?

2. 公司物料的采购价格是否含税?

3. 不同的供应商针对同一物料,是否会有不同的价格?

4. 与供应商签订的订单价格是否可以与价格表上不同?

5. 公司有供应商报价的物料大概有多少?

6. 请描述报价的审批流程。

四、订单管理

1. 公司的可采购件中包含哪些类型的物品?

2. 采购件是否有有效期控制?

3. 公司是否有同供应商签订长期采购合同?

4. 公司是否有成套采购/组装采购的物料?

5. 采购件采用主供应商,还是采用按比例分配供应商政策?

6. 采购的物料收料时,是否有搭配配件或组件一起收料的情况?

7. 采购物料的同时是否会采购物料的增值服务?

8. 是否会有与供应商签订采购合同,但送货须直接发给指定第三方用户的情况?

9. 公司的各相关部门之间是否会有内部采购订单?

10. 是否有外币订单?

11. 采购单是否存在多次交货的情况? 同一张采购订单价格是否经常变动?

12. 公司采购订单的发出方式有哪些?

13. 采购计量单位与报价单位、收货单位、发票单位、库存计量单位是否一致?

14. 订单交货期:最短____天,最长____天,平均____天,紧急订单月平均____张。

15. 公司订单交货期达成率如何?

16. 公司所有采购订单的处理流程(从接单到收料、结算)是否一致?

17. 订单变更是否频繁?

18. 如何对采购订单的执行情况进行跟踪?

19. 有无先开票后送货的情况发生?

20. 采购件是否需要批号跟踪?

21. 固定资产采购、生产性物料采购、非生产性物料采购的部门分别是哪里? 流程如何?

22. 公司如何对采购人员进行考核?

续表

五、收料/退料

    1. 收料通知由哪个部门开出？收料通知上有哪些主要信息？

    2. 公司共有哪些物料仓库及物料仓库的管理部门？

    3. 是否有专门的部门执行收料？

    4. 是否严格按采购单执行收料？有无超收、欠收？比例如何？

    5. 收料控制如何？

    6. 物料收料时会有什么单据伴随？

    7. 物料收料时的运输方式是什么？

    8. 是否存在多个物料接收部门或接收地点？

    9. 退料给供应商后，供应商是否需要进行物料的调换？

    10. 退料给供应商后，供应商是否需要退回货款？

    11. 物料检验不合格，退料给供应商后，是否要对供应商进行罚款？

    12. 退料给供应商是否需要审批/检验？

    13. 请描述物料收料流程。

    14. 请描述物料退料流程。

六、对账

    1. 采购订单是否都需要供应商开具发票？

    2. 公司是否有预付货款的情况？

    3. 是否允许同一供应商，在其既是客户同时又是供应商的情况下，用其应收款核销应付款？

    4. 财务部根据什么进行付款？

    5. 请描述财务日常付款流程如何进行？

    6. 对于物料已经入库但发票当月没到的情况如何处理？

    7. 采购费用和采购费用发票在公司是如何处理的？

七、日常使用表单

    1. 请列出本部门日常使用的表单，并将每种类型表单附在本调研清单后，如请购单、采购订单、收料通知单、对账单等。

    2. 请列出本部门日常使用的报表，并将每种类型报表附在本调研清单后，如订单统计表、收料统计表、采购金额统计表等。

    (2)《库存管理调研清单》如表 2-7 所示。

表 2-7　库存管理调研清单

库存管理调研清单

一、部门基本情况

    1. 公司共有多少个原材料仓库？仓管员分别是谁？存放地点在哪儿？

    2. 公司共有多少个成品仓库？仓管员分别是谁？存放地点在哪儿？

    3. 公司共有多少个半成品仓库？仓管员分别是谁？存放地点在哪儿？

4. 公司共有多少个存放不良品(包括材料和产成品)的仓库？仓管员分别是谁？存放地点在哪儿？

5. 包装材料是否有单独的仓库？

6. 低值易耗品是否有单独的仓库？

7. 备品备件是否有单独的仓库？

8. 废品废料是否有单独的仓库？

9. 危险品是否有单独的仓库？

10. 公司是否需要对供应商库存进行管理？

11. 是否需要对客供料进行管理？

12. 公司是否还有其他特殊仓库？

13. 仓库每天/每月需要向财务部提交什么单据或报表？请列示。

14. 请画出仓库部门的组织结构图。

二、盘点业务

1. 公司有库存记录的物料(包括原材料、组件、产成品、半成品等)总数约为　　　　个，其中：

A. 原材料约有_____个；

B. 组件/配件约有_____个；

C. 产成品约有_____个；

D. 半成品约有_____个；

E. 包材约有_____个；

F. 耗材约有_____个；

G. 其他材料约有_____个。

2. 是否对物料进行 ABC 分类？

3. 公司物料是否须采用保质期管理？

4. 公司物料是否进行了库龄管理？

5. 是否使用周期盘点方式？

6. 物料的 ABC 分类是否会影响盘点的周期？

7. 公司是否使用全面盘点方式？

8. 全面盘点时，公司生产是否停工？

9. 盘点分别由哪个部门提议和执行？

10. 盘点后的库存调整分别由哪个部门确认和执行？

11. 是否对车间在制品进行盘点？

12. 是否需要按仓库、仓位、批号进行物料的盘点？

13. 盘点时，是否需记录物料的系列号？

14. 物料是否需要进行有效期管理？

15. 盘点完后，是否有部门对盘点数据进行核对或抽盘？

16. 超出盘点误差后，是否需进行重盘？

17. 盘点库存的准确度如何？

18. 公司物料的存货计价方法是什么？

三、库存业务

　　1．公司是否对仓库进行仓位管理？

　　2．公司是否对物料进行批号管理？

　　3．批号何时产生？

　　4．公司是否有批号的有效期控制？

　　5．公司是否有系列号控制？

　　6．物料的系列号何时产生？

　　7．供应商送货过来后，由哪个部门进行点数、暂收？

　　8．收料控制如何进行？

　　9．物料收料时会有什么单据伴随？

　　10．品质部对物料检验完成后，如何与仓库进行交接？

　　11．品质检验不合格的物料由哪个部门开具退料单，并通知供应商？

　　12．是否有专门的部门执行发料？

　　13．公司是采用领料模式还是发料模式？

　　14．生产车间领料是否存在批量领料、领套料现象？

　　15．发料时是否已将损耗率的料件发至车间？

　　16．生产车间补料程序如何？需要谁签字确认？

　　17．生产车间对生产过程中未使用完的物料何时进行退料？

　　18．生产车间对生产过程中产生的坏料如何处理？

　　19．产品完工入库时，是否需先进行成品检验？

　　20．产品入库工作由哪个部门执行？

　　21．产成品出货是否有专门的部门执行？

　　22．发货控制如何进行？

　　23．产品出货时会有什么单据伴随？

　　24．客户退货是否需要进行产品调换？

　　25．客户退货是否需要审批/检验？

　　26．公司是否还有以上未提及的其他出/入库业务？

　　27．产品退货的流程如何？

四、日常使用表单

　　1．请列出本部门日常使用的表单，并将每种类型表单附在本调研清单后，如收料单、入库单、退料单(退供应商)、领料单、补料单、退料单(车间退好料、车间退坏料)、完工产品入库单、出货单、退货单(客户退货)、物料调拨单(仓库与仓库之间的物料转移)等。

　　2．请列出本部门日常使用的报表，并将每种类型报表附在本调研清单后，如来料入库存明细表、收发存汇总表、领料明细表、库龄分析表、盘点报表等。

五、需求

　　1．库存业务中其他需要特别说明的问题。

　　2．希望使用系统之后，系统能够实现的关键功能。

(3)《公司状况调研清单》如表 2-8 所示。

表 2-8   公司状况调研清单

公司状况调研清单

1. 公司名称：＿＿＿＿＿＿＿＿

2. 公司地址：＿＿＿＿＿＿＿＿

3. 邮编：＿＿＿＿＿＿＿＿

4. 电话：＿＿＿＿＿＿＿＿

5. 传真：＿＿＿＿＿＿＿＿

6. 公司在职员工总人数：＿＿＿＿人；其中职员＿＿＿＿人，工人＿＿＿＿人。

7. 工厂面积：＿＿＿＿＿＿＿＿

8. 最近一年的年产值：＿＿＿＿＿＿＿＿

9. 公司性质：＿＿＿＿＿＿＿＿

10. 公司行业类型：＿＿＿＿＿＿＿＿

11. 公司是否为集团企业？

12. 公司是否通过质量体系认证？

13. 公司产品的销售方向：＿＿＿＿＿＿＿＿

14. 请简要估算公司职员(包括部门经理、文员)的学历组成，以百分比描述。

15. 公司人员流动情况，主要指公司职员(包括部门经理、文员)。

16. 公司是否正在或曾经应用过 MIS、MRP、ERP 类进销存企业管理软件？

17. 已有应用系统的应用情况：＿＿＿＿＿＿＿＿

18. 公司希望通过上 ERP 系统，亟须解决的问题是：＿＿＿＿＿＿＿＿

19. 公司对应用金蝶 K/3 系统的期望目标：＿＿＿＿＿＿＿＿

20. 公司主要产品线和主导产品：＿＿＿＿＿＿＿＿

21. 公司目前主营业务的现状及成长性预测是什么？

22. 公司短期的发展目标及长期的发展战略是什么？

23. 公司是否有了解过竞争对手的信息化建设情况？

24. 公司是否制定过信息化建设的总体规划？如何规划的？

25. 请画出或提供公司组织架构图，并描述各个部门的职能。

(4)《计划管理调研清单》如表 2-9 所示。

表 2-9   计划管理调研清单

计划管理调研清单

一、基本情况

1. 公司是否有工程技术部门？各部门职责是什么？

2. 公司是否有专门的部门负责物料的定义与维护？

3. 公司是否有专门的部门负责产品 BOM 的定义与维护？

4. 公司是否有专门的部门负责产品工艺的定义与维护？

续表

5．公司是否使用专门的产品数据管理(PDM)软件进行日常的管理？

6．公司的产品共有多少个系列？请列示。

二、生产情况

1．公司生产组织方式是采用何种计划策略？

2．公司是否有年度生产计划？

3．公司生产计划的周期一般有哪几种？实际生产中最常用的是哪种计划？由哪个部门制订？

4．产品的制造周期(指从开始投料生产到产品完工入库)一般需多长时间？

5．是否存在紧急插单现象？

6．生产上是否存在停工待料的问题？

7．公司生产计划是否经常更改？

8．公司的生产能力瓶颈为：_____

9．公司生产负荷总的说来属于哪种情形？

10．目前公司生产资源主要以何为主？

11．公司的生产计划和物料计划是否由不同的人员负责？

12．公司目前有多少个生产车间？各个车间的职能是什么？(重点描述各车间生产的产品、人员、生产线、设备情况)

13．请描述公司产品中最简单和最复杂的两种产品生产流程。(主要突出产品的生产工艺或生产步骤)

三、主生产计划(MPS)

1．公司是否有销售预测？

2．客户一般会提前多长时间给出销售预测？

3．主生产计划是否考虑销售预测和销售订单？

4．计划时如何考虑生产提前期？

5．能否及时跟踪车间作业计划的执行情况？

6．是否根据每日计划完成情况对下一步计划进行调整？

7．计划员如何处理延期生产订单？如何对计划进行调整？

8．当生产能力不足时，如何调整资源满足生产计划？

9．当生产能力过剩时，如何调整资源？

10．编排完生产计划后，是否需要进行生产能力模拟？

11．公司是否有委外加工？

12．车间生产的半成品是否入库？

13．是否有每个车间/生产线/设备完整的额定生产能力数据？

14．请描述公司生产计划的编制、发放、确认流程。

四、物料需求计划(MRP)

1．物料计划人员编制物料需求计划的依据是什么？

2．编排好的物料需求计划，执行周期一般多长？

3．物料的提前期一般由哪个部门制定？如何调整？

4. 编排物料计划时，是否考虑物料的损耗？

5. 公司生产过程的物料投放是哪种方式？

6. 原材料的消耗是否采取倒扣(倒冲)的方式？

7. 如果采购物料延期，将对生产有何影响？

8. 公司现在的物料需求计划的用料计算是通过哪种方式实现的？

9. 请列示公司物料和产成品的安全库存设置情况。

五、日常使用报表

请列出本部门日常使用的报表，并将每种类型报表附在本调研清单后，如每月生产计划表、每周生产计划表、物料采购计划等。

六、需求

1. 生产计划中其他需要特别说明的问题(主要突出计划制订中的难点)。

2. 希望使用系统之后，系统能够实现的关键功能。

(5)《生产管理调研清单》如表 2-10 所示。

表 2-10　生产管理调研清单

生产管理调研清单

一、基本情况

1. 公司车间的生产班次如何？

2. 车间员工是否划分小组？

3. 同一产品是否可以在不同的生产线上加工？

4. 公司目前有多少个生产车间？各个车间的职能是什么(重点描述各车间生产的产品、人员、生产线、设备情况)？

5. 请简单描述公司产品的主要加工工艺，重点突出车间之间的配合。

6. 请描述公司产品中最简单和最复杂的两种产品生产流程(主要突出产品的生产工艺或生产步骤)。

二、生产任务

1. 生产任务单的来源部门是哪个？

2. 除正常的生产任务单外，是否还有其他类型的生产任务？各占多少比例？

3. 生产任务单中，是否会指定产品的生产批号？

4. 生产任务单如何下达？

5. 生产任务单的生产数量是否会考虑产品的成品率？

6. 半成品是否也下达生产任务单？

7. 生产任务单可以关闭的条件是什么？

8. 生产任务单是否可以取消？

9. 生产任务单是否可以作废？

10. 生产任务单是否可以挂起？

11. 工厂的产品，生产过程中是否会派生出其他相关产品？

续表

12．生产任务单是否存在多次分解后再批量生产的情况？

13．已经下达的生产任务单，如需进行变更怎么办？

14．请描述公司产品返工和维修的处理流程。

15．请画出本部门的整体业务流程，包括审批流程和与其他部门的接口。

三、生产领料/补料/退料/入库

1．公司是采用领料模式还是发料模式？

2．生产领料的凭据是什么？

3．生产发料的方式是什么？

4．生产领料发料的模式是什么？

5．领料时是否已将损耗率的料件发至车间？

6．公司是否会采用倒冲方式进行领料？

7．除正常的生产领料之外，是否还存在其他性质的领料？

8．车间内部是否有存放物料的仓库？

9．如果车间内部有仓库，车间如何从车间仓库领料？

10．什么情况下需进行生产补料？

11．生产过程中的坏料，是否需区分工程损坏和供应商来料不良？

12．生产车间对生产过程中未使用完的物料何时进行退料？

13．生产车间对生产过程中产生的坏料如何处理？

14．半成品是否入库？

15．产品入库的实物入库时间与入库单是否有差异？

16．产品入库由哪个部门执行？

17．完工入库的产品是否需记录产品系列号？

四、委外加工

1．公司是否有委外加工？

2．公司产品需要委外的主要原因是什么？

3．公司现在委外加工主要由哪个部门负责？

4．公司现在是否设有单独的委外仓库？

5．公司是否经常盘点委外加工厂商处的物料库存结余？

6．委外加工的领料方式是什么？

7．委外厂商加工过程中，是否会加上自己的物料？

8．委外厂商的送货方式是什么？

9．委外加工完工后，好料的退料方式是什么？

10．委外加工完工后，坏料的退料方式是什么？

五、车间管理

1．车间是否需要记录整个生产过程的每道工序和产品的加工数量？

2．从上道工序往下道工序流动的依据是什么？

3．产品的加工工艺是否允许跳工序加工？

4. 产品的加工工艺是否允许并行加工(指同一时间，不同的设备上同时加工同一款产品)？

5. 生产过程中出现的不良品如何处理？

6. 公司采用何种方式进行工人工资的计算？

7. 公司是否采用工序领料？

8. 车间是否有单独的工序派工单？

六、日常使用报表

1. 请列出本部门日常使用的表单，并将每种类型表单附在本调研清单后，如领料单、补料单、退料单(车间退好料、车间退坏料)、完工产品入库单等。

2. 请列出本部门日常使用的报表，并将每种类型报表附在本调研清单后，如生产任务单、生产领料明细表、产品入库明细表、每月生产任务完成汇总表等。

七、需求

1. 生产管理中其他需要特别说明的问题。

2. 希望使用系统之后，系统能够实现的关键功能。

(6)《生产数据调研清单》如表 2-11 所示。

表 2-11　生产数据调研清单

生产数据调研清单

一、基本情况

1. 公司是否有工程技术部门？各部门的职责是什么？

2. 公司是否有专门的部门负责物料的定义与维护？

3. 公司是否有专门的部门负责产品 BOM(物料清单)的定义与维护？

4. 公司是否有专门的部门负责产品工艺的定义与维护？

5. 公司是否使用专门的产品数据管理(PDM)软件进行日常的管理？

6. 公司的产品共有多少个系列？请列示。

二、物料

1. 公司是否采用编码进行物料的日常管理？

2. 公司的物料(包括原材料、组件、产成品、半成品、包材等)总数约为_____个，其中：

A. 原材料约有_____个；

B. 组件/配件约有_____个；

C. 产成品约有_____个；

D. 半成品约有_____个；

E. 包材约有_____个；

F. 耗材约有_____个；

G. 其他材料约有_____个。

3. 公司新增物料一般由哪个部门提出？

4．物料相关属性(标准价格、是否自制件、单位、提前期等)的修改一般由哪个部门维护？

5．公司的物料是否采用批号进行管理？

6．公司的物料是否采用系列号进行管理？

7．公司的物料是否采用条形码进行管理？

8．公司是否区分常规产品和非标产品？

9．公司新增物料(产品)的评审流程如何？

三、BOM

1．公司现有的产品是否有完整的物料清单(BOM)资料？

2．现在公司的产品结构层次有几层(级)？

3．公司的单一产品 BOM 结构中，一般有多少种物料？

4．公司现有的产品 BOM 中，是否包含包装材料？

5．公司现有的产品 BOM 中，是否包含耗材？

6．公司现有的产品 BOM 中，外协件是否单独分层？

7．公司现有的产品 BOM 中，是否包含通用组件？

8．公司现有的产品 BOM 中，是否采用虚拟件进行管理？

9．公司现有的产品 BOM 中，是否存在可配置的组件？

10．公司现有的产品 BOM 中，是否定义物料的损耗率？

11．公司现有的产品 BOM 中，是否定义可替代料？

12．公司销售的产品中，是否存在套件结构(即销售时，几件独立的产品临时捆绑在一起销售，而被捆绑在一起的产品本身也可单独销售)的产品？

13．维护好的产品 BOM，一般由谁进行审核确认？

14．公司的产品，是否有一个产品同时存在多个不同的 BOM 结构的情况？

15．公司通常做的工程变更维护(ECN)，哪种变更比较频繁？

16．公司开发的新产品，BOM 的建立流程如何？从 BOM 建立到确认需要多长时间完成？

17．公司的工程变更维护(ECN)一般由哪个部门维护？流程如何？

四、工艺路线

1．公司现有的产品是否有完整的工艺路线资料？

2．车间生产时，是否严格按照制定的工艺路线生产？

3．是否存在多个产品对应同一条工艺路线的情况？

4．公司共有多少条不同的工艺路线？

5．工艺路线资料中包含哪些内容？

6．公司产品工艺路线中是否包含外协工序？

(7)《销售管理调研清单》如表 2-12 所示。

表 2-12　销售管理调研清单

销售管理调研清单

一、部门基本情况

  1．公司是否有多个销售部门？

  2．销售主管和销售人员名单，如有多个销售部门，请同时列出多个销售部门的人员名单。

  3．销售业务是否由统一的部门进行管理？

  4．公司是否有外地分公司/办事处/代理商/中转仓？

  5．外地分公司/办事处/代理商/中转仓是否有产品库存？

  6．是否计划由专门的人员负责录入销售订单？

  7．不同的产品是否由不同销售人员负责？

  8．不同的地点是否由不同的销售人员负责？

二、客户情况

  1．客户的信息是否统一由专人维护？

  2．公司有无统一的客户编码？

  3．公司的客户总数约为：＿＿＿＿个。

  A．国内客户有＿＿＿家，主要分布在＿＿＿＿＿＿＿＿＿＿，经常往来的有＿＿＿家；占公司销售额：＿＿＿％。

  B．国外客户有＿＿＿家，主要分布在＿＿＿＿＿＿＿＿＿＿，经常往来的有＿＿＿家；占公司销售额：＿＿＿％。

  C．大客户有＿＿＿家，分别是＿＿＿＿＿＿＿＿＿＿＿＿＿＿＿。

  4．是否对客户进行分类/分级？

  5．客户订单中是否带有自身的产品编号(即客户产品编号)？

  6．客户的不满和投诉主要集中在哪些方面？

三、信用额度与价格管理

  1．公司是否建立了客户信用额度控制制度？

  2．一般客户的信用额度为多少？

  3．何时对客户进行信用检查？

  4．进行信用检查时，会考虑哪些因素？

  5．客户如果超过信用额度，如何处理？

  6．谁可以决定与超过信用额度的客户继续进行业务？

  7．是否有完整的客户价格资料库？

  8．公司的产品销售价格是否含税？

  9．同一产品，针对不同的客户，公司是否会有不同的价格？

  10．不同地区的客户，是否会有不同的价格表？

  11．与客户签订的订单价格是否可以与价格表上不同？

  12．如何掌握客户的价格折扣？

  13．公司是否会统一调整产品的价格？

14．产品报价的依据是什么？

15．请描述报价的审批流程。

四、订单管理

1．公司的可销售件中包含哪些类型的物品？

2．公司是否有成套销售/组装销售的产品？

3．销售的产品出货时，是否需搭配配件或组件一起出货？

4．销售产品的同时是否会销售产品的增值服务？

5．是否会有与客户签订销售合同，但发货须直接发给指定第三方用户的情况？

6．公司的各相关部门之间是否会有内部销售订单？

7．是否有外币订单？

8．公司的产品销售是否有销售淡旺季之分？

9．公司销售订单的接收方式有哪些？

10．销售计量单位与报价单位、发货单位、发票单位、库存计量单位是否一致？

11．订单交货期：最短＿＿＿天，最长＿＿＿天，平均＿＿＿天，紧急订单月平均＿＿＿张。

12．公司订单交货期达成率如何？

13．公司所有销售订单的处理流程(从接单到出货、结算)是否一致？

14．订单变更要求是否频繁？

15．如何对销售订单的执行情况进行跟踪？

16．公司有无订单评审环节？

17．产成品是否需要批号跟踪？

18．请画出本部门的整体业务流程，包括审批流程和与其他部门的接口。

五、出货/退货

1．发货通知由哪个部门开出？发货通知上有哪些主要信息？

2．销售订单出货前，是否需要预先在仓库预留产品库存？

3．公司共有哪些成品仓库及成品仓库的管理部门？

4．是否有专门的部门管理发货？

5．是否有专门的部门执行发货？

6．是否在产品发出时还需进行产品的包装/检验？

7．发货控制如何进行？

8．产品出货时会有什么单据伴随？

9．产品出货时的运输方式是什么？

10．客户退货是否需要进行产品调换？

11．客户退货后是否需要退回货款？

12．客户退货是否需要提供原合同或订单？

13．客户退货是否需要审批/检验？

14．请描述产品出货流程。

15．请描述产品退货流程。

六、对账

    1．销售出货是否都要开发票？

    2．一般由谁同客户进行对账？

    3．公司是否有预收货款的情况？

    4．公司是否允许用一个客户核销另外一个供应商的应付款？

    5．财务部根据什么开具发票？

    6．是否产品发出即认为销售？

    7．请描述财务日常收款流程如何进行？

七、日常使用表单

    1．请列出本部门日常使用的表单，并将每种类型表单附在本调研清单后，如报价单、客户订单、出货通知单等。

    2．请列出本部门日常使用的报表，并将每种类型报表附在本调研清单后，如订单统计表、出货统计表、销售金额统计表等。

八、需求

    1．销售业务中其他需要特别说明的问题。

    2．希望使用系统之后，系统能够实现的关键功能。

(8)《IT 调研清单》如表 2-13 所示。

表 2-13　IT 调研清单

IT 调研清单

1．公司是否有专门的 IT 部门？

2．公司是否有专门的网络管理员？

3．公司是否有专门的 ERP 系统管理员？

4．ERP 系统管理员对 SQL Server 数据库掌握情况如何？

5．公司电脑情况：

A．台式机：_____台；配置情况，CPU/内存/硬盘/操作系统：

B．笔记本：_____台；配置情况，CPU/内存/硬盘/操作系统：

C．其他：_____

6．公司各部门的电脑配备情况：

A．工程部：_____台；存放人员/位置：_____

B．技术部：_____台；存放人员/位置：_____

C．研发部：_____台；存放人员/位置：_____

D．销售部：_____台；存放人员/位置：_____

E．采购部：_____台；存放人员/位置：_____

F．品质部：_____台；存放人员/位置：_____

G．计划部：_____台；存放人员/位置：_____

H．生产部：_____台；存放人员/位置：_____

    I. 仓库：_____台；存放人员/位置：_____

    J. 财务部：_____台；存放人员/位置：_____

    K. 其他：_____台；存放人员/位置：_____

    7. 公司服务器情况：

    A. 文件服务器：_____台；配置情况，品牌/型号/CPU/内存/硬盘/操作系统：_____

    B. 邮件服务器：_____台；配置情况，品牌/型号/CPU/内存/硬盘/操作系统：_____

    C. 数据库服务器：_____台；配置情况，品牌/型号/CPU/内存/硬盘/操作系统/数据库：_____

    8. 公司打印机情况：

    A. 激光打印机：_____台；厂家/型号/存放位置：_____

    B. 喷墨打印机：_____台；厂家/型号/存放位置：_____

    C. 针式打印机：_____台；厂家/型号/存放位置：_____

    9. 公司网络建设情况：

    10. 请给出公司网络架构，并简要画出网络拓扑图。

    11. 公司登入互联网的方式是什么？

    12. 公司员工上网方式是什么？

    13. 公司网络及计算机主要用途是什么？

11. 成果清单

当完成上述全部调研后，须整理形成《×××公司项目调研报告》，该报告是根据调研记录编写的一份规范化的记录，该报告编制得是否规范、描述得是否清晰直接影响到客户对乙方能力和专业度的认知。该报告必须将企业所涉及的模块全部放在一起编制，方便反映企业情况。下面的采购调研报告提供了基本的编写思路，如表 2-14 所示。

表 2-14 调研报告

供应链调研报告——采购部分

一、总体概述与项目背景

×××有限公司(以下简称×××)是一家以生产食品香精、烟草香精等产品为主的企业。因公司 2010 年战略发展的需要，要求规划并实施金蝶 K/3 ERP 系统，规范业务流程，加强内控，进而提高业务管理水平，为公司后续的业务飞速发展奠定基础。

实施 ERP 系统是发展中的×××提升管理能力的有力手段，这已成为公司决策层和管理者的共识。ERP 的实施是一个系统管理变革过程，也是一个有确定目标和计划时间的项目。该项目的实施将使公司快速利用先进技术手段和管理思想把人流、物流、资金流和信息流有机集成，使×××内部成员获得能提供更协同和谐的管理信息平台，从而为赢得市场、赢得竞争提供信息的保障。

二、关键业务需求分析

实施 ERP 的根本目的是为了将公司的基础管理工作利用信息工具进一步规范和提高。通过对各业务部门的需求调研分析，在以下几个方面需要借助 ERP 信息系统的部署实施得到改善和提升。

(一)生产计划

1. 现状

目前主要采用的手工方式来处理，处理的基本原则是采用阶段性库存备货的策略来应对主要材料的计划，也即对材料设置一个最低库存点，低于最低点人工查询库存，手工整理出采购计划，由于交货期限比较短,从实际接到客户订单到交付的时间较短。

实际的工作中仍然存在经常性的缺料和超储并存的现象。由于是以人工 Excel 表格的方式计算处理的,很难全面考虑预计的出入库量对未来计划的影响。同时由于信息的分散,没有建立起以采购订单、生产订单、销售订单、现有库存、产品耗用材料结构(即物料清单,BOM)等构成集成的计划数据环境,因此计划的准确度不够高。

现在的计划方式,包括对采购和生产的计划,都在影响企业对客户的交货承诺和客户服务水平,同时也导致库存结构不合理,库存资金占用过高。

2.解决的对策和建议

采用 MRP 计划和人工干预两种方式对现有的计划系统做全面改造。

为配合 MRP 计划的实施部署,重新制定 BOM 分层及用量控制的原则,为材料正常损耗范围制定标准。对于主要材料设置安全库存,以应对交货期将短于产品总生产提前期的现象,安全库存要能够根据经营环境修正。

分析制订计划基础数据策略,完善所有计划资料(提前期、批量政策、安全库存、订货策略等)。

计划执行的方式为:如果有订单或者其他类型需求的变化,累积变化后每半天一次运行 MRP 计划,根据销售订单和生产可能产生变动的频率确定计划的下达策略为:靠近当前时间点的 2~3 天内。

对于可预测销售的有固定销量的客户订货产品,可以采用预测的方式作为需求运行 MRP,在接到正式订单后执行订单冲减预测,避免预测和订单重复产生计划结果。

建议增设"计划员"岗位,负责 MRP 的运行和结果维护。计划员必须对工厂物料管理业务比较熟悉,在公司内部要有一定威信。ERP 实施组将对其进行专门培训。

(二)成本核算

1.现状

现有的成本核算体系较粗放,不能客观地反映产品的真实成本,没有中间产品的计算过程,不利于日后监督的考核。由于成本不清,导致管理层决策缺乏依据。有的产品成本管理没有制度化、体系化,随意性比较大。

2.解决的对策和建议

在生产车间层面建立三级成本中心,对应最终产品的 BOM 树三层结构。

采用分步产品成本法,核算出各层次的完成品成本;对于副产品采用售价比例来分摊投入的材料及费用。

以实际成本作为记账的依据,同步采用标准成本作为考核。

材料的主要归集依据采用 BOM 的标准用量倒冲结果来计算,实际用量的差异部分可以用产量法分摊,所有不能对象化的费用(包括人工、制造费用等)均采用产量法在不同产品间分摊。

通过会计科目核算的细化来核算研发成本。

接下来会分业务模块介绍调研的内容。具体的解决方案会在后续的业务蓝图中进行描述。

三、采购管理

(一)业务需求调研结果

1.组织分工

采购部门只设立一个,目前具有采购部功能的部门有采购部、总务部、信息部、市场部。

续表

具体分工如下：

① 采购部负责购买生产用原物料，以及调香、应用部门等使用的试验用品；

② 总务部负责购买生产以外的办公用品、低值易耗品、设备等；

③ 信息部负责采购 IT 设备；

④ 市场部购买名片、信封等。

2. 供应商管理

目前，在 K/3 系统中存在统一的编码规则，按地区划分，约有 130 家。

国内供应商有大约 100 家，主要分布地区为：上海、山东、河南等，经常往来的有大约 30 家；占公司采购额的 80%。

国外供应商有大约 10 家，主要分布地区为：德国、英国、美国。

大宗物料供应商有 5 家，它们提供丙二醇、乙醇等。

对于新供应商的开发，由采购部负责。

开发新的供应商的过程：样品确认→资质证明索取→价格谈判。如有必要须进行供应商生产现场评估，由采购部、技术部、品控部及分管领导逐级审批。

供应商数据的维护由采购部负责录入，并提供相关资料给财务部。希望对现有的供应商信息加以扩充，增加营业执照有效期管理。

有关供应商每月的供货质量分析，可通过采购管理的报表提供供货的准时性、供货合格率的分析，以便做供应商的评估。

关于供应商的付款条件，一般为隔月结算。

3. 采购价格管理

(1) 对于主要材料的采购，一般固定供应商，且采购价格固定。

(2) 价格变动时，由采购部门填写价格异动表，并由采购经理、工厂经理、总经理逐级审批。

(3) 采购部负责供应商供应的材料价格的录入及审核。价格资料含税，一般为 13%、17%。

(4) 价格变动在系统外处理，最后在 K/3 系统录入。

(二)采购业务流程分析

1. 采购计划

采购计划的制订由采购部负责，主要是生产原材料的采购。

每天由专人从 K/3 系统导出即时库存，并与预先设定的安全库存进行比较，确定低于安全库存时，进行库存的补充采购。国内物料采购的物料一般放 1～2 个月的库存，国外进口材料的时间则相应加长。

在制订采购计划时，每月月底会考虑下个月的销售预测(订单式生产)，根据预测结合库存确定大致的采购需求，有效可参考数据为 20%。

采购计划制订好后，由采购专员录入 K/3 系统，采购经理进行审批通过后，再下订单给供应商，供应商会对订单的交期及数量进行确认。

2. 采购订单

企业采购的物资基本为国内采购，国外进口。主要分类为主要材料、包装材料、低值易耗品、办公用品、劳防用品、固定资产、IT 设备等。由不同的部门负责。另外，还存在少量的委外加工。

主要材料及包装材料的采购由采购部负责,需进入 K/3 系统进行管理。

委外加工:目前只有极少一部分业务采用的是生产领料、产品入库的业务处理方式。发生的加工费进入委外加工入库的产品成本。

劳保用品、办公用品及低值易耗品的采购由总务部负责,不进入 K/3 系统管理。

固定资产设备由总务部负责,IT 设备由信息部负责,不进入 K/3 系统管理。

3. 收货

供应商根据采购部的采购订单进行送货。收货流程如下:

(1) 采购订单与供应商确认后,在 K/3 系统录入《收料通知单》(记录有采购订单号)。

(2) 送货时直接送到仓库,供应商提供《送货单》(记录有我方的采购订单号)、《检验报告单》,仓库需清点收货数量,并根据送货的物资填写《化验申请单》。

(3) 品控部进行检验,并出具《检验报告》,反馈给仓库本批次是否合格。如为合格,则仓库办理入库手续,填写《外购入库单》。如为不合格,则通知采购部的采购业务员,由采购业务员与供应商协调不合格品处理,确定退货后,填写《退货通知书》,通知供应商及仓库办理退货手续。

另外,收货过程中,若超出订单数量,需口头通知采购部,创建新的采购订单并生成收料通知单。

4. 退货

收料过程中若发现不合格,则直接退货。

若入库后发现不合格,或在生产过程中发现材料不良,则需由品控部确认,并通知采购部。

建议:

(1) 收料过程中的不合格,建议以后直接由系统执行如下流程:采购检验单——退料通知单(直接虚仓退料)。

(2) 入库后不合格,如果已经确认了入库单,并同时有发票关联,可以采用回购的方式处理,对开发票。如果未开发票,则采用对等核销,直接红字冲回处理,冲回红单打印后可以作为退回的回单凭据。

(3) 对于既不能回购,又因为发票已经钩稽也不可退货的业务,建议采用“换货业务”。换货的本质是一种“供应商欠材料”的行为,财务上不做任何处理。但为了正确统计实际库存,可以做一个中转的仓库来记录退回的出和入的业务,原则上使用调拨单处理该业务。

(4) 如果在生产过程中发生材料不良时,如果设置了车间仓库,且倒冲,则直接调拨回材料仓库。如果未设置车间仓库,且倒冲,材料可以入库,不做业务单据处理,这样做的原因是在材料入成本领料单的方案上该企业采用的是:如果没有设置倒冲处理,则需要做红字退料单。

材料入库后,生产过程中发现不合格,此时需从车间退到不良品仓库。由品控通知采购部,采购部再与供应商协商处理方式:退货。

退货:由采购部录入“红字外购入库单”。若当前还未开票,则可将之前的外购入库单拆分后再核销即可。若已开票,则由采购部与供应商确认后,再通知财务开销售发票。

5. 发票接收

所有下订单的采购发票,均由采购部接收。

供应商送货后,会根据实际情况进行开票,开票清单中会注明我方的采购订单号,以方便核对入库数量。

采购发票收到后，采购部负责与入库单据核对，数量、价格一致后，录入 K/3 系统并与外购入库单钩稽，最后交到财务部复核记账。

若发现发票数量或金额不对，经核实后，当月进行退票处理，由供应商重新开具发票。

采购价格如与订单不一致，允许在 K/3 系统的采购发票上进行修改。

建议：

每月由采购部统一整理。自本月某段时间之间供货合格的产品的数量及金额，并通知供应商开具发票。物料的金额根据事先确定好的采购价格进行计算。

四、关键业务问题分析

1. 问题说明

目前采购计划的制订，主要是依靠手工管理，每天从 K/3 系统导出库存数据与安全库存进行比较，低于安全库存时，进行采购。

国外进口材料由于采购周期较长，则会提前备库，一般会备 1～2 个月的库存。

2. 解决方法

在以后的 ERP 方案中，建议所有的配套物料(所谓配套采购物料，即和 BOM 有关系的采购物料)均采用采购申请单——采购订单的业务流程来处理。一方面，可以很准确地统计采购的执行过程；另一方面，为材料计划创造一个可控的数据环境。

3. 采购计划解决的策略

(1) 采购根据 MRP 结果来执行。对材料设置好安全库存、提前期、批量策略、订货间隔期等计划数据，对于提前期特别长的进口物资需要设置较长时间的安全库存量。

(2) 在接到销售订单的时候，所用的材料基本来源于安全库存。但是安全库存的补充来源可根据每次和销售订单相关的 MRP 运算结果中的采购建议来确定。这样可以很好地避免所谓"来不及采购"而导致缺料或者无法承诺客户交期的问题。

(3) 由于销售订单和采购实际执行过程中都存在不可以准确预测的变动因素，这些都会导致计划不准，所以对 MRP 的结果只投放"建议采购日期"靠近今天比较近的采购计划(1～2 天)，避免因为 MRP 反复运算带来的变化而导致计划无法执行。简单来说，就是"长展望期、高频率运行 MRP、短投放短执行。"建议采购日期实际上离建议到货日期还有一段时间，这段时间就是提前期，所以即使供应商有异常，也有补救的时间。

(4) 需要特别说明的是，必须要认真整理采购件的批量策略和订货间隔期限，否则采购订单的频率会因为销售订单的波动无规律而难以实际执行。同时要花大量时间维护采购订单的实际订货量是否合理。

综上所述，客户的材料采购计划在 MRP 中运行的特点是：安全库存备货生产、间隔订货合并采购、销售订单触发库存补充到安全库存点。

四、本阶段的价值点

本阶段可以为客户提供以下管理咨询建议。

(1) 通过分析总结如何根据企业内外部条件来配置资源。

(2) 对企业未来发展的资源基础进行战略性思考。

(3) 识别企业内部所从事的设计、生产、营销和服务等独立的活动和经营过程。

(4) 收集和识别项目干系人的支持力度。在调研过程中可充分掌握项目干系人对项目的支持力度。

(5) 尽力识别项目风险,并及早采取措施规避风险。

第四节　制订实施方案和实施计划

制订实施方案和实施计划是依据项目实施总体目标,考虑具体实施过程和顺序,建立的项目工作计划。主要是从规划项目整体实施过程入手,建立实施阶段框架,明确客户方具体化的项目实施过程。同时必须面向客户方(项目经理和项目实施小组等)讲解项目实施计划,让客户方明白划分实施阶段的必要性和实施过程。研究项目要求的实施目标,安排模块和应用部门的实施顺序,使其与项目实施目标匹配,突出在项目实施周期内确定的实施重点。

制订实施方案和实施计划是在项目调研的基础上,结合实施顾问的专业知识制定的项目实施方案。该方案明确给出该项目的实施策略和实施方法,并提交给客户确认。实施方案的编制同样是体现实施顾问专业程度的一个重要环节。在制订实施方案和实施计划中需要输入、输出和借用的工具、模板资料主要包括以下内容。

(1) 输入:合同、组织过程资产、事业环境因素。

(2) 输出:《项目实施方案书》《项目实施计划》。

(3) 工具、模板:《项目实施方案书》《项目实施计划》、利害关系者分析、专家判断。

一、实施目标

项目实施方案和实施计划是项目在实施周期内,与实施目标、策略相匹配,建立了该项目的实施过程与实施顺序的、总体性的、阶段性的方案与计划。项目实施计划大纲是项目实施的指南。

实施方案中必须明确项目实施的目标,根据客户的实际情况可将目标分解成一期目标和二期目标等。另外也可以将目标分为总体目标(战略上目标)和具体目标等。

二、实施策略

项目实施计划必须依据项目实施总体目标,考虑具体实施过程和顺序,建立项目工作计划。

项目实施计划的要点如下。

(1) 通过编制项目计划大纲,明确顾问方和客户方的实施工作分工和要求。

(2) 明确和具体化实施顾问工作,使客户方理解实施顾问的价值。

(3) 尽量考虑项目任务的并行,使实际项目实施周期缩短。

(4) 对关键实施难点安排节点控制任务。

(5) 使项目任务具体化。

(6) 动态调整项目实施计划大纲。

从时间上划分，项目实施计划体系通常包括：项目实施计划大纲、月度实施工作计划、周实施工作计划。

从实施专题的方面划分，项目实施计划体系包括：培训计划、单元实施计划、客户化开发计划。

三、制订实施方案和实施计划内容

1．工作目标

结合项目管理理论编写项目实施方案，对项目实施的范围、目标、组织、验收标准、实施计划、实施策略、约束内容、预期风险与规避措施进行约定，对项目实施的有关事项同客户进行确认。这是作为项目实施的依据和基础，可用于指导后期项目的实施。

2．主要工作事项(角色、任务、工具/模板)

(1) 确认实施范围，主要包括公司组织范围、模块范围和软件应用范围。

(2) 确定项目实施目标，主要包括整体目标、实施目标。

(3) 制定实施策略。

(4) 确定项目组织要求与责任。

(5) 介绍实施过程中的关键节点和双方任务。

(6) 制定项目实施验收标准，主要包括验收方式和各模块验收标准。

(7) 制订《项目实施计划》。

(8) 明确项目实施的约束条件。

(9) 预测项目实施风险，并提出风险规避的解决措施。

3．参与人员

(1) 客户方：项目领导小组组长、项目经理、核心小组成员。

(2) 顾问方：实施组项目经理、核心小组成员。

4．准备事项

(1) 完成调研报告。

(2) 和客户方进行全面的沟通。

(3) 完成《项目整体实施方案》和《项目实施计划》的制订，以备确认。

5．操作时机

在对企业进行详细调研后，制订实施方案和实施计划内容。

6．建议工作时间

建议工作时间为 1 个工作日。

7．关键业务

(1) 在此将实施范围进行约定，避免以后实施的模块、实施的功能、实施的企业数量出现变化，约定得越详细越好。

(2) 实施目标可以写得概括和粗略一些，写得宏观一些。

(3) 实施计划的每一项任务对客户方只需设置到配合的部门，而详细人员安排由客户方自己讨论完成。若遇到客户方人员相互推脱而相持不下时，应给予客户相关建议，但不能参与争执中。如果建议无效，就请客户会后自行讨论，不要耽误会议进程。

(4) 项目验收标准(可选择)要明确到具体的模块和功能，这样可以有效地避免出现客户需求无限膨胀的麻烦和问题。

(5) 对项目实施变更流程的约定，能有效避免实施过程中客户的随意性，并能够记录项目实施变更的原因及影响。有利于在项目进度严重受影响的时候区分责任。

(6) 对工作方式的约定，有利于双方对实施过程中的工作方法、方式，有一个信息对称的了解和沟通平台，也有利于双方在推进项目实施过程中能及时处理相关事项，避免拖沓、推诿等现象的发生。

8．注意事项

《项目实施方案书》中，关于项目验收标准，一定要注意其准确性和可交付性。如果确实没有把握，可以适当模糊一些，绝对不能将无法交付的事项写入项目验收标准。

9．后续工作安排

(1) 双方项目经理签署《项目实施方案书》。

(2) 将确定后的《项目实施计划》打印及张贴，并由项目实施双方签字。

10．可供参考的工具和模板

(1)《项目实施方案书》。

略。

(2)《项目实施计划》。

略。

(3)《ERP 项目实施风险说明》。

略。

(4)《信息化实施考核条例》。

略。

11．成果清单

(1) 客户签字确认的《×××项目实施方案书》。

略。

(2) 客户签字确认的《×××项目实施计划》。

略。

四、实施的风险

在实施方案中有必要跟客户提到项目隐藏的风险，并明确告知客户，让客户提前做好项目风险管控。

主要应解决下列风险因素。

(1) 项目实施计划大纲流于形式，客户方不明确具体的项目实施过程。顾问方项目经理在项目计划工作会议中必须面向客户方(项目经理和项目实施小组等)讲解项目实施计划，使客户方明白划分实施阶段的必要性和实施过程。

(2) 项目实施计划大纲与实施目标脱节，重点不突出。项目经理在编制项目实施计划大纲过程中，必须研究项目要求的实施目标，安排模块和应用部门的实施顺序，使其与项目实施目标匹配，突出其在项目实施周期内确定的实施重点。

(3) ERP 项目的实施是一个涉及面广、参与人多、耗时长的工程。一个成功的项目需要项目组持之以恒地实施，否则会半途而废。为了确保项目参与人员的积极性，非常有必要针对该项目的实施制定一份完善的《项目实施考核制度》。可以将考核制度放在实施方案中，也可以单独列出。

五、实施方案和计划的制订

ERP 项目是一个时间跨度较长的工程。为了确保项目有条不紊地进行，必须在实施前制订一份实施计划。实施计划必须综合考虑项目的目标和实际情况等因素，以确保实施计划具有可执行性和导向性。实施计划可以放在实施方案中，也可以单独列出。

实施方案是对项目进行综合评估和制定的一个综合性的实施策略，内容尽量包括涉及项目实施的方方面面。表 2-15 所示是实施方案的模板，从中可以全面了解实施方案的编制。

表 2-15　项目实施方案

实施方案
一、项目章程介绍
(一)总览
本公司决定实施金蝶 K/3 管理系统(以下简称金蝶 K/3 系统)，并选择金蝶公司进行 K/3 系统实施。该项目章程作为双方同意的文件，将包括项目目标的定义、实施策略的制定和项目组成人员和责任的确认，以及项目工作的计划。
为保证项目实施达到预期的目标，该文件的签署将赋予公司实施小组权责并开始工作。
(二)项目目标
1. 总体应用目标
本项目是本公司建立先进的生产制造系统平台的重要项目。在本项目中，以金蝶 K/3 系统作为生产制造信息化平台。
2. 具体应用目标
(1) 公司管理目标。
(2) 生产制造管理目标。

(3) 实现客户 BOM 的灵活复制和修改。

(4) 实现 MTO 模式的管理。

二、实施策略

(一)总体策略

(1) 整体规划，分步实施。

(2) 数据准备和测试贯穿于项目的每个阶段。

(3) 关键用户和最终用户提前参与。

(二)实施策略的考虑

为实现上述总体目标，引进先进的大型管理系统只是成功迈出的第一步，还必须结合本公司目前信息管理现状和现实需求，通过成功的实施才能充分发挥系统功能，提升企业价值。

……

三、项目范围

(一)功能范围

整体而言，本项目的功能范围包括计划管理和成本管理两个方面，包含的组织机构有生产部、计划部、财务部；从金蝶 K/3 系统产品模块而言，本项目将实施生产数据管理、主生产计划管理、物流需求计划管理、MTO 计划管理、粗能力需求计划、细能力需求计划及成本管理。

(二)实体范围

×××有限公司；其他法人实体与下属公司不在本项目范围内。

(三)技术范围

1. 初始数据转换

将充分考虑本公司目前所使用的计算机系统及数据量的大小，以此确定初始数据的转换策略，数据量较大的主数据转入金蝶 K/3 系统的工作将通过数据导入的方式进行。

2. 客户化开发范围(二次开发)和软件升级

在金蝶 K/3 系统实施期间不要求进行复杂的客户化开发工作。实施期间没有金蝶 K/3 系统版本升级问题。

3. 硬件及网络环境范围

本公司的实施小组将负责公司本地的技术基础设施的安装工作，以支持金蝶 K/3 系统的实施。这将包括，但不限于：管理网络结构；管理和维护(包括磁盘空间增长率的估计，网络协同工作/带宽等)以及建立一个原型系统、系统测试、培训；提供一个稳定的生产环境以供系统实施，包括管理和维护数据库和应用服务器，在定期备份、重新启动/恢复和性能监控方面提供恰当的支持；确保运行环境的适当的系统性能水准。

4. 报表

本公司尽可能采用金蝶 K/3 系统的标准报表，将提供详尽的报表开发培训，并对特殊需求报表进行必要的开发指导。

四、项目组织结构

(一)项目组织成员结构

略。

(二)本项目成员职责

1．本项目参与人职责

略。

2．项目推进小组及协调小组职责

略。

3．项目其他参与人员和小组职责

略。

五、项目计划

本项目将遵循金蝶 K/3 系统实施领域所总结出的系统实施方法论，并完成系统功能的全部设计工作。

(一)项目阶段划分及关键任务

(1) 项目定义——目标定义。

(2) 蓝图设计——目标分解。

(3) 系统实现——目标实现。

(4) 上线支持——客户价值实现。

四步实施法中每一步都详细进行了任务分解，定义了每个步骤的具体工作内容、工作时间、工作方式、责任人、工作成果等。

(二)时间表

根据上述实施方法论，本项目的具体实施计划如下。

	WBS	任务名称	工期	开始时间	完成时间	文档	前置任务	2004 August 8	2004 August 15	2004 August 22	2004 Au
40	2.1.3.9	生产任务管理	0.5 工作日	2004年8月18日	2004年8月18日		39	生产任务管理			
41	2.1.3.10	生产任务管理演练	0.5 工作日	2004年8月18日	2004年8月18日		40	生产任务管理演练			
42	2.1.3.11	重复生产计划管理	0.5 工作日	2004年8月19日	2004年8月19日		41	重复生产计划管理			
43	2.1.3.12	重复生产计划管理演练	0.5 工作日	2004年8月19日	2004年8月19日		42	重复生产计划管理演练			
44	2.1.3.13	委外加工管理	0.5 工作日	2004年8月20日	2004年8月20日		43	委外加工管理			
45	2.1.3.14	委外加工管理演练	0.5 工作日	2004年8月20日	2004年8月20日		44	委外加工管理演练			
46	2.1.3.15	车间作业管理	0.5 工作日	2004年8月21日	2004年8月21日		45	车间作业管理			
47	2.1.3.16	车间作业管理演练	0.5 工作日	2004年8月21日	2004年8月21日		46	车间作业管理演练			
48	2.1.3.17	设备管理	0.5 工作日	2004年8月23日	2004年8月23日		47	设备管理			
49	2.1.3.18	设备管理演练	0.5 工作日	2004年8月23日	2004年8月23日		48	设备管理演练			

项目工作的开展将按照此计划执行。

(三)里程碑

里程碑是用于标志项目组完成的事件或主要成就的时间点，同时还是可以标记项目进展的时间点。本项目主要里程碑和相关时间表略。

这些里程碑出现于本项目计划中，里程碑插入在作为项目计划中重要事件的工作、步骤和任务完成的时间点上，有助于对项目进展进行监控。里程碑的状态在每周的项目管理报告中加以监控。该报告要提交给项目管理组、项目总监和其他关键性项目相关人员的手中。

(四)项目计划执行和报告

(1) 项目经理对监控项目进展负主要责任。项目计划是用于通报项目进展和当前状态的关键性文件。

项目计划包括项目阶段、任务、任务期限、资源、任务的计划开始和结束日期、里程碑、责任人和可交付成果等。项目计划将由 MS Project 进行维护并且要反映出项目方法论计划阶段。

(2) 只有在两种情况下，才能对整个基准计划进行重新设计。一是只要出现任何会从根本上影响项目进度的范围变化，就应该更新整个基准计划。要是进度或预算偏差非常严重，就需要重新制订基准计划以使业绩报告重新变得有意义。

(3) 项目计划执行和报告应按照流程进行，具体如下：每个项目组成员将负责按照项目计划更新实际进展情况并估算自己分配到的任务离完成还需多少时间，这些工作是每周项目报告例会的一部分。项目管理组每个星期五会晤一次，参照项目计划审查项目进展情况。审查工作以考察拖延情况为基础，集中精力查找现存的或潜在的任务拖延，评估对其项目造成的影响，并对要采取的用于减轻影响的行动计划达成共识。对于那些可能存在延期的任务(例如，预计完成时间晚于计划时间)，项目经理会加以突出表示。该任务的负责人应制订出一个应对潜在延期的行动计划，以减小对其他项目工作造成的影响。项目组组长要在每周的状态报告问题部分中注明可能发生的任务延期，其内容包括问题的简短说明、防止延期的行动计划简短说明或者是新任务日期，日期旁还应注明对其他任务造成的影响。

六、项目文档管理

(一)项目文档管理的重要性

实施金蝶 K/3 系统是一项复杂的系统工作。为了保证项目的最终成功，必须在项目的每一个阶段都进行严格的控制。项目的文档是项目工作过程及结果的反映，是项目控制的依据，同时也是"知识转移"的关键载体。因此，对项目整个过程都必须要进行充分的文档数据化。

本文件规定了项目过程中所需编写的文档，主要包括项目管理文档、项目技术文档及项目功能文档等。此外，本文件还对文档编制的具体要求进行了说明。项目组成员在制作这些文档时都要按照这些要求进行，而且都必须经过相应负责人的签字确认。

(二)项目文档体系

在项目实施的不同阶段都需要编写相应文件。下表说明了在项目哪些阶段需要哪些文档，以及相应的文件格式、编码规则及需要完成日期要求等。

文档名称	项目阶段	文件格式	文档编码规则	签字人

下面对上表列出报告的主要内容和编写目的进行说明。

(1) 项目实施及工作计划：在项目开始时需对整体的时间计划、检查关键点、职责分工等进行明确。此外，在具体实施过程中，还要有具体的工作计划，一般是按周制订并且检查。

(2) 评估报告：是系统评估阶段的主要工作成果。它总结了所有当前的业务流程，以及所有当前业务流程和当前系统的输入(表单等)和输出(报告等)。此外，它还应包括系统功能检查表，将系统功能在高层次上与当前业务流程进行对应，并找出和当前流程、系统的差别。同时，该报告还应包括主要的系统接口需求和数据迁移的战略。

(3) 设计报告：在对系统进行设计的基础上，总结需要对当前业务流程进行哪些修改。在确定的流程的基础上应当总结对系统进行何种配置可满足流程的要求的问题。对于要进行的系统客户化开发，需要由功能人员从功能的角度对开发应达到的效果提出要求。

(4) 系统接口设计报告：对有外部系统接口的流程，描述接口要实现的功能和要达到的目标，并从业务角度描述可以采用的解决方案。

(5) 系统开发规格说明：根据功能人员制定的系统开发的功能需求，从技术的角度制定开发的设计和规范，包括使用、更改哪些系统的对象，开发项目如何组织，程序逻辑如何实现等。这一文档应该由技术人员编写。

(6) 数据准备表：由客户根据数据迁移的战略进行制定，包括所需要迁移数据的每一数据项以及对应的格式要求。同时，应根据该准备表进行原始数据的清理和准备。

(7) 用户测试案例和结果：本项目组成员应按照其确定的业务流程编写系统集成测试案例，确保这些案例包括了其所有的业务流程。按照这些业务案例执行后产生的对当前流程以及其他流程和步骤的影响也应包括在案例中。在用户进行测试时，应记录实际测试所产生的结果，并与预期结果进行比较。

(8) 用户培训计划：培训开始前应制订培训计划，对培训的过程、课程和参加人员进行安排。

(9) 用户使用手册：用户对系统进行操作的指导和备查手册。它应包括确定的用户的所有业务流程，并按照业务流程的方式来组织系统的功能。新用户在接受过系统使用培训后，参照该手册和业务流程的政策规定即可基本完成系统的操作。该手册也将作为最终用户系统培训所使用的教材的一部分。

(10) 用户培训教材：对最终用户培训所使用的教材，与用户手册结合对最终用户进行培训。

(11) 系统上线计划：对系统上线过程进行详细安排，包括数据转换和核对过程、用户授权、切换时点、数据补充录入的时限等，系统上线的过程应严格按照该步骤执行。

(12) 系统上线报告：在系统的上线过程中和上线后进行制作。在上线过程中，其内容主要包括数据转换的结果以及数据核对的确认。在上线后，需要对上线过程进行总结，找出可能存在的问题和解决办法。

(13) 系统维护文档：供系统管理人员使用的系统维护手册。它的编写应结合用户的系统管理政策，如系统备份的策略等。它应该包括系统架构和使用的软件、硬件平台的描述；各系统(生产、开发、测试等)的分布；系统的启动、关闭、备份、性能监视和常用系统维护工具的使用说明等。

(14) 对账确认报告：在支持期间内对每个月工资的计算结果进行验证。

(15) 系统质量检查报告：总结系统上线至今的状况，分析过去发生的主要问题和解决方案。对系统使用的进一步提高和改进提出相应的意见。

注意：全部项目文档都使用中文编写。对于文档的签字，原则上由本公司生产制造业务领导完成。对于系统上线报告等这些关键的项目阶段总结报告，需要在项目会议上进行汇报讨论，并最终由相关领导签字确认。同时，由于本项目的日程安排紧密，为了保证项目能够按照计划进行并最终能够在计划日期上线，因此项目文件的签字工作应该在文件递交 5 个工作日内完成。如果超过 5 个工作日仍然没有签字，则视同已经签字确认，并且项目组的工作将按照这些文件进行。

(三) 项目文档管理环境

作为项目管理最佳实践的一部分,项目文档应该在一个集中且可控的环境内统一维护。这不仅可以保证项目文档的标准化,更重要的是这种方式为项目相关人员的知识共享提供了一个便捷的平台。本项目的文档统一在本项目文档管理服务器内维护,具体的地址是……

七、项目沟通管理

(一) 项目决策流程

下面介绍的决策和上报流程与日常挑战和决策有关。某些挑战可能会造成项目范围、资源或时间表的变更,并需要利用变更管理中描述的变更控制流程进行处理。

对于那些不会对项目范围、资源或时间表造成明显影响的决策,项目组有权自行决定。决策的第一级上报领导为本公司项目经理。第二级上报领导是项目总监。在向更上一级报告之前,在某一级领导处不得上报两次以上。需要从指导委员会处得到输入的决策或者需要获得内部大多数同意的决策仅限于以下几种:①对本公司现有业务流程会造成重大影响的决策;②会影响到本公司关键方针政策的决策;③会给项目范围、时间表、功能性或成本带来显著变更的决策(称为“重大决策”)。

(二) 项目例会

本公司项目沟通计划用于为项目实施和培训阐明沟通的目标、范围、流程和计划,以确保项目领导、顾问和工作组能接收到及时准确的信息。项目沟通的目标受众是:指导委员会、项目总监、项目经理、核心项目组、最终用户。

每周四 14:00—15:00 召开项目组全体成员参加的会议。会议由项目经理主持,对过去一周的工作进行总结,讨论项目工作中存在的问题和解决方案,并且对下周的工作进行安排。项目组和项目管理组的特别会议将根据情况安排日期。

每周五 14:00—15:00 召开一次项目管理会议,参加者包括本公司项目总监、项目经理以及小组负责人。会上接收项目管理组提交的项目状态报告,每周提交一次的项目管理状态报告将被作为制定指导委员会报告的主要基础。项目主任对指导委员会状态报告的制定和提交,以及报告会组织等工作负主要责任。

八、项目风险管理

在实施应用过程中,不可避免地会存在一些问题和风险,这就需要双方本着务实的原则,及时总结和认真看待,正确协调和解决。本公司项目实施过程中可能面对的风险及建议的应对策略如下。

(一) 实施周期延期的风险

(1) 企业建立全集团统一的生产制造管理制度的完成日期不确认。

应对方法:建立周密的计划,确保按实施计划完成集团生产制造管理制度的建立。

(2) 系统初始化过程中新老科目转换初始余额的整理可能耗时较长。

应对方法:企业在准备初始化数据之前就建立针对该问题的明确的解决方案。

(3) 节假日 (例如,春节) 的风险。

(二) 实施范围风险

(1) 在某一实施分步内的实施主体范围过多,可能会导致项目延期。

应对方法:按照实施计划分步实施。

(2) 在某一实施分步内的实施模块过多，也可能导致项目延期，使实施人员失去信心。

应对方法：按照实施方案建立各个步骤的实施目标值。

(3) 过分关注细节，导致项目耗费在无尽的讨论开会之中。

应对方法：项目高层应正确引导，以集团实施目标为重点，先上线，后改进。

(4) 无明确可执行的实施目标。

应对方法：系统并不是万能的，不要把企业解决不了的问题放在系统的实施目标上。要从企业基础管理做起，制定切实可行的阶段性目标。

(三) 人员的风险

(1) 消极应对项目实施，缺乏激情，怠工等。

应对办法：建立有效的奖惩措施，对其造成的影响给予公布。

(2) 无效的项目组织。

应对办法：依金蝶项目组织要求，成立项目组织，并在相应的业务领域成立项目小组，并由相关部门负责人担任。

(3) 散布谣言，打击项目实施小组成员。

应对办法：定期公布项目实施进度，对散布谣言者给予处罚。

(4) 中高层领导安排其他事务给实施人员，导致实施进度无法按期完成。

应对办法：专人专用，如需处理其他事务，必须经项目实施领导小组成员批准。

(5) 因为在新的流程确立后，可能会影响到相关人员的利益，特别是中高层的利益，导致对项目产生抵触情绪，最终影响项目实施进程。

应对办法：召开专门的中高层协调会议，对项目实施统一认识，明确目标，并由最高领导出面协调处理。

(四) 管理变革的风险

(1) 部门在应用过程中产生冲突。

应对办法：高层领导从公司整体利益上给予仲裁。

(2) 在系统切换时，为了局部利益，擅自从系统外进行业务处理。

应对办法：各个实施单位高层不得在系统外进行业务的审批。

(3) 认为金蝶 K/3 系统是万能妙药，可以处理企业所有的问题。

应对办法：系统只能处理关键合理流程，不合理或错误流程无法处理，垃圾数据进去，出来的还是垃圾，要保证业务规范和数据准确。

(4) 现有业务流程必须在系统中体现。

应对办法：ERP 实施是一个重整和优化现有流程的过程。把过去不合理管理机制和管理流程进行修改，希望让系统适应过去旧的流程是不合理的管理机制和管理流程，必然导致实施失败。

规避风险的根本是高层应该在关键时刻站在整体优化的高度，进行仲裁，避免陷入无谓的争执中。

九、项目变更管理

变更控制是通过有序的管理变更来稳定开发过程，减少项目风险。本程序的制定是为了检查所有的变更请求，决定哪些需要实施、哪些需要推迟、哪些需要否决。在得到对方的认可后，进度和成本将相应地作出调整。一个有效的变更控制程序对于避免项目延期和超支是必要的。

(一) 提出变更

提出变更需首先填写《变更申请表》(Request For Change，RFC)。RFC 需由申请方项目经理交给对方项目经理。接收方项目经理将就 RFC 的技术可靠性以及对整个项目的影响作出评估。经接收方项目经理同意的 RFC，将提交项目领导小组批准备案；未被批准的 RFC，将退还给申请方项目经理。任何双方项目经理不能解决的争议将提交项目领导小组审议。

(二) 接收方的响应

接收方项目经理将在接到 RFC 的三个工作日内确认收讫，并说明分析 RFC，给出相应的工程变更建议书(Engineering Change Proposal，ECP)所需的时间。如果金蝶是接收方，那么金蝶可对 RFC 分析报告以及对 ECP 进行收费并以书面形式告知客户收费标准。金蝶将于客户同意收费标准后三十天或双方协定的时间内，对 RFC 进行分析研究并做相应的 ECP。

ECP 将就 RFC 中所提出的变更对整个项目的影响作出以下几方面的说明。

(1) 基本变更——文件的增改和删除。

(2) 软件设计——程序编码的增加、修改和删除。

(3) 测试项目——测试计划、测试和重新测试的修改。

(4) 系统性能——确认修改项目对系统性能的影响以及增加或改装其他机器是否必要。

(5) 培训——培训计划、课程准备及教材。

(6) 其他材料——列出所有其他材料。

(7) 人员需求——确认增加其他人员的必要性。

(8) 进度——项目进展情况、交付件的进展速度和协议的终止日期。

(9) 可能的费用。

(三) 申请方的认可

(1) 申请方项目经理须对 ECP 进行书面确认。任何双方项目经理不能解决的争议将提交项目领导小组审议。

在申请方项目经理确认后，如果修改涉及项目合同或费用，还须由项目领导小组批准。

(2) 批准后的 ECP 将以"工程变更建议书"的形式列为本工作说明书的协议，同时取代前期的任何相冲突的协议。

(四) 变更实施

双方将根据经确认批准的 ECP 重新调整项目计划，并进行任务分配。双方将根据新的项目计划履行各自的责任。

(五) 变更程序流程

(1) 客户或金蝶一方以书面形式提出 RFC。

(2) 将 RFC 提交对方(或项目领导小组)作技术可行性评定。

(3) 金蝶以书面形式给出 ECP 的准备时间和所需费用。

(4) 项目经理委派评审小组讨论金蝶提出的时间和费用以及是否批准 RFC。

(5) 金蝶做出 ECP 并确认所需费用和进度。

(6) 双方(或项目领导小组)讨论 ECP 并提出实施建议。

(7) 申请方对 ECP 提出认可。

(8) 项目领导小组批准对合同进行修改(如果需要)。

(9) 实施 ECP。

十、知识转移

在项目进行中，将知识转移给贵公司用户是每个顾问的目标。知识转移主要分为以下几个层次。

(1) 从项目经理至贵公司项目管理层。

(2) 从业务顾问至贵公司关键用户和内部顾问。

(3) 从技术顾问至贵公司 IT 部门人员。

(4) 贵公司关键用户和内部顾问至其他贵公司员工。

在项目实施过程中，将主要通过以下方式进行知识转移。

1．项目小组培训

通过该培训，贵公司项目小组成员及来自业务部门的关键用户将对金蝶 K/3 系统相关模块的概念和流程有一个初步的认识，从而为后续的业务流程设计打下基础。

2．在线项目培训

通过对贵公司项目小组的在线项目培训加强对金蝶 K/3 系统的熟悉，初步达到能够独立地针对某一模块进行初步客户化配置，并能较有效地进行最终用户培训。另外，通过和顾问的深入交流，掌握金蝶 K/3 系统的项目实施方法，以便为将来进行系统推广做好准备。

最终用户培训主要由贵公司项目组成员授课，顾问协助指导。通过此培训，系统未来的使用者将掌握系统相关流程的操作。

此外，贵公司项目组成员在实施方法、蓝图设计、配置文档、测试文档、用户手册编写等过程中将得到咨询顾问的全面指导和培训。

十一、质量控制

(1) 项目章程由双方项目管理层审阅批准。

(2) 业务蓝图由双方项目管理层审阅批准。

(3) 用户文件由项目小组、项目经理审阅。

(4) 培训计划由项目小组制定。

十二、验收标准

(一) 验收方式

本项目采用分阶段提交成果和验收的方法。在得到本阶段成果的确认以后，再开始下一阶段的实施工作。以保证项目始终在实施双方意见一致的前提下进行。

项目阶段验收将根据双方确认的本阶段实施目标、工作计划和提交的阶段工作完成报告做出结论。

在金蝶方书面提出验收申请之日起，本公司项目经理(或其授权人)应在 5 个工作日内，签署书面确认报告或向金蝶项目组提出优化的建议。

(二) 验收标准

略。

六、本阶段的价值点

本阶段的价值将充分体现 PDCA 思想。

P：计划，确定目标、行动计划和措施。

D：执行，按目标付诸行动。

C：检查，检查计划执行的效果，并与预定目标进行对比。

A：总结经验，对正确的加以肯定，对尚未解决的不回避并反映到下一个循环中。

第五节　项目启动大会

项目启动大会(Kick off Meeting)是利用企业组织的正规形式，宣布项目正式开始实施的会议。项目启动大会也代表了企业高层对项目的态度和决心。通过项目启动大会向项目实施小组和全企业传达了企业将如何开展项目实施的信息。项目启动大会的参与人员包括双方项目组经理、双方项目实施小组和客户方主要业务部门的经理等人员。在项目启动大会上，企业项目组成员和顾问组项目经理应在项目实施计划大纲和项目公约等文件上完成签字仪式。在项目启动大会中需要输入、输出和借用的工具、模板资料主要包括以下内容。

(1) 输入：企业环境因素、组织过程资产。

(2) 输出：企业高层对项目的支持、全员对项目的配合。

(3) 工具、模板：《项目启动大会议程》《项目启动大会》《项目启动大会会议纪要》《培训人员签到表》。

一、目标与策略

项目启动大会是项目定义阶段结束的标志，同时也是项目进入下一实施阶段的起点。所以，应当为项目启动大会作充分准备，并与客户方项目经理和项目实施小组进行充分的沟通。使客户方必须参加项目启动大会的关键人员，预先安排好工作时间，务必参加项目启动大会。

项目启动大会的要点包括以下几个方面。

(1) 项目实施指导委员会负责人必须在项目启动大会上表明对项目的认识与态度，并对参与项目实施的人员与部门提出要求和期望。

(2) 顾问方项目经理讲述该项目的实施方法与策略时，明确顾问组的工作方式和沟通方式。

(3) 项目实施指导委员会负责人宣布项目公约，明确项目实施管理的政策和考核管理办法。

二、项目启动大会内容

1. 工作目标

通过项目启动大会，让客户方领导表达信息化推动的决心，调动员工的积极性。向客户方项目组全体成员传达项目相关实施任务、计划，让大家明确以后的工作，做好心理准备。

2. 主要工作事项(角色、任务、工具/模板)

(1) 与客户方项目经理确定启动大会议程,落实各发言人的时间。

(2) 按大会议程召开启动大会,"项目启动大会.PPT"中需要介绍项目实施方案的各项内容,目的是让客户高层了解实施过程、风险、责任、范围等内容。

(3) 做好会议纪要,记录实施方案主要内容、客户方领导讲话及客户方相关人员宣誓等,并公布在客户宣传栏中,让所有客户方员工都了解项目启动大会内容。

(4) 签订《项目实施公约》,并交换实施文档。

3. 参与人员

(1) 客户方:高层领导、项目经理、核心小组成员、全体项目组成员。

(2) 顾问方:领导小组组长、项目经理、项目小组成员。

4. 准备事项

(1) 双方通过沟通确认项目启动大会的议程及流程,可参考《启动大会议程》。

(2) 项目经理准备介绍的 PPT,可参考附件《项目启动大会》。

(3) 布置启动大会会议室,包括投影仪、白板、白板笔和扩音设备。

(4) 发动宣传攻势。可在企业内部刊物上刊登 ERP 相关文章,或在宣传栏上发布文章,在醒目的地方拉横幅,让所有员工投入项目或关心项目。

5. 操作时机

在实施方案确认后,将进行项目启动大会,自此,项目将进入实质性实施阶段。

6. 建议工作时间

建议工作时间为 0.5 个工作日。

7. 后续工作安排

(1) 请客户检查硬件设备配置情况,确保安装软件时不存在硬件上的问题。对于不满足或存在的隐患立即提出纠正建议,要求在软件安装前完成。

(2) 客户方需要准备培训环境,实施方顾问需要准备培训手册、教材等。

8. 可供参考的工具和模板

(1)《项目启动大会议程》见表 2-16。

表 2-16 项目启动大会议程

×××公司 ERP 项目启动大会会议议程
一、启动大会的目的
1. 明确×××公司实施 ERP 的背景、目的与意义。
2. 动员×××公司全体员工参与 ERP 项目的实施。
3. 介绍×××公司 ERP 项目的实施计划。
4. ×××公司 ERP 项目正式启动。

二、大会主持人

　　×××公司:

三、启动大会时间

　　入场时间:××××年××月××日,下午,13:45—14:00。

　　会议时间:××××年××月××日,下午,14:00—15:00。

四、参加人员

　　×××公司:

　　顾问公司:

五、会议地点

　　办公楼大会议室。

六、准备工作

　　1. 会议资料准备:会议议程 PPT。

　　2. 会议通知:通知到会人员及确认。

　　3. 会议场地布置(横幅、投影仪、投影幕、笔记本电脑、话筒、讲桌、座椅、茶水等)。

　　4. 横幅内容(建议):×××公司 ERP 项目启动大会。

　　5. 准备领导或嘉宾座位姓名牌。

　　6. 准备入场、离场音乐。

七、会议开始

　　会议入场:13:45—14:00,播放入场音乐。

八、会议议程

序号	时间	议程内容	备注
1	14:00	主持人宣布会议开始,致开场辞	5 分钟
2	14:05	企业方公司总经理讲话	10 分钟
3	14:15	实施方公司总经理讲话	10 分钟
4	14:25	×××公司 ERP 项目甲方项目经理介绍甲方项目组成员	5 分钟
5	14:30	×××公司 ERP 项目乙方项目经理介绍乙方项目组成员	5 分钟
6	14:35	×××公司 ERP 项目乙方项目顾问介绍总体实施计划	10 分钟
7	14:45	主要部门(销售、采购、财务、生产)主管表态	15 分钟
8	15:00	主持人宣布散会,指示离场顺序	

九、会议结束

　　参会人员离场,播放离场音乐(可与入场音乐相同)。

(2)《项目启动大会会议纪要》。

略。

(3)《培训人员签到表》。

略。

9. 成果清单

(1)《×××项目启动大会 PPT》。

略。

(2)《×××项目启动大会议程》。

略。

(3)《×××项目启动大会会议纪要》。

略。

第六节　中高层培训

中高层培训是在企业内部统一对 ERP 项目的认识(实施方法论、ERP 管理理念、信息化管理战略);理解 ERP 的风险并及早应对:类似项目的已识别风险及早告知客户,并提供应对策略。

通过培训,可以让客户的中高层人员对软件系统的主要业务处理有一个清晰、全面的认识和理解,为客户业务流程与新系统的结合打下良好的基础。此时应引导客户重点学习和理解系统标准业务流程及业务处理,避免客户进行业务对照。在培训中要不断向客户灌输培训的目的是加强客户对软件系统的认识和了解,在基于对新系统理解和认识的基础上,才可能更好地结合自身业务实施新系统。

对于具有一定规模的集团企业,建议在客户企业总部搭建培训环境,召集全集团需实施的所有分、子公司成员单位进行集中培训、集中数据准备、集中初始化并试运行。

此阶段要注意以下问题的规避。

(1) 培训管理。培训方要制定完善的管理制度(包括培训考核制度),切实按照培训计划执行而不受训者的影响(例如配合受培训者蒙混过关,在接受培训时去游玩观光)。

(2) 培训教师的业务水平。针对不同级别的培训,必须选派合适的老师担任培训任务。例如,对管理层的培训必须选派熟悉业务和管理的顾问;对操作员的培训则必须由熟悉产品的顾问来做;系统管理员的培训教师则必须熟悉系统配置方法。

(3) 集团企业培训。对该类客户的各个成员组的培训务必保证同步集中培训,否则会造成集团各成员的项目实施水平不一致而导致项目实施受阻。

中高层培训的主要工作内容如下。

1. 工作目标

(1) 加深中高层领导对 ERP 的认识。

(2) 让中高层领导积极参与到 ERP 推进过程中来,充分发挥各自的领导作用。

(3) 充分认识到项目推进中未来可预见的风险、问题及相应的措施。

(4) 借此机会建立顾问专业形象,并进行充分沟通,为项目推进作铺垫。

2. 主要工作事项

(1) 对客户中高层进行项目实施方法论培训。

(2) 参训人员写出心得体会并相互讨论交流。

3．参与人员

(1) 客户方：中高层领导、项目小组成员。

(2) 顾问方：领导小组组长、项目经理、小组成员。

4．准备事项

(1) 参加培训人员签到表。

(2) 准备好培训环境。

(3) 准备培训的 PPT 文件。

5．操作时机

在双方项目组织成立后，项目正式开始调研之前进行中高层培训。

6．建议工作时间

建议工作时间为 0.5 个工作日。

7．关键业务

(1) 向中高层领导传达可以预见的风险、问题、建议措施。

(2) 坚定中高层领导的认知和决心。

(3) 为项目实施顺利创造一切可能的条件。

8．注意事项

这是一次绝好的体现专业形象的机会，实施顾问要精心准备，确认客户方的培训场所的一切设施是否齐全，事前要模拟演练，以确保万无一失。

9．可供参考的工具和模板

(1)《参训人员心得及体会》。

略。

(2)《项目实施方法论》。

略。

10．成果清单

《参训人员心得及体会》。

略。

第七节　软件安装确认

在进入下一阶段前，需完成相应 ERP 软件的安装，这也是后续业务蓝图设计阶段的基本载体。没有 ERP 软件，业务蓝图将得不到有效的验证。软件安装是指搭建客户化的应用平台，建立以 ERP 管理软件为核心的企业信息化应用平台，以平台为基础构建外围系统应用。为客户提供 IT 应用解决方案，为企业提供硬件、网络、软件及数据库的整套解决方案，为企业创造 IT 集成应用价值。其主要工作内容如下。

1．工作目标

(1) 完成本次实施组织范围内的企业软件安装。
(2) 培训客户基本安装知识及相关常见问题处理。
(3) 请客户在《软件安装完成确认书》上面签字。

2．主要工作事项(角色、任务、工具/模板)

(1) 检查客户软硬件环境是否满足系统正常运行要求，对于不满足或存在的隐患立即提出改善建议，要求在软件安装前完成。
(2) 安装服务器，记录相关硬件环境的配置信息及系统安装软件的设置信息。
(3) 对客户一定要强调备份的重要性，协助客户完成每日数据库备份。
(4) 测试远程控制软件，并培训客户使用各种设置。
(5) 结合《ERP 系统管理员手册》内容，培训客户 IT 管理员并协助其安装客户端。

3．参与人员

客户方：项目经理、项目核心小组成员。
顾问方：项目经理、技术顾问、实施小组成员。

4．准备事项

顾问方：
(1) 软件安装指导说明书。
(2) 各种安装工具。
客户方：
(1) 硬件齐全，且配置满足要求。
(2) 网络畅通，且网络架构满足系统运行要求。
(3) 服务器、客户端软件环境满足系统运行要求。
(4) 基础软件齐全，如操作系统、数据库、驱动程序、传输工具等。

5．操作时机

在项目启动大会以后，正式进行系统上线之前确认软件安装。本项工作可以根据各个项目的实际情况选择完成时间。

6．建议工作时间

建议工作时间为 2 个工作日。

7．关键业务

安装服务器端软件。

8．注意事项

安装服务器时要求客户记录系统设置内容，以备事后查询。

9. 可供参考的工具和模板

《软件安装完成确认书》。

略。

10. 成果清单

客户签字确认的《×××公司软件安装完成确认书》。

略。

本章小结

(1) 本章介绍了 ERP 项目实施第一阶段项目定义的工作内容和方法。

(2) 本章以具体项目案例范本为载体，介绍项目定义阶段的项目立项、成立项目组织、项目调研、制订实施方案、召开项目启动大会及软件安装确认各步骤的定义、方法策略及实施工具，指明了工作的具体技术应用。

实训课堂

试验一　成立项目组织

某公司拟安排其 IT 部门王经理担任项目经理。王经理工作认真负责，精通多项开发技术和工具，但较少与其他部门沟通。由于总经理对公司视频系统的建设不甚满意，就引荐了李生担任 IT 部副经理，协助王经理工作。李副经理善于交际和沟通，逐步对企业的业务有了一些了解，希望通过本次项目树立自己的威信。请问，他们谁更适合做该项目的负责人？如果企业已经初步确立了王经理做项目经理，李副经理该怎么做？

试验二　项目调研

根据该案例情况，结合实际选择一家企业，分别进行销售、采购、计划生产部分的调研，并提交《调研报告》。

试验三　实施方案编制

根据上题的调研报告，编制该案例的《实施方案》，并现场讲解。

试验四　ERP 头脑风暴、风险意识

某顾问抱怨：客户每隔几个月就会新收购一家新公司，而且新收购的公司都要我们去实施。实施顾问也不知道什么时候能实施完毕。同样的案例在许多机构都存在，请问这是什么原因造成的？你有什么好的解决办法？

复习思考题

1. 根据项目定义阶段各项工作，绘制项目定义阶段实施流程图，并突出本阶段关键成果。

2. 在项目调研阶段，为了让客户方企业更好地配合完成调研工作，应如何设计问卷？请以销售、采购、仓存或生产其中一个模块为例，设计一份调研问卷。

3. 假设现在你是一名实施顾问，即将召开项目启动大会，请设计一份 PPT，并在课堂上进行一次汇报。

第三章　业务蓝图设计

【学习要点及目标】

【学习要点及目标】

(1) 掌握业务蓝图设计概念及含义，了解蓝图设计的思想。

(2) 掌握业务蓝图设计方法和策略，学会应用蓝图设计的工具。

(3) 了解业务蓝图设计的价值点及工作价值。

【核心概念】

业务蓝图　流程优化与模拟　基础数据

【引导案例】

流程可以使管理事半功倍

有个寺庙里住着七个和尚，他们每天需要分一桶粥，但是粥每天都是不够的。一开始的时候，他们通过抓阄来决定分粥，每天轮流一次。然而每周下来，他们七个人都感觉只有一天是吃饱的，那就是自己分粥的那天。后来他们推选出一个道德高尚的僧人来分粥，看上去似乎公平了，不过更严重的问题随之出现。强权就会产生腐败，大家都开始挖空心思去讨好他，搞得整个寺庙乌烟瘴气，乱作一团。接下来，他们又组成了分粥委员会和评选委员会。虽然粥是比以前分的均匀了，但到吃的时候都是凉的。最后有个和尚就想出来一个方法：每个人轮流分粥，但分粥的人要等到最后才能拿。

【案例导学】

这个案例启示：

业务内容，环节没有改变，只是变更了一下流程和分配制，一切问题都解决了。

业务蓝图阶段是 ERP 实施过程中的关键环节。蓝图定义的过程就是企业将自身业务流程转化为新系统业务流程的过程。在这个转化过程之中，势必会遇到很大的阻力，甚至会造成相当大的冲突。因此，顾问必须对这个阶段给予相当的重视，采用适当的策略，以保证项目总体目标的实现。

蓝图设计阶段是 ERP 实施过程中的规划环节，对整个 ERP 项目在企业中能否应用成功起到了决定性的作用。在蓝图设计中，实施顾问必须对企业的现有流程进行诊断并撰写详细的规划报告。而在蓝图的重新设计和规划后，必须对现有不合理流程进行纠正。这是一个痛苦的过程，企业必须经历这样的阵痛，才能达到预期效果，如图 3-1 所示。

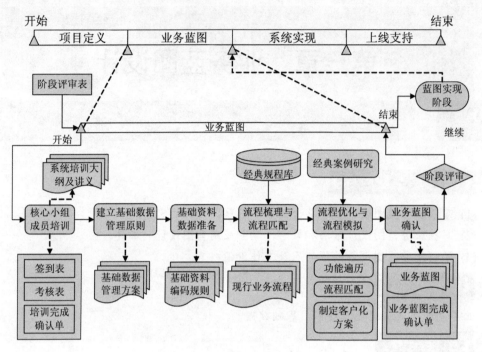

图 3-1　蓝图设计阶段工作

第一节　核心小组成员培训

一、定义

核心小组成员培训是指对客户项目小组及业务骨干进行的基于系统标准处理业务及流程的培训，使客户认识并理解系统的管理思想及流程，为客户下一步将系统与企业自身业务进行结合打好基础。该阶段要注意与中高层培训的区别，中高层培训主要是侧重 ERP 理念与思想的讲解，而核心小组成员培训侧重于 ERP 软件的流程处理过程，让每一位核心小组成员熟悉 ERP 软件的标准业务流程，同时进一步理顺各部门间的工作链接与部门责权。核心小组成员培训阶段的主要的输入、输出及借用的工具、模板资料如下。

(1) 输入：《参训人员建议表》《项目培训计划》、协调好讲师资源、培训的 PPT 文件、准备好培训环境。

(2) 输出：签字确认的培训方案、签字确认的培训完成确认单、《核心小组成员培训考核成绩单》、各种培训资料(培训讲义、培训教材、练习题、考试题等)。

(3) 工具、模板：《项目培训计划》《培训学员签到表》《业务单据明细表》《培训结果确认单》、各模块试题、《考试成绩单》、模块培训 PPT、模块培训试题、模块培训教材课件、与客户方项目经理讨论、《培训计划》。

二、目标与策略

核心小组成员培训的目的是通过培训，让客户的项目小组及业务骨干对软件系统的主要业务有一个清晰的、全面的认识和理解，为客户的业务流程与新系统的结合打下良好的基础，并最终达到以下的目的。

1．打造专业人才队伍

(1) 知识传递需要人才，核心小组培训正是通过管理软件和管理业务的培训将信息化知识传递给企业，并为企业培养一支专业的信息化人才队伍。

(2) 全面的企业管理知识的讲授，将业务骨干培养成全能型人才。

2．培养客户应用能力

(1) 信息化应用能力将直接决定着企业信息化的成败，培养和提升企业的应用能力是企业能独立运作系统并持续改进的关键。

(2) 这些应用能力主要体现在 ERP 功能、流程、权限、报表等方面。

3．承担最终用户培训

(1) 最终用户是最具体、最现实问题的提出者。作为核心小组的骨干成员要有能力指导最终用户。

(2) 逐渐为企业培养出一批优秀的内部讲师。

策略：核心小组成员培训是对客户进行 ERP 管理理论的培训和按照产品标准业务流程进行的产品培训。重点放在对系统标准业务流程及业务处理的学习和理解上，避免进行客户业务的对照。在培训中要不断地向客户灌输：培训的目的是加强客户对软件系统的认识和理解，只有在基于对新系统认识和理解的基础上，才可能把新系统与企业自身业务很好地相结合。

对于一定规模的集团企业实施的客户，在客户企业总部搭建培训环境，召集全集团参与实施的所有分公司、子公司等成员单位，进行集中培训、集中数据准备、集中初始化并试运行，从而以一气呵成的方式快速实施。

三、工作内容

1．工作目标

(1) 让客户核心小组成员熟悉产品的整体操作流程，并对客户核心需求的产品实现方案进行讨论、确定。

(2) 让客户核心小组成员能够结合产品、企业关键需求，不仅对现有业务流程进行梳理，而且能制定出新的 ERP 操作流程。

2．主要工作事项

(1) 与客户方项目经理讨论《培训计划》，并协调讲师资源。

(2) 应检查事先规划的各部门参训人员是否合适，应该参加的人员是否未列入名单。如有必要顾问需到各部门与参训人员一一面谈，面谈时要观察被访人的办公环境、周围的同事与其讲话的口气、其处理事务的风格，并判断此人的能力及态度，协助客户项目经理方确定人员。

(3) 每一模块可安排一半时间，结合培训 PPT 和系统以授课形式培训，当场进行考试和统计考试分数并进行公布。

(4) 每一模块的另一半时间以日常业务单据为依据实战演练此模块的操作。

(5) 每一模块培训完成后留一天时间给学员做练习。检查方式是顾问第二次上课前检查练习的单据并统计练习成绩以备档。

(6) 综合培训签到状况、上课表现、考试成绩及课后练习等因素，评价培训效果并请客户确认。

3．参与人员

(1) 客户方：项目组成员、客户方实施组成员及参训人员。

(2) 顾问方：顾问方实施组成员。

4．准备事项

(1) 培训地点请事先确定，建议客户提供独立的培训教室，并配备电脑(至少两人配一台)、投影仪、白板、白板笔及相关扩音设备等。

(2) 培训时间安排须与客户商讨，综合考虑各种因素，保证所有参训人员必须准时参加。

(3) 按《项目实施计划》编制培训计划，参考《项目培训计划》模板。要注意每一模块培训完成后需留一天时间给客户，让其进行练习。

(4) 协助项目经理准备好练习账套、用户名、权限及基本参数设置，为学员练习做好准备。

(5) 培训讲师提前安装好该行业演示账套。

(6) 顾问准备好该模块的标准流程，按练习模板结合客户实际业务数据设计练习题，检查时只需查看系统中的结果即可。

(7) 请客户准备好培训模块各业务流程需要的单据，以便在培训时使用。

5．操作时机

要在软件安装完成之后，流程整理、流程确认和准备基础资料数据之前进行培训。

6．建议工作时间

建议工作时间为每个模块至少 1 个工作日，整个培训阶段在 1 个月内完成。

7．关键业务

(1) 对核心小组成员的培训，先以主线为主，对于特别细致的功能只针对客户的关键需求进行讲解，并且要讲得深入。

(2) 要对客户核心小组成员进行有效的引导，理论联系实际，产品联系需求，让他们对产品未来解决方案持赞成的态度。

(3) 认真聆听核心小组成员提出的意见和建议，并对其进行有效的回应，对于难以解决的问题，事后要和个别人员进行沟通。

(4) 认识和了解核心小组成员的能力和性格，只有这样才能有针对性地开展工作。

8．注意事项

(1) 经过半天的产品功能培训，客户学员只能理解 50%～60%，要想将理解程度提高到 80%就必须再经过半天顾问在场的实战演练和一天的课后练习。

(2) 培训之前必须要求每一个参训人员签到，事后整理未到人员名单并及时将其报告给项目经理，请其立即做出改善措施并保证后面课程再无缺席。

(3) 按照培训 PPT 进行讲解时，不要只是空谈理论，要多举实例，因为参训人员是业务主管或骨干，除了理论知识外他们更关心实际运作在系统上的实现。

(4) 实战演练要以实际业务单据流程为依据，凭空想象去演练是无法达到实战效果的。

(5) 如果项目不大，那么核心小组成员可能将是最终用户，这就需要对某些功能进行详细的讲解。

9．后续工作安排

本次培训应该由客户的核心项目小组成员对客户其他成员进行培训。

10．可供参考的工具和模板

可供参考的工具和模板包括以下几个方面。

(1)《项目培训计划》。

略。

(2)《培训学员签到表》。

略。

(3)《业务单据明细表》。

略。

(4)《培训结果确认单》。

略。

(5)《各模块试题》。

略。

(6)《考试成绩单》。

略。

11．成果清单

成果清单包括以下几个方面。

(1) 签字确认的培训方案。

(2) 签字确认的培训完成确认单。

(3) 各种培训资料(培训讲义、培训教材、练习题、考试题、签到表、考核表)。

第二节 制定基础数据管理规范

一、定义

基础数据管理规范是指对企业内部所有静态数据和动态数据进行标准化管理的过程。在此阶段要依据企业实际制定相应数据整理、编码规则，既要保证编码的科学规范，又要保证今后各类报表数据利于查询。同时也要保证数据的可扩展性，实行基础数据代码化管理是企业信息化系统应用的基础，应用不同的信息化系统其应准备的基础数据也是不同的。ERP 系统的基础数据包括会计科目、物料、职员及部门等基础资料。数据编码是以简短的字母、符号或数字、号码来代表科目及物料等基础资料的名称、规格或类别的一种管理工具，因此在编制的过程中要注意一物一号、简短为宜，忌用变数，避免采用容易混淆的编码方式。制定基础数据管理规范的主要输入、输出及借用的工具、模板资料如下。

(1) 输入：《基础资料编码指导说明书》《调研报告》。

(2) 输出：双方签字的《系统编码原则确认书》、客户签字的《编码规范》。

(3) 工具、模板：《编码原则指导说明书》《物料编码规范》《编码原则说明》《系统编码原则确认书》《其他资料编码规则表》。

二、目标与策略

1. 建立一套基础数据管理规范

(1) 从物料编码规范、BOM 分层规范到科目编制规范、部门及人员编码规范都是企业对自身业务的一种总结与提炼。

(2) 将会不断提升企业应用信息化的价值，并形成企业内宝贵的无形资产。

2. 建立集权分析的管控模式

集权与分权是集团企业具有战略意义的管理模式，基础数据的管理规范将帮助集团企业实现集权、分权模式在具体业务上的应用。

3. 确保信息共享与安全

信息共享是 ERP 系统的优势之一，通过合理的信息权限设置可确保合适的人使用合适的信息，并可有效地防止机密信息外泄。

基础数据的编码在整个项目实施的过程中，有些工作任务是可以提前同前面阶段的工作任务并行来做的。通常在完成项目调研后，就可以着手考虑数据编码的问题。因为完成项目调研后，双方的实施顾问已经对企业的基础数据的属性特点、数据统计依据及基础数据的数量规模有了全面的了解，此时着手进行基础数据编码工作是最合适的。

此外，实施顾问在指导并协助企业制定基础数据编码方案时，需要根据企业目前的数据编码情况采取不同的策略与方法，保证基础数据编码的稳定性与可扩充性。例如，员工代号使用"部门+流水号"、物料号采用"库房+流水号"，因为员工会有调动，物料号会出现--料多库或库房移转，这样数据的编码就需要经常变动，给管理带来不便。

三、工作内容

1．工作目标

(1) 建立物料编码规范。

(2) 建立产品 BOM 分层原则。

(3) 建立客户、供应商编码规范。

(4) 建立所有其他基础资料编码规范。

(5) 建立各种业务单据的编码原则，并进行确认。

2．主要工作事项(角色、任务、工具/模板)

(1) 查看现有编码规范是否符合编码原则。

(2) 编码原则讲解。

(3) BOM 分层原则讲解。

(4) 讨论物料、客户、供应商的编码规范。

3．参与人员

(1) 客户方：项目经理、核心小组成员。

(2) 顾问方：项目实施组成员。

4．准备事项

(1)《基础资料编码指导说明书》。

(2) 各种工具和模板。

5．操作时机

系统上线前，需要将各项基础数据的规则定义好。

6．建议工作时间

建议工作时间为两个工作日。

7．关键业务

参考工具、模板的相关内容。

8．注意事项

(1) 现有的一套编码如果不符合编码原则，实施顾问就需提出改善的合理化建议。如果客户坚持不修改，那么可将此情况记录在备忘录上，继续让客户使用。

(2) 现有的一套编码的确不符合编码原则，但客户已使用很久，如要修改工程量就会很大，客户也没有重新修改的能力。对此，金蝶顾问提出改善合理化建议后并记录在备忘录，继续让客户使用。

(3) 在讲解完编码原则后可以提供一套编码原则范本以供客户参考。

(4) 最终整个编码规范必须由客户决定，实施顾问不能代替客户作出决定。

9. 后续工作安排

(1) 编码规范讨论决定后，需紧接着进行应由客户完成的文档撰写，并以公司文件形式下发。

(2) 编码规范文档撰写完成后，将其作为《系统编码原则确认书》的附件，并由双方签字。

(3) 编码规范文档撰写完成后，向客户要求复制一份存档。

10. 可供参考的工具和模板

(1)《编码原则指导说明书》，如表 3-1 所示。

表 3-1　编码原则指导说明书

以物料的编码为主线讲解编码的原则，但所讲编码原则同样适用于 ERP 系统的客户编码、供应商编码、职员编码、部门编码、单位编码、仓库编码、各种类别编码和其他需要编码的任何项目等。

一、物料编码的意义

物料编码是以简短的文字、符号或数字、号码来代表物料、品名、规格或类别及其他有关事项的一种管理工具。在物料极为单纯、种类极少的工厂或许有没有物料编码都无关紧要，但在物料多到数百种或数千、数万种以上的工厂，物料编码就显得格外重要了。此时，物料的领发、验收、请购、跟催、盘点、储存等工作极为频繁，而借着物料编码，使各部门提高效率，各种物料资料传递迅速、沟通更加容易。物料编码的功能如下。

1. 增强物料数据的正确性

物料的领发、验收、请购、跟催、盘点、储存、记录等均有物料编码可查核，因此物料数据更加正确。这样一物多名、一名多物或物名错乱的现象就不会发生。

2. 提高物料管理的工作效率

通过编码，物料即可有系统的排列，物料管理简便、省事，效率因此而提高。

3. 利于电脑的管理

物料管理在物料编码推行彻底之后，方能进行更有效的处理，以达到物料管理的效果。

4. 降低物料库存、降低成本

物料编码不仅有利于物料库存量的控制，而且有利于呆料的防止。另外还能提高物料管理工作的效率，减轻资金的积压，从而降低成本。

5. 防止物料舞弊事件的发生

物料一经编码后，物料记录正确而迅速，物料储存井然有序。

6. 便于物料的领用

库存物料均用正确的、统一的名称及规格予以编码。对于用料部门的领用以及物料仓库的发料都十分方便。

二、物料编码的原则

物料编码必须合乎物料编码的原则，合理的物料编码，必须具备下列基本原则。

1. 简单性

编码过于繁杂，则违反了编码的目的。因此物料编码应力求简单明了，这样可节省阅读、填写、抄录的时间与手续，并可减少错误。

物料相当单纯时，只要将物料简单分类为几项即可，反之不方便。若物料相当复杂时，就要将大分类再加以细分，这种分类也称为多级分类。

2. 分类展开性

物料复杂，物料编码大分类后还要细分，若采用十进制，则每段最多只能有十个细分的项目，若采用英文字母，则每段有 26 个细分项目。然而细分项目太多，就难以查找，反之则分类展开太慢，分类细分项目通常以 5～9 个较佳。例如采用十进制，有 18 个项目时，其分类展开可以利用下列方法。

需要分类的项目	第一种分类方法		第二种分类方法		第三种分类方法
1		11		01	01
2		12	0	02	02
3		13		03	03
4	1	14	1	1	04
5		15		21	05
6		16		22	06
7		21	2	23	07
8		22	3	3	08
9		23		41	09
10	2	24	4	42	10
11		25		43	11
12		26	5	5	12
13		31		61	13
14		32	6	62	14
15		33		63	15
16	3	34	7	7	16
17		35	8	8	17
18		36	9	9	18

3. 完整性

所有的物料都有相应的物料编码，这样物料编码才能完整。若有些物料找不到赋予的物料编码，则很显然物料编码就会缺乏完整性。

新产品、新物料的产生容易破坏物料编码的完整性。所以新物料应立即赋予新的物料编码，并规定新的物料如没有编码，采购部门不得从事采购。即使没有物料编码的新物料采购进来了，仓库部门或会计部门也应请采购部门补填物料编码，否则不予入库、不予付款。这样才能确保物料编码的完整性。

4. 单一性

物料编码的单一性是指一个物料编码只能代表一种物料，同一种物料只能找到一个物料编码。一般地，只要物料的物理或化学性质有变化、只要物料要在仓库中存储，就必须为其指定一个编码。例如某零件要经过冲压成型、钻孔、喷漆三道工序才能完成。如果该物料的三道工序都在同一车间完成，即冲压成型后立即进行钻孔，紧接着进行喷漆，中间没有入库、出库处理，则该物料可取一个代码。如果该物料的三道工序不在同一个车间完成，其顺序是冲压、入库、领料、钻孔、入库、领料、喷漆、入库，则在库存管理中为了区分该物料的三种状态，必须采取不同的物料编码。例如，3000A、3000B、3000C 三个编码分别表示三种不同加工状态的物料。

5. 一贯性

物料编码要统一而有一贯性，例如以年限分类为标准时，在中途不能改变用籍贯或姓氏来分类。若要这么做必须要分段或分级来进行。

6. 伸缩性

物料编码要考虑到新产品发展，以及因产品规格的变更而发生物料扩展或变动的情形。预留物料的伸缩余地，即不能以目前物料的现状来安排物料编码，否则新物料产生时，就会出现新物料无号可编的情况。

7. 组织性

物料编码依其编码的系统，做井然有序的组织与排列，以便随时可从物料编码查知某项物料账卡或资料。物料编码的组织性，对物料管理可以省掉不必要的麻烦。

8. 适应电脑管理

电脑的应用已普及，因此在编码时一定要考虑录入的方便性，编码尽可能短、少使用其他符号。例如"#""-""*"等。

9. 充足性

物料编码所采用的文字、记号或数字，必须有足够的数量，以便所组成的个别物料编码，足以代表所有个别物料，以及应付将来物料扩展时的实际需要，以免遇有特殊物料时无号可编。否则物料系统被破坏，既费时又误事。

10. 易记性

物料编码应选择易于记忆的文字、符号或数字，或富于暗示及联想性。若上述九项原则俱全而独缺乏此项原则的物料编码，仍不失为优秀的物料编码。

三、物料编码的方法

目前工商企业所采用的物料编码方法，主要包括：阿拉伯数字法、英文字母法、暗示法、混合法。

1. 阿拉伯数字法

阿拉伯数字法，是以阿拉伯数字作为物料编码的工具，采用以一个或数个阿拉伯数字代表一项物料。这种方法只需另外准备物料项目与数字的对照表，但是要记忆对照项目，因此有关人员必须经过一段时间的训练与适应才能运用自如。以阿拉伯数字做物料编码时，较常见的编码方法包括：连续数字编码法、分级式数字编码法、区段数字编码法、国际十进制分类法。

1) 连续数字编码法

连续数字编码法是先将所有物料依某种方式大致排列，然后自 1 号起依顺序编排流水号。这种物料编码方法可做到一料一号，只是顺序编码除显示编码时间的先后以外，往往与所代表项目的属性并无关联。因为新购物料无法插入原有排列顺序的料号内。例如，1078 号物料为 3/8″×3/4″的六角铁制带帽螺栓，而新购的六角铁制带帽螺栓为 3/8″×1″，其物料编码无法插入(因过去没有库存或采用这种物料，所以无编码)，所以只好编以最后一个号码 8974。两种物料本应排在一起，现在物料编码却相距如此遥远，在物料管理、仓储管理上很不方便。

2) 分级式数字编码法

分级式数字编码法是先将物料主要属性分为大类并编定其号码。其次，再将各大类根据次要属性细分为较次级的类别并编定其号码，如此继续进行下去。在分级式数字编码法中，任一物料项目只有一个物料编码。

下表为三种属性的分级式数字编码法，共可组成 36 个(3×4×3)编码。这种方法的优点一方面显示编码的规律性；另一方面达到一物料项目仅有一编码的目标。其缺点是无用空号太多，一方面显得浪费累赘；另一方面常导致物料编码位数不够用。

来源(大类)	材料(中类)	用途(小类)
1 = 自制	1 = 非铁金属	1 = 零部件
2 = 外购	2 = 钢铁	2 = 包装用料
3 = 委外加工	3 = 木材	3 = 办公用品
	4 = 化学品	

3) 区段数字编码法

区段数字编码法介于连续数字编码法与分级式数字编码法之间。使用位数比分级式数字编码法更少，仍能达到物料编码的目的。例如有 64 项，分为 5 个大类，其情形如下：

A 类	12 项
B 类	10 项
C 类	17 项
D 类	15 项
E 类	10 项
合计	64 项

上述情形，如果用分级式数字编码法，就必须有三位数。但如果改为区段数字编码，则仅需两位数。其情形如下：

类　　别	分配编码	剩余备用编码
A 类	12 项(01～20)	8 项
B 类	10 项(21～37)	7 项
C 类	17 项(38～61)	7 项
D 类	15 项(62～83)	7 项
E 类	10 项(84～99)	6 项

4) 国际十进制分类法(UDC)

这种方法于 1876 年为美国杜威(M.DeWey)所创，其方法新颖而独到，可以无限制展开，颇受欧洲大陆各国的重视。1895 年的国际图书馆学会决定以杜威的十进制法为基础，做更进一步发展。其后经众多数学专家的研究与发展，最后完成所谓国际十进制分类法(Universal Decimal Classification)。目前，已被许多国家采用为国家规格。

所谓国际十进制分类法是将所有物料分类为十大类，分别以 0 至 9 之间的数字代表，然后每个大类物料再划分为十个中类，再以 0 至 9 之间的数字为代表，如此进行下去按金字塔形态展开。其情形如下：

6	应用科学
62.	工业技术
621.	机械的工业技术

621．8	动力传动
621．88	夹具
621．882．	螺丝、螺帽
621．882．2	各种小螺丝
621．882．21	金属用小螺丝
621．882．215	丸螺丝
621．682．215.3	平螺丝

采用国际十进制分类法的物料编码，如果编码编至三位数字之后仍须继续延长时，就应加以"."符号以表示划分。国际十进制分类法可无限展开，任何新物料的产生均可插入原有物料编码的系统而不混淆原有的物料编码系统。国际十进制分类法所能运用之符号只有十个(0～9)，故使编码趋长而又无暗示作用。

2．英文字母法

英文字母法是以英文字母作为物料编码工具的物料编码法。英文字母中 I、O、Q、Z 等字母与阿拉伯数字 1、0、9、2 等容易混淆，故多废弃不用，除此之外，尚有 22 个字母可利用。例如以 A 代表金属材料，B 代表非木材，C 代表玻璃。以 AA 代表铁金属，以 AB 代表铜金属……英文字母在我国的使用已经相当普遍，是可用的物料编码方法。

3．暗示法

暗示编码法是指物料编码代表物料的意义，可从编码本身联想出来。暗示编码法又可分为字母暗示法、数字暗示法。

1) 英文字母暗示法

从物料的英文字母当中，择取重要且有代表性的一个或数个英文字母(通常取主要文字的第一个字母)作为编码的号码。使阅读物料编码者可以从中想象到英文文字，进而从暗示中得知该物料为何物。例如：

VC=Variable Capaciter(可变电容器)；

IC=Integrated Circuit(集成电路)；

SW=Switch(开关)；

ST=Steel Tube (钢管)；

BT=Brass Tube(黄铜管)；

EP=Ear Phone(耳机)。

2) 数字暗示法

直接以物料的数字为物料编码的号码，或将物料的数字按一定的规则转换成物料编码的号码。物料编码的阅读者可从物料编码数字的暗示中得知该物料为何物。

物料编码代表的意义：

例 1： ×× × ××× ×× ××

　　　 —— — —— —— ——

　　　 类　 小类　 形式　 长度　 厚度

例2：电阻值的编码

编　码	电阻值
005	0.5 Ω
050	5 Ω
100	10 Ω
101	100 Ω
102	1000 Ω
103	10 000 Ω
104	100 000 Ω
105	1 000 000 Ω

例3：钢筋直径的编码

编　号	钢筋直径
12	12 mm
16	16 mm
19	19 mm
25	25 mm

例4：钢球轴承轴径的编码，其编码为轴径(限于轴径在 20～200 mm 之间)mm 数的 1/5。

编码	轴径
05	25 mm
06	30 mm
07	35 mm

4．混合法

混合法物料编码系联合使用英文字母与阿拉伯数字来进行物料编码，而多以英文字母代表物料的类别或名称，其后再用十进制或其他方式与阿拉伯数字编码。这种物料编码方法较十进制采用符号较多，所以有不少公司乐于采用此种方法。例如：

M=金属物料；

MB=螺栓、螺丝及帽；

MBI=带帽螺栓；

MBI-100=六角铁制螺栓带帽；

MBI-106-6=3/8″×3/4″六角铁制螺栓带帽；

MBI-106-8=3/8″×1″六角铁制螺栓带帽；

MBI-106-9=1/2″×1″六角铁制螺栓带帽。

四、物料编码举例

1. 某公司冰箱材料分类与编码

(1) 代码基本形式。

× ×　　× × ×　　× × × × ×

1　2　　3　4　5　　6　7　8　9　10

大分类　　　　中分类　　　　　小分类

整个代码由十位数字组成,同样规格和材质的物料编码相同。

(2) 大分类由前两位数字代表,31 表示冰箱。

(3) 中分类由第 3、4、5 位三位数字表示。

1 钣金类	2 金属类	3 塑胶橡胶类
01 外箱组件	01 铁	01 挤压(射出)
02 内箱组件	02 铜	02 成型(真空与冲床成型)
03 门组件	03 铝	03 吹气盛开
04 蒸发器组件	04 锌合金	04 剪型
05 底座组件	05 其他金属	05 模内加热加压成型屑
06 凝结器组件		06 橡胶
07 其他零件		07 管棒类
		08 其他
4 电工器材	5 绝热材料	6 杂类
01 电装品部分	01 玻璃纤维	01 纸类
02 电线	02 保利龙	02 胶带类
03 其他		03 玻璃类
		04 海绵类
		05 木类

(4) 小分类为 5 位数(6、7、8、9、10),前 4 位是流水号码,最后一位表示钣金类表面处理编码。

0　　表示未电镀、未喷漆,以及表面无须处理之零件

1　　表示喷漆

2　　表示电镀

3　　表示研磨

(5) 分类编码实例。

3110700012　　　　表示钣金装饰条用夹板

2. 某机械加工厂的物料编码原则

该公司考虑目前物料的总数有 4000 种左右,考虑到将来的发展,制定以下物料编码原则:

× × × × × ×

1　2　3　4　5　6

前 5 位为顺序号，以分段的方式将物料分为 20 大类，最后一位表示零件的特征码，A 表示冲压工序已完成，B 表示零件加工车间已完成，C 表示电镀车间已完成，D 表示喷漆车间已完成。

如：00012A　　　　十字架上托(已冲压成型)

　　00012B　　　　十字架上托(已钻孔)

　　00012C　　　　十字架上托(已电镀)

3. 某柴油机生产厂的物料编码原则

所有物料编码分为四段，先后顺序为"物料类别、物料特征码、顺序号、后缀"

　　　　×　　　　　×××……　　　　××……　　　　　×

　物料类别　　物料特征码　　　顺序号　　　后缀(可选)

1) 物料类别

物料类别用一位数字或字母表示，用来区分产品、零部件、原材料、辅助材料……

2) 物料特征码

(1) 物料特征码用 3～8 位数字或字母表示，用来表示识别该类物料的特征代码。每一类物料可取不同宽度的特征代码。例如，产品的特征码可取 3 位，用来表示产品的系列号及其他特征；零部件的特征码可取 8 位，用来表示零部件所属的产品号及其图号。一旦确定了某类特征代码使用的位数，则所有该类物料的特征码都必须按照指定的位数编码。代码不足指定位数的可用其他字母或数字补充(用字母补充时一般用字母 N)，代码超过指定位数时可以进行简写。

(2) 对特征码，也可进行细分，如果特征码总长度为 6 位，就可用前两位表示一种信息，中间两位表示一种信息，后两位表示一种信息。

3) 顺序号

顺序号用来表示某一物料在该类物料中的编码顺序，是为了区别同一类物料中的不同物料而设计的。顺序号的长度可根据该类物料的多少确定，但要考虑编码将来的扩展，保留一定的余地。不同类别的物料可以取不同长度的顺序号。例如，用三位就可表示从 000 到 999 共 1000 种物料。顺序号的长度一旦指定，则该类物料的所有顺序号位必须按指定的长度编写，长度不足的前面用 0 补充。例如，001、002、003、090、445 等是正确的，不能用 10 表示第 10 种物料，而应用 010 来表示。

4) 后缀

后缀用一位字母表示，可以用来区分相同名称、规格或图号而材质、加工工序或颜色不同的零部件或产品、原材料。这样，可以用相同的特征代码和顺序号表示出同一图号的零部件或产品的不同状态。例如：

C325002R，表示产品 325002 红色；

C325002G，表示产品 325002 绿色；

L3421007A，表示零部件 3421007 已冲压成型；

L3421007B，表示零部件 3421007 已零件加工；

L3421007C，表示零部件 3421007 已电镀。

后缀是可以选择的，可以使用，也可以不使用，根据具体情况而定。

5) 举例

(1) 产品的编码原则定为:

　　　×　　　　　　　　××××　　　　　××

一位字母"C"　　　　　四位特征码　　　两位顺序号

则产品编码如下:

内销机-S195-S195 长单机的代码可编为:　　　　CS19501

内销机-S195-S195 方单机的代码可编为:　　　　CS19502

内销机-S195-S19545W　的代码可编为:　　　　CS19503

(2) 零部件的编码原则为:

　　　×　　　　　××××××××　　　　×××　　　　　　×

一位字母"L"　　　　八位特征码　　　三位顺序号　　　一位后缀

用特征码表示产品及图号的缩写,后缀表示零部件加工的状态。

(3) 专用件或借用件的编码:

内销机-S195-S19545W 缸套的图号为 0101,零件顺序号为 03 则其代码可编为: LS195010103 (LS195 0101 03),后缀不用。

(4) 通用件的产品编码:

通用件因为不专属于任何一个产品序号,其产品特征码可定义为: TTTT 或其他有代表性的字符。如果上例中的内销机-S195-S19545W 缸套属于通用件,则其编码为: LTTTT010103。

4．注意事项

(1) 如果使用字母和数字混合编码时,应避免使用字母 O、I、Z 等字母,以免书写时与 0、1、2 相混淆。

(2) 编码中尽可能不用"-""#""*"等这些无意义的符号(只是为了区分编码的段,而没有任何含义),因为这些符号不便于输入计算机,而且会使编码太长。

(3) 确定编码方案时一定要保留足够的空间以方便以后的扩充;为了使编码便于书写和录入计算机,编码在满足一定的要求下应尽可能简短。

(4) 凡是库存中可能出现的物料都必须予以编码。

(5) 每一种物料只能有一个编码,同样,一个编码只能在库存中找到一种物料,要一一对应。

(2)《编码原则说明》,如表 3-2 所示。

表 3-2　编码原则说明

编码原则说明

在推行信息化系统的工作中,所遇到的第一件事情就是编码工作,例如供应商、客户、物料等都需要编码。在企业信息化的发展过程中,经常会发现当初制定的编码规则有问题,无法再编下去,须重新修订。那么如何进行科学、有效的编码,则是我们所有实施顾问需要经常思考的问题。因此,我们对编码工作进行了归纳、总结和提炼,提炼成八个字"一、类、有、变、数、短、长、跳"。其主要目的是让所有的实施顾问在谈到编码时,都能按八项编码原则来给客户进行讲解,体现出顾问的专业性,体现出我们的标准化实施方法。

下面对这八项原则一一进行解释。

1. "一"指"求唯一"

通常情况下，只要物料的物理或化学性质有变化，只要物料必须要在仓库中存储，就必须为其指定一个编码，即通常所说的一物一码。比如，某零件要经过冲压成型、钻孔、喷漆三道工序才能完成。如果该物料的三道工序都在同一车间完成，即冲压成型后立即进行钻孔，紧接着进行喷漆，中间没有进行入库、出库处理，则该物料可取一个代码。如果该物料的三道工序不在同一个车间完成，其顺序是冲压、入库、领料、钻孔、入库、领料、喷漆、入库，则在库存管理中为了区分该物料的三种状态，必须编制不同的物料编码。

2. "类"指"分类别"

在编码时，一般会按一定的分类方式对编号进行分类。这样，在日常的查询或报表打印时，同类的资料才能排在一起，便于比较和汇总统计等。通常我们在对物料进行编码时，会按大类—中类—小类—流水号的形式进行编码。比如，第一位表示大分类，如成品、原材料、半成品等；第二、三位表示中分类；第四、五、六位表示小分类；最后是三位的流水号。通过这样的分类，可以保证相同类的物料在做统计分析时排在一起。

3. "有"指"勿有意"

(1) 在给客户辅导编码时，非专业性的人员通常都要求让编号反映某些意义，使得编号容易记忆或者可以望"字"生义，常常会将英文单词的首几位或缩写字母编在编号上。再有，还要把物料的规格、尺寸等属性也要反映在料号中。在资料数量不大时，这种编码方式的确可能比较方便，使用起来可能会比较符合使用者现时的习惯。但是当资料数量越来越大时，要记忆的东西太多了，实际上已经达不到当初设想的易于记忆的目的了，结果给后续新增编码造成很大的困扰，无法进行新增编码的编制。

(2) 在很多企业中，常常就是为了要整理出有意义的料号体系，而使得编号工作变得非常困难。经常会组织很多部门讨论如何才能将这些有意义的东西都编到编码中去。这不但耗费了大量的人力、物力和时间，还经常出现编到一半无法编制下去的情况。比如，在编电阻的编码时，客户方的人员常常会要求将阻值、材质加到编码中，甚至将10的几次"方"也要加到编码中，以方便看了编码就知道电阻的阻值和材质。结果日后有新增的物料时，却发觉实在很难遵循原来的原则进行新物料的编号工作。

(3) 其实，料号仅是物料的代码，是为了便于计算机系统管理，而赋予的一个编号而已。它可以不具备任何意义，就如同身份证号码一样。这样，即使有上万条物料，也可以在短短的两三周内就完成所有的编号工作。

(4) 在国外，有许多公司干脆就用乱数法则直接赋予物料编号，而丝毫不会影响计算机作业的运行。因为在交易数量庞大的信息化作业中我们不需要也不可能去记忆每一个料号所代表的物料。我们要知道的只是料件的名称、规格，而所有数据在打印或显示时，名称、规格都可以随着料号出现。

4. "变"指"避变化"

如果资料的某项属性在未来有可能会发生变动，则绝对不应该将此项属性纳入编号中。否则，一旦发生变动时，是否要修改编号及如何进行修改都将会是一个十分困难的抉择。常见的有员工编号。员工所属部门就不应该纳入员工编号，因为部门的调整或是员工调动到不同部门都可能会经常发生。另外如客户所属的地区、业务员分管区域等皆是如此。通常，在系统上，可以用单独的栏位来记录这些属性。

5. "数"指"数字好"

编码最好全部用阿拉伯数字来编号。一则可提高填写、录入编号的效率；二则避免数字与某些英文字母因为形象或读音雷同而产生混淆的情形，如 O 与 0、I 与 1 等。如果一定要用英文字母，则英文字母最好排在编号的前几位，且位数必须一致。一定要避免英文字母与数字混杂使用的情况。

在编码中，客户方的有些人员为了使编号段落分明而要求在编号中使用"-"符号，或者在编号中夹杂"*""/"等特殊符号。这些符号的使用必然影响编码的录入效率，在日常口述编号时亦会造成不便，因此最好避免采用。如果非用这些符号不可，则应该规定固定符号出现的位置，否则一定会产生困扰。

6. "短"指"力求短"

编号的长度要越短越好，以方便记忆、阅读、填写、录入，提高效率。同时，也能大大降低出错的概率。如果一个编码有 30 位，它可能记录了物料的很多属性，但是在录入、填写中会非常困难，也非常容易出错。通常在 8～12 位会比较好，既能满足一般编号容量的要求，也能较好地反映适当的重要属性，且便于记忆、录入等。

7. "长"指"长统一"

编号长度统一，可以使我们在阅读或录入时很容易发现编号长度不对，有漏输或多输。如果实在做不到编号位数统一，则至少要求同一类的位数要统一。比如，对于 ATO 制造企业，可能会存在半成品数量相对于成品要少的情况，在编号长度上，很难让半成品和成品的编码长度统一。对此我们就可以让成品类的编号长度保持统一，半成品类的长度保持统一，比如成品是 10 位，半成品则是 8 位。另外，也可以通过补 0 的方式来保证确保编码长度统一。

8. "跳"指"用跳号"

随着企业的发展，每天都会有新的物料出现，需要增加新编码，所以在编码时，编码的扩充性非常重要。那么如何才能实现编码的扩展性呢？通常我们用跳号的方法来实现。比如，在分类号中预留一些空号以便日后可以插入。同时也可以加大相应分类的编码容量，如 050～080 可以编成同一个小类。在实际编码中，此项原则往往会被忽略掉，而此项原则最能体现顾问的专业性，是检验编码能否经得起时间考验的重要原则。

(3) 《BOM 分层原则说明》，如表 3-3 所示。

表 3-3 BOM 分层原则说明

BOM 分层原则说明

针对制造企业的实施，在基础资料整理阶段，第一个重要的是确定编码方案；第二个很重要的就是 BOM 的分层。BOM 如何分层才最合理？归纳总结后，最终提炼成 BOM 分层的六项原则：产、供、销、存、虚、委。

1. 产：是否要单独下发生产任务

有些工厂，只对最终产品才下发一张生产任务单，其他都是车间自行安排生产。如果半成品在生产过程中也无须入库，则可考虑对产品进行工序管理，简化 BOM。如果工厂需对半成品下发生产任务指令，则需考虑对要下发生产任务的半成品进行分层。

2. 供：半成品是否会直接采购

如果工厂半成品本身有可能会直接采购，也应考虑将此半成品进行分层，做一个单独的 BOM。

3．销：半成品是否会直接销售

如果工厂半成品本身有可能会直接销售，也应考虑将此半成品进行分层，做一个单独的 BOM。

4．存：是否需要入库

如果生产出的半成品无须入库，而是直接转到下一道工序/车间，则不建议将此 BOM 单独分层。如果生产出的半成品，需要入半成品仓库之后，下一道工序/车间生产时，又从半成品仓库领出，则 BOM 在此处应考虑分层。

5．虚：考虑虚拟件

如果工厂产品工艺比较复杂或一个产品中，共用件使用比较频繁，可根据需要，采用虚拟件进行处理。

6．委：是否委外

如果启用车间管理，则对一些如电镀、喷油、热处理等因为本厂没有相关设备，需要委外处理的，做工序外协即可，简化 BOM 分层。如果不启用车间管理，则需在产品委外处，单独分出一层。

(4)《系统编码原则确认书》。

略。

(5)《其他资料编码规则表》。

略。

11．成果清单

(1) 双方签字的《系统编码原则确认书》。

略。

(2) 客户签字确认的《×××公司编码规范》。

略。

(3)《×××公司其他资料编码规则表》。

略。

第三节　准备基础数据

一、定义

准备基础数据就是根据客户信息化系统的应用范围及系统上线阶段所要求的必需内容与完成时间，完成企业数据的准备工作。比如，客户应用了信息化系统中的财务、物流及生产制造部分，那么客户不但需要准备会计科目、供应商、客户及物料等资料，还需要准备工作中心、工序、设备资源等基础数据。若客户没有应用生产制造，则工作中心、工序、设备资源等基础数据就不是必须准备的内容。在企业实施 ERP 系统的过程中，实施顾问要明确基础数据准备的意义与要求，任务要安排给多个部门、多个岗位，然后统一这些部门对基础数据在理解上的差异。比如，一项物料在财务部门叫"存货 A"，而仓库部门叫它"物料 A"。这样一来当把准备物料的任务安排给仓库部门时准备的是"物料 A"，而将来财务部门在核算到此种物料时，则系统会认为该种物料在系统内没有发生业务，从而造成数据统计、计算的错误。

实施顾问在辅导客户方建立企业的科目核算体系时，核算的角度设置要确保全面、准确，否则将导致有关收入、费用及利润对应项目的核算无法实现。例如，生产成本、制造费用等科目，如果没有正确的应用明细科目与核算项目，将会导致在制作凭证模板中出现麻烦。另外，客户方准备的基础数据不够完整、准确时，也将会导致在准备初始化数据时找不到对应的基础数据。

因此在基础数据准备的过程中，要注意在企业内的应用范围及涉及部门的跨度，以便在培训和安排任务时尽量扩大到相应的应用范围及涉及的部门，让企业内相应的人员都参与进来，共同讨论并协商解决基础数据名称等相关的差异情况。准备基础数据的主要输入、输出及工具，模板如下。

(1) 输入：《基础数据准备进度表》《基础数据管理规范》。

(2) 输出：各项静态数据资料(如科目字典、物料编码等)、《基础数据配置表》。

(3) 工具、模板：《基础数据准备指导说明书》《基础数据收集模板》《基础数据配置表》。

二、目标与策略

基础数据准备是按照项目计划规定的时间与质量要求，完成信息化系统上线所必需的科目、物料等数据的准备工作，且符合信息系统直接导入的格式要求并达到以下目标。

1. 统一集中管理分散的数据

(1) 上系统前，企业数据分散而零乱，通过准备基础数据不断收集分散的数据并整理有序，且建立相应的关联关系。

(2) 有效的数据集中将最大化数据价值。

2. 控制数据的准确性、唯一性、完整性

(1) 在数据整理阶段，数据的准确性、唯一性和完整性将得到有效确保。

(2) 避免了 Garbage In Garbage Out(垃圾进垃圾出)。

3. 易于发现呆滞料、小金库及采购漏洞

(1) 在整理物料数据时很容易发现长年未使用的呆滞物料，并可在此过程中得以清理。

(2) 采购价格数据、交货超收比率数据的整理和收集将能有效地避免采购环节漏洞的产生。

实施顾问在指导企业准备基础资料时，最好在信息系统中客户需要的基础数据项下建立两条虚拟数据，再用系统本身的工具把相应的基础数据导出，指导客户按照从系统导出的格式准备相应的基础数据。当企业的物料编码级次过多时，尽量采取些策略，比如取消原材料、半成品及产成品的一级分类而通过不同的代码段来实现，有些级次还可用批号来区分。

实施顾问在指导企业准备静态数据时，需要注意准备数据任务的时间安排。比如，企业在实施 ERP 系统时，要注意在准备物料之前应该完成计量单位、仓库、车间及供应商等

数据的准备。因为准备物料数据时要用到计量单位、仓库、车间及供应商等信息，以保证物料数据的计量单位、默认仓库及来源等信息项的完整。

　　基础数据准备也可以同前面阶段的工作任务同时进行。前面提到数据编码规则是可以在项目组织阶段的项目实施调研任务完成后做的。当数据编码规则一经确认并培训完成，即可以把静态数据准备的任务安排下去，这样可以缩短项目的整体实施周期。

三、工作内容

1．工作目标

(1) 确定基础数据整理的范围。
(2) 规定基础数据整理的方式。
(3) 明确必须输入的字段、重要字段的含义。
(4) 明确各项数据的负责人员、完成时间，更加清晰了解自己的责任及目标。

2．主要工作事项(角色、任务、工具、模板)

(1) 指导客户如何进行基础数据的准备。
(2) 对每一类基础数据的必须填写的字段进行讲解，对重要字段还要进行详细的解释。
(3) 对客户准备的基础数据进行最终检查。

3．参与人员

(1) 客户方：项目经理、核心小组成员。
(2) 顾问方：项目经理、项目实施小组成员。

4．准备事项

(1) 《基础数据准备进度表》。
(2) 各种工具和模板。

5．操作时机

在基础数据管理规范确认完成以后，在系统业务流程模拟和正式上线之前准备基础数据。

6．建议工作时间

　　工作时间取决于需要收集的基础数据的多少。一般客户方需要 30～60 个工作日；顾问方需要 2～5 个工作日。

7．关键业务

严格遵循上一环节确认的基础数据管理原则。
本阶段关键业务在于严格遵循上一环节所确定的基础数据的管理原则。

8．注意事项

(1) 《基础数据准备进度表》的定义要详细，让所有负责人员清楚地了解每一字段的含义及完成期限。

(2) 在基础数据收集过程中主动多与客户联系,当客户遇到困难时要及时解决,不要因为客户在收集中的小问题未及时处理而延长时间,推迟上线进度。

9. 后续工作安排

在整个收集与录入过程中,新业务蓝图的确认步骤要配合进行。在整个基础数据收集整理过程中,顾问的检查非常重要,要多次检查并贯穿始终。

10. 可供参考的工具和模板

(1)《基础数据准备指导说明书》,如表 3-4 所示。

表 3-4　基础数据准备指导说明书

基础数据准备指导说明书

1. 目的

本指导说明书是为了保证用户基础数据准备工作的有序进行,确保基础数据的完整、准确与合理性而设置的。

2. 方法

分步实施、分步准备,先实施的模块,其相关数据先准备;基础数据先准备,基础数据中必须先输入的数据先准备,参考数据后补充。

3. 范围(静态数据)

核算参数、币别、计量单位、辅助资料、备注资料、公司机构、会计科目、客户资料、供应商资料、供应商供货信息、职员资料、仓库资料、部门资料、物料资料、BOM 资料、仓库期初数据。

4. 要求

准备好的基础数据以书面方式提交,并经相关主管领导审核签字。

5. 备注

(1) 建议将以上各类基础数据建立相应的数据库,将准备的数据输入到数据库中,并校对其正确性,在初始化前通过数据转换一次性导入 ERP 系统,以缩短实施周期。

(2) 指导书所要求准备的数据可分为必要信息、有用信息和预留项。其中,必要信息为运行系统所必需的数据;有用信息是对系统有用但不是必需的数据;预留项是系统目前还没有用到,将在以后的版本中予以扩充使用的数据。

(3) 各基础数据的技术指标可参见系统使用说明书。

(2)《基础数据收集模板》,如表 3-5 所示。

表 3-5　基础数据收集模板

基础数据收集模板

1. 核算参数

本位币代码	本位币名称	税率	系统启用年度	系统启用期间	会计期间定义	核算方式	是否允许负库存	是否区分内外销

说明:①此表的数据为系统的最基本参数,企业应根据实际情况先行设置。②此表所有数据项均为必要信息。

续表

2．物料资料

代码	名称	规格型号	物料属性	计量单位	最低存量	最高存量	数量精度	默认仓库	来源	安全库存数量	提前期	采购负责人	是否采用业务批次管理	计价方法	计划单价	销售单价	单价精度	存货科目代码	销售收入科目代码	销售成本科目代码	成本差异科目代码	税目代码	采购最高价	最小订货量	最大订货量	批量增量

说明：①属性：指物料是外购、委外加工、虚拟件还是自制件。来源：指物料是外购、委外加工时的供应商名称。订货方法：包括按需订货、按固定批量订货、按固定时区订货。②物料代码、物料名称、属性、计量单位、数量精度、计价方法、存货科目代码、销售科目代码、成本科目代码、材料成本差异科目代码为必需信息。③规格、最低库存、最高库存、缺省仓库、来源、安全库存、采购负责人、销售单价为有用信息。④提前期、订货方法、订货/生产批量为预留项。⑤在实际成本法下，计划价和材料成本差异科目是有用数据，在计划成本法下则是必要数据。

3．物料清单信息

BOM 单编号	父物料代码	单位	数量	成品率	状态	子项目编码	单位	用量	损耗率

说明：①状态：包括使用和未使用。②BOM 单编号、父物料代码、单位、数量、状态、子项目编码、单位、用量为必需信息。③成品率、损耗率为有用信息。

4．供应商信息

供应商代码	供应商名称	简称	地址	状态	区域	行业	联系人	电话	传真	邮编	邮件地址	结算币种	结算方式	开户银行及账号	税务登记号	信用额度

说明：①状态：包括使用、未使用和冻结。②供应商代码、供应商名称为必需信息。③简称、地址、状态、区域、行业、联系人、电话、传真、邮编、邮件地址、结算币种、开户银行及账号、税务登记号、信用额度为有用信息。

5．供应商供货信息

供应商代码	供应商名称	物料号	物料名称	单位	订货量	报价	币别	折扣	订货提前期

说明：①供应商代码、供应商名称、物料号、物料名称、单位、订货量、报价、币别为必需信息。②折扣、订货提前期为有用信息。

6．客户信息

客户代码	客户名称	客户简称	地址	状态	区域	行业	联系人	电话	传真	邮编	邮件地址	结算币种	结算方式	开户银行及账号	税务登记号	信用额度	海关代码	销售模式

说明：①状态：包括使用、未使用和冻结。②销售模式：包括内销、外销。③客户代码、客户名称为必需信息。④客户简称、地址、状态、区域、行业、联系人、电话、传真、邮编、邮件地址、结算币种、结算方式、开户银行及账号、税务登记号、信用额度、海关代码、销售模式为有用信息。

7．仓库资料

仓库代码	仓库名称	仓库管理员	地址	电话	仓库属性

说明：①仓库属性包括良品、不良品和在检品。②仓库代码、仓库名称为必需信息。③仓库管理员、地址、电话、仓库属性为有用信息。

8．职员资料

职员编码	职员姓名	职员类别	部门名称	性别	出生日期	文化程度	电话	身份证号码	职务	入职日期	离职日期	银行账号	住址	电子邮件	备注

说明：①职员编码、职员姓名为必需信息。②职员类别、部门名称、性别、出生日期、文化程度、电话、身份证号码、职务、入职日期、离职日期、银行账号、住址、电子邮件、备注为有用信息。

9．计量单位

代码	名称	换算率	修正值	是否为基本单位

说明：①代码、名称、换算率、是否基本单位为必需信息。②修正值为有用信息。

续表

10．会计科目

代码	名称	助记码	核算币别	余额方向

说明：①代码、名称、核算币别、余额方向为必需信息。②助记码为有用信息。

11．币别信息

代码	名称	折算方式	汇率

说明：此表所有数据项均为必需信息。

12．辅助资料、备注资料

代码	名称

说明：此表所有数据项均为必需信息。

13．部门资料

部门代码	部门名称	部门主管	部门电话	传真	核算科目代码

说明：①部门代码、部门名称、核算科目代码为必需信息。②部门主管、部门电话、传真为有用信息。

14．仓库期初数据

物料代码	物料名称	规格型号	单位	计价方法	批次/顺序号	结存数量

说明：此表所有数据项均为必需信息。

(3)《基础数据配置表》。
略。

11．成果清单

(1)《×××公司基础数据准备指导说明书》。
略。
(2)《×××公司基础数据配置表》。
略。

第四节　现有业务流程梳理

一、定义

现有业务流程整理工作就是将经典的业务流程推荐给客户，引导客户将企业现行的业务处理流程与系统进行对照梳理的过程。在梳理过程中进一步明确自身的业务处理流程，了解各个业务岗位和部门之间的工作衔接。同时，业务流程整理的结果也就成为新系统业务蓝图的起点。实施顾问应该重视这个阶段的工作，因为本阶段的顾问价值是最能体现出来的。实施顾问的最大价值就是通过实施将客户的业务"搬"到新系统中，同时还要将客户的管理和业务进行提升，给企业带来管理效益。业务流程梳理阶段的输入、输出及工具、模板如下。

(1) 输入：企业现有业务流程、组织过程资产、事业环境影响因素。

(2) 输出：《ERP 管理流程》。

(3) 工具、模板：《标准业务流程库》《流程制作方法》。

二、目标与策略

通过指导客户进行现行业务流程整理，一方面理顺客户流程，帮助客户做好业务流程整理的准备；另一方面，使实施顾问能够进一步了解客户的现行业务流程，并以标准业务流程为依据对客户进行培训和指导。

此外还要提供给客户标准的业务应用规程库，教会他们业务流程整理的方法，有针对性地选出一些符合企业行业及业务特点的标准业务流程，让客户在此基础之上找出不同处理方法，引导他们将两者对应，并鼓励他们自己对照系统找出解决方法。通过流程整理需要达到以下目的。

1. 建立企业现有业务流程与标准业务流程的对比差异分析

(1) 总结与归纳企业现有业务流程，形成企业内核心管理资源。

(2) 将差异分析找出原因，并通过 ESIA 优化方法进行流程优化：E 表示删除，针对过度控制、重复加工、重叠环节等；S 表示简化，包括形式、程序、沟通渠道、处理过程等方面；I 表示集成，包括工作、部门、客户、供应商等；A 表示自动化，可自动进行数据收集、数据传输分析等让人乏味的工作。

(3) 控制数据的准确性、唯一性、完整性。

(4) 在数据整理阶段，数据的准确性、唯一性和完整性将得到有效保证。

(5) 避免了"垃圾进垃圾出"。

2. 研讨并判定差异分类结果

将现有业务流程与标准业务流程对比分析，找出差异原因，或改善企业管理，或改进系统功能。

3．流程图制作方法传授

(1) 流程的定义、意义、分类。

(2) 流程图的制作方法。

三、工作内容

1．工作目标

(1) 让客户梳理现有企业管理业务流程，通过教给客户业务流程整理方法，让客户自己发现问题，为新流程的制定提供基础。

(2) 同时，通过新、旧流程的比较，让客户更切身感受 ERP 给他们带来的价值。

2．主要工作事项(角色、任务、工具/模板)

(1) 将 ERP 标准业务流程的纸质文件或电子文件交给客户方项目经理，请其转交对相关模块流程进行讨论的人员预先浏览，如存在疑问可在讨论时一并提出。

(2) 客户存在现有流程文档的，先请其讲解流程，在符合 ERP 流程时适时指出对应的系统作业。对于不符合的流程现场与客户进行沟通。如果能得到客户的同意现场修改流程，在系统模拟时重点关注此修改部分。当场无法沟通一致的，请客户自行商讨并给出结果。

(3) 客户没有此流程文档的，那么就按照标准流程进行讲解，相关部门及角色根据需要进行调整并记录客户已同意此流程。

(4) 将所有流程逐一进行讨论，如客户确实没有的流程可跳过。

(5) 在流程讨论时顾问要重点讨论以下几个方面。

① 各角色权限分配。

② 每一业务流程存在的意义。

③ 每一业务流程的相关报表。

④ 输出的单据的联数及各联的分配。

⑤ 单据类型的确定。

3．参与人员

(1) 客户方：核心小组成员、项目领导小组组长及成员。

(2) 顾问方：实施小组成员。

4．准备事项

(1) 顾问对客户业务流程内部模拟。

(2) 事先准备好完整的 ERP 标准操作流程手册。

(3) 客户现有流程文档。

5．操作时机

在对客户核心小组成员进行标准产品培训之后，确认客户新流程之前对现有业务流程进行梳理。

6. 建议工作时间

建议工作时间为每个模块 1 个工作日。

7. 关键业务

(1) 将客户标准操作流程交给客户，让客户在标准流程的基础上，进行适当的调整和修改，在减少客户工作量的同时，也可以有效引导客户制定更加规范的业务流程。

(2) 在流程梳理过程中，要重点关注各环节所涉及的重要单据，以及各单据关键项目的意义、需求等。

8. 注意事项

(1) 所有流程必须在系统模拟前修改完成。

(2) 顾问不能代客户完成流程的修改。

(3) 不建议修改系统，应想办法引导客户不做软件修改，引用相关文章给客户看。如果必须修改则应该多方面求证，修改系统要掌握可扩展性和灵活性等原则。

(4) 在流程讨论时，如果发现客户权责发生改变，顾问就应站在系统和标准流程的角度提出建议，不要强行推行此流程。当客户因此事争论不下时，切勿介入其中，应让客户自行协调解决并给出结果。

(5) 在流程讨论时，如果客户提出不同意见或看法时，顾问不要打断，而要仔细聆听，多问为什么，例如：出于什么目的，什么时候什么地点执行，由谁来执行，该如何去做，要产生什么单据，联数是多少，等等。

9. 后续工作安排

(1) 将所有单据类型按《单据类型明细表》整理完毕，作为公司文件由总经理签发。

(2) 要求客户整理完所有流程图经顾问确认后，请相关部门审批作为公司文件由总经理签发。

(3) 流程确定后，要求客户完成作业指导书，在正式上线前必须完成。

10. 可供参考的工具和模板

(1)《单据类型明细表》。

略。

(2)《标准业务流程图》。

略。

(3)《业务流程整理指导说明书》，如表 3-6 所示。

表 3-6　业务流程整理指导说明书

业务流程整理指导说明书
1. 目的
在系统定义阶段整理企业现行业务流程是为了保证新系统 ERP 能满足业务过程的需要，因此需识别企业各部门的管理功能，整理企业主要工作流程，定义必需的信息。

2．方法

组织部门关键业务人员共同讨论，从业务处理的高层依次往下展开。

以下列出的是×××需要整理的业务流程。利用提供的标准符号画出每一项目的业务流程图。

3．备注

对需要详细说明的业务处理和输出报告可利用 IPO 表做进一步说明。

4．×××业务流程描述

业务编号		业务名称					
编制		日期		审核		日期	
序号		处理说明		责任单位	责任人	模块及屏幕编号	

填写说明如下：

业务编号：与流程图编号相同。

业务名称：填写该业务编号对应的业务名称。

编制：填写编制人的名称。

日期：填写编制日期。

审核：填写审核人的名称。

日期：填写审核日期。

序号：与相关流程图中的处理编号对应。

处理说明：填写业务流程图中处理框的详细处理说明，每个序号对应一个处理说明。

责任单位：填写负责相关处理的责任单位。

责任人：填写与该处理相关的责任单位的责任人(岗位)。

模块及屏幕编号：填写该处在 ERP 系统中对应的模块及屏幕编号。

11．成果清单

(1)《单据类型明细表》。

略。

(2)《×××公司 ERP 业务流程图》。

略。

(3)《×××公司 ERP 作业指导书》。

略。

第五节　流程优化与流程模拟

一、定义

流程优化与流程模拟是指根据前面整理出来的企业现行业务流程，找出不合理的业务环节并进行重新定义，同时参照标准业务规程在 ERP 系统中进行对应，从而形成基于系统的企业应用业务蓝图。流程优化与流程模拟阶段是控制客户需求的最为关键的阶段，往往在这个阶段客户会产生大量对系统功能的需求，因此这就要求顾问要具备相当的管理和控制客户需求的能力。顾问要引导客户把眼光放到整个企业管理目标的层次上来，以业务处理的流程为主，不要纠缠于细节，以确保系统的整体运作为主要目标。

对于客户个性化需求，在这里只是记录，先不给出解决方案，待整体流程优化完毕后，再统一给出解决方案，但顾问对这些问题应该具备解决的思路及对策。

同时，对于客户个性化需求也要尽力说服客户放弃，因为二次开发对系统整体进度和应用会产生负面影响，应让客户考虑从其他方面入手解决。

如果客户化开发成为必要的需求时，要将开发的计划与实施计划的相关性尽可能减小，并将开发部分的内容放到系统实现之后(至少也要在整体流程优化完毕之后)。流程优化与流程模拟阶段的输入、输出及工具、模板如下。

(1) 输入：企业现有业务流程、组织过程资产、事业环境影响因素。

(2) 输出：《ERP 管理流程》《业务流程模拟方案》《上线模拟完成确认单》。

(3) 工具、模板：《标准业务流程库》《流程优化方法》。

二、目标策略

在进行企业业务流程优化与流程模拟过程中，通常会出现以下三种情况。

(1) 企业的现行业务流程能够直接适应系统处理流程。这是比较常见的结果，这种结果即可将标准流程直接应用。

(2) 企业的现行业务流程间接适应系统处理流程。出现这种情况一般需要对原业务的处理流程进行适应性调整。通过对业务的变通处理使新系统适应企业的业务流程。

(3) 企业的现行业务流程不适应新系统处理流程。出现这种情况就需要对问题进行具体分析。如果是客户的流程不科学、不利于企业整体目标的实现就需要对客户的流程进行调整，以满足企业提升管理水平的需要。如果是新系统不能直接满足客户管理的需要，而这些问题又是必要的，就需要记录下这些问题，以便作为下一步为客户制订方案的依据。

通过以上三种处理方式，最终达到以下目的。

1．创建企业先进的管控模式

通过价值分析，寻求实现企业价值最大化的管控模式。

2．实现应用知识的传递

在企业流程模拟过程中逐渐形成了应用知识在金蝶与企业之间传递。

3．研讨并判定差异分类结果

(1) 验证业务蓝图是否完全适合实际业务。

(2) 提高关键用户应用系统的熟练度。

(3) 降低上线操作风险。

(4) 明确流程的定义、意义、分类。

(5) 明确流程图制作方法。

4. 建立与之对应的操作规范

(1) 把具体的应用形成作业指导书以将其固化。

(2) 提高上线及日常操作的效率。

三、工作内容

1. 工作目标

(1) 对客户的现有业务流程进行深入分析，指出问题，并给出优化的解决方案。

(2) 力争让客户优化后的流程与产品的标准流程一致。对于不一致的流程，要商讨具体的解决方案。

2. 主要工作事项(角色、任务、工具/模板)

(1) 按照流程逐个请相关人员利用计算机以现实作业单据为例进行操作，相关系统单据套打出来时要与真实上线操作要求完全一致。

(2) 在模拟过程中顾问须全程指导，及时指出错误或疏漏的地方，并提醒在场所有人员注意。

(3) 该部门人员流程模拟完成之后，需请该部门经理亲临现场进行验收。让部门经理了解实际状况，并预估上线将会遇到的困难。

(4) 大型企业参加人数较多，顾问可先对业务骨干进行模拟指导和验收，再由业务骨干对其他人员进行指导和验收，顾问可抽查所有人员的业务状况。

3. 参与人员

(1) 客户方：项目组成员、各部门经理、核心小组成员。

(2) 顾问方：实施小组成员。

4. 准备事项

(1) 流程模拟设在培训教室，并配备投影仪、白板、白板笔、电脑若干台、打印机及相关扩音设备。

(2) 客户准备好《×××公司 ERP 业务流程图》《×××公司 ERP 作业指导书》、日常流程单据一套。

(3) 上线模拟签到表。

(4) 请客户方建立模拟数据账套。

5. 操作时机

在客户的基础资料准备完成后、蓝图确认完成前进行流程优化和流程模拟。

6. 建议工作时间

建议工作时间为每个模块 1 个工作日。

7．关键业务指导

关键单据上的重要项目，要给予充分重视。往往客户的流程与标准流程相一致，单据上反映的内容和要求却不一致。这就要求在做流程匹配时，应该更加关注客户对关键信息、关键项目的实际需求。

8．注意事项

(1) 在模拟过程中，发现流程与实际状况不一致而需要调整时，顾问要提出修改建议。如果未能达成一致，就请客户自行讨论和协调，并由客户做出最后决定。

(2) 在模拟过程中，如果发现有模拟困难，对系统不熟的人员，需要提请客户方项目经理注意，要求客户项目经理另外安排时间让其反复模拟练习，直到达到熟练的程度。

(3) 应该以核心业务流程为主，不要过多地纠缠细节，否则项目可能很难推进。

(4) 对于二次开发的内容涉及的流程也需要进行模拟，直到与正式上线的效果一样。

9．后续工作安排

(1) 顾问应提醒项目经理，对模拟效果不好的人员要求进行反复练习，并检查其练习结果。

(2) 客户方项目经理应组织第二次模拟，形式与第一次一样，使客户操作人员达到更加熟练的程度。

10．可供参考的工具和模板

(1)《上线模拟签到表》。

略。

(2)《上线模拟完成确认书》。

略。

(3)《ERP 标准操作流程》。

略。

11．成果清单

(1) 有客户签字的《×××公司上线模拟签到表》。

略。

(2)《×××公司上线模拟完成确认书》。

略。

第六节　确认新业务蓝图

一、定义

企业业务蓝图经过了业务流程的优化与模拟运行得到了进一步的优化与论证。在这一步完成对业务蓝图进行确认是实施顾问帮助企业把经过优化与论证的业务规程进行固化的过程。如果方案很好地满足了客户需求，项目小组就应趁热打铁使方案通过验收。这样可以有效地控制客户不断膨胀的需求，防止实施难度的增加，有效地控制项目进度。

如果新业务蓝图方案得不到客户项目负责人的最终确认，这将不利于有效开展下一阶段的工作。客户的需求也会不断地增加，从而会严重影响项目的整个实施周期。因此需要实施顾问进一步协调整个业务的新流程，同时说明对项目计划周期的影响。

对于在测试中发现的问题，项目经理应尽快安排做出详细可落实的解决时间表，给客户以充分的信心。确认新业务蓝图阶段的输入、输出及工具、模板如下。

(1) 输入：企业现有业务流程、组织过程资产、事业环境影响因素。

(2) 输出：《ERP 管理流程》《业务流程模拟方案》《上线模拟完成确认单》。

(3) 工具、模板：《标准业务流程库》《流程优化方法》。

二、目标与策略

业务蓝图确认要求客户的项目实施指导委员会对经过优化与论证的业务规程进行确认。在要求客户的项目实施指导委员会对业务规程进行确认时，实施顾问一定要对客户讲清楚对业务规程进行确认的利弊关系。实施顾问是从客户利益角度出发的，对新的业务规程进行确认是实施顾问帮助企业固化业务规程的过程，最终达到以下目的。

1．确保蓝图系统实现

业务蓝图是实施上线的基础，经过验证并在软件与业务中得到匹配的蓝图将会实现企业真正的管理价值。

2．加快客户化开发的进度和质量

业务蓝图是客户化开发的基础，从概要需求分析到详细需求分析都离不开确定的业务蓝图，并将从根本上影响开发的进度和质量。

三、工作内容

1．工作目标

以书面的、正式的文件确定客户未来业务操作流程，避免后期客户随意更改流程情况的发生。即使客户需要更改流程，那也可以据此要求客户签订《项目实施变更确认书》，就变更内容进行确认，从而对由此产生的项目拖期、延期明确责任。

2．主要工作事项(角色、任务、工具/模板)

将优化后需要确认的业务流程整理成册，供双方签字确认。

3．参与人员

(1) 客户方：领导小组组长、项目经理、核心小组成员。

(2) 顾问方：项目经理、实施小组成员。

4．准备事项

(1) 将讨论后的 BOM 分层原则、产品资料编码规范及业务流程进行整理，作为业务蓝图确认的附件。

(2) 将优化后需要确认的业务流程整理成册，供双方签字确认。

5．操作时机

对客户业务流程进行优化以后，并在软件内部逐个进行验证，如果可以实现，则请客户签字确认，以免后期改变流程。

6．建议工作时间

建议工作时间为 1 个工作日。

7．后续工作安排

虽然新流程经过软件的初步测试，但是可能还有一些实际未解决的问题，需要同相关部门协商，制订解决方案及实现计划，并跟踪进度，按时完成相关工作。

8．可供参考的工具和模板

《业务流程完成确认书》。

略。

9．成果清单

《×××公司业务流程完成确认书》。

略。

 本章小结

(1) 本章介绍了 ERP 项目实施中的关键技术环节——业务蓝图设计工作。这是对企业整理流程优化与重组的过程，是涉及项目实施成败的关键因素，也是项目效果的直接影响环节。

(2) 本章介绍了业务蓝图设计阶段核心小组成员培训的内容、方法与策略。这是影响ERP核心思想是否能成功植入企业的关键环节。在这一环节要让核心小组成员充分理解ERP的管理思想及管理理念。

(3) 本章介绍了业务蓝图设计阶段基础数据管理规范的内容、方法与策略。这是影响ERP 系统结果准确性的直接影响环节。通常有"三分软件、七分实施、十二分数据"这样的说法，可见基础数据是 ERP 项目成败的直接因素。

(4) 本章介绍了业务蓝图设计阶段流程优化与确认的内容、方法与策略。这是影响企业整体运营效率的关键因素，也是企业实施 ERP 过程中最为痛苦的过程。不合理的流程重组与优化势必要突破一些传统的阻力，才能把 ERP 整体效率发挥到最大。

 实训课堂

试验一　前期数据准确性、完整性控制

项目培训已经结束，进入了数据收集阶段，相关资料收集范围以及相应的责任人、时间都已确定。可是到规定的完成时间，发现物料数据才完成一半，一问原因才知道负责该数据收集的人手不足。该负责人已向甲方项目经理提出这个问题，可甲方项目经理没有采取任何措施，结果项目不得不延期。客户总经理对此非常不满意。请问如何规避这种问题？

试验二　业务流程梳理辅导

实施顾问让客户对现有业务流程进行全面梳理，并且也培训了相关整理的方法。可客户认为对现有业务进行整理没有意义。客户项目经理也没有办法强制业务人员去做。因此，客户项目经理提出请实施顾问代劳。请问，如果你是实施顾问，你该怎么做？

试验三　业务流程诊断及优化

某公司是一家以出口为主的企业，客户每次下单都对产品有些特殊需求(如增加某个功能，或者对一些零件有特殊需求)。因为是以外贸为主，企业要求接到订单后，客户预付30%的款项才生产，发货之前必须完成100%的收款，否则有坏账的风险。以上是该企业的销售流程，请问该流程存在哪些问题？应如何改进？

试验四　业务流程诊断及优化

某公司是按单销售、生产的企业，所以为了节约成本，企业大部分的材料都是按订单需求进行采购，但是钢材等主材料是根据市场行情批量采购的。而且该公司下采购订单过程中有明确要求，所有采购单价必须按照事先与供应商约定的采购单价进行，如果有变动必须由财务审批。

另外采购订单中，公司希望超出10 000元的采购必须要由副总经理审批，其他由采购经理审批即可。

请根据该客户的要求，纠正以上流程的错误，并提出改进措施。

试验五　业务流程模拟演练

某公司采购回来的物料，根据材料的性质设置了免检、抽检及全检的要求。但是公司也会根据生产和产品的需求，把抽检转变成全检，或对检验不良采用让步接收的方式处理。

请根据该客户的要求制定采购收料的业务流程。

 复习思考题

1. 请根据业务蓝图设计阶段的工作内容，绘制蓝图设计阶段实施流程图，并突出关键成果。

2. 假如你是一名实施顾问，请设计一份试卷，考核参加培训的核心小组成员的培训效果。

3. 假如你是一名实施顾问，在通过流程调研后，发现了一些不合理的处理方式，这时企业方该部门负责人却坚决反对新流程的改造。请问如何处理才能确保ERP项目顺利进行？

第四章 系统实现

【学习要点及目标】

(1) 掌握系统实现概念及含义，了解系统实现的工作思想。

(2) 掌握系统实现的方法和策略，学会应用系统实现的工具。

(3) 了解系统实现的价值点及工作价值。

【核心概念】

系统实现　初始数据　系统初始化　上线辅导

【引导案例】

纸上谈兵终觉浅

战国时期，赵国大将赵奢曾以少胜多，大败入侵的秦军，被赵惠文王提拔为上卿。他有一个儿子叫赵括，从小熟读兵书，张口爱谈军事，别人往往说不过他。因此他很骄傲，自以为天下无敌。然而赵奢却很替他担忧，认为他不过是纸上谈兵，并且说："将来赵国不用他为将则罢，如果用他为将，他一定会使赵军遭受失败。"果然，公元前 259 年，秦军又来犯，赵军在长平(今山西高平市附近)坚持抗敌。那时赵奢已经去世。廉颇负责指挥全军，他年纪虽高，打仗仍然很有办法，使得秦军无法取胜。秦国知道拖下去于己不利，就施行了反间计，派人到赵国散布"秦军最害怕赵奢的儿子赵括将军"的话。赵王上当受骗，派赵括替代了廉颇。赵括自认为很会打仗，死搬兵书上的条文，到长平后完全改变了廉颇的作战方案，结果四十多万赵军尽被歼灭，他自己也被秦军箭射身亡。

【案例导学】

这个案例启示：

前期理论分析是实践的基础，前期所有工作都是为了实现项目的目标。前期准备的项目定义、业务蓝图能否在系统中准确地得到体现，关键在于系统实现能否准确执行，这是从理论向实践跨越的阶段。

在整个项目实施过程中，系统实现是一个比较关键的阶段。前期项目定义、蓝图设计工作，都要在该阶段见到成果，转换为实际的业务。同时在系统运行过程中根据业务的实际情况做出调整，在一定的范围内修订流程。

系统实现的主要依据是蓝图设计阶段的规划以及基础数据的准备，将企业现行数据与业务切换到正式的系统之中，从而实现客户企业业务正常运行。

一般情况下，为了确保在该阶段不出现大的数据变更或者流程调整，前期的各阶段工作尤为重要，也就是说各阶段工作有着紧密的因果关系。从本阶段开始，企业 ERP 的实施步入实际的操作过程，不再停留在理论的梳理过程了，本阶段也是前两个步骤的理论得以应用的开始。系统实现阶段的主要工作如图 4-1 所示。

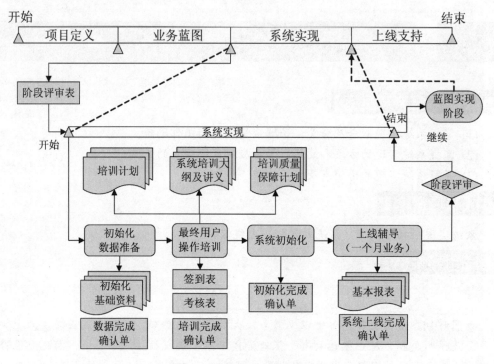

图 4-1　系统实现工作步骤

第一节　初始化数据准备

一、定义

初始化数据准备是指按照基础数据管理规范和静态数据资料，整理各种动态基础资料，包括库存账、科目余额、未关闭的单据。初始化数据准备阶段的输入、输出及工具、模板如下。

(1) 输入：基础数据管理规范、静态数据资料、基础资料编码原则、角色定义、流程定义。

(2) 输出：用于签字的《基础数据准备完成确认单》、已整理好的《动态基础资料》，包括科目余额、未关闭单据的数据收集表。

(3) 工具、模板：《初始化数据准备完成确认书》、初始化数据收集表、从系统中导出相关数据模板、顾问对逻辑性检查。

二、目标与策略

本阶段主要通过已整理好的数据编码、数据规范，从系统中导出数据模板，并按照编码及规范要求进行所有数据整理，包括各种动态数据资料及系统参数设置，最终达到以下目的。

1．企业家底大调查

(1) 初始化数据收集是企业家底清查的过程，如固定资产、库存。

(2) 把分散在各个部门、业务员手中的公司重要资料集中在一起，如客户资源。

2．漏洞的发现

(1) 在数据准备过程中常常能够发现管理的漏洞和薄弱环节。

(2) 全面地对库存、资金、资产价值进行彻底盘点，积极发现各种问题。

(3) 对于发现的问题，能够及时地提出合理的改进建议。

三、工作内容

1．工作目标

按照基础数据管理规范和静态数据资料，整理各种动态基础资料，包括科目余额、未关闭的单据等。

2．主要工作事项(角色、任务、工具、模板)

(1) 给客户的相关操作人员准备培训用的基础资料、注意事项等。

(2) 为各业务环节准备初始化动态数据。

(3) 客户要确认基础资料完成，并保证其正确性、规范性。顾问对其进行最终的逻辑性检查。

3．参与人员

(1) 客户方：全体项目组成员。

(2) 顾问方：项目实施小组成员(指导)。

4．准备事项

确定了基础数据管理规范，制定了基础资料编码原则。

5．操作时机

在各种基础数据管理规范、角色定义、流程定义、基础资料编码原则定义完成以后，进行初始化数据准备。

6．建议工作时间

建议工作时间为 5 个工作日。

7. 关键业务

如果客户的基础数据很多，客户会要求采用数据导入的方式来减少工作量。在这种情况下，客户整理数据的时候，一方面要按照原则要求整理；另一方面最好从系统中导出相关数据后，利用其标准表格进行数据整理，这样更有利于数据导入的操作。

8. 可供参考的工具和模板

(1)《系统上线指导说明》，如表 4-1 所示。

表 4-1　系统上线指导说明

系统上线指导说明

经过第一阶段的项目准备和第二阶段的系统培训、基础资料准备及上线模拟运行，达到预定的系统上线模拟效果。因此，经过同公司项目领导小组的沟通，公司 ERP 项目将定于××月正式上线运行。

在系统正式上线之前，以下工作安排和内容需向项目小组各成员进行说明。

一、项目组的运作方式

1. 项目组的工作方式

×××公司项目领导小组、项目核心小组与顾问项目组成员构成联合项目组主要成员。主要工作是负责项目进度推动、系统流程定义、运行问题解决等。

2. 问题反馈及解决途径

网络问题：网络管理员→网络、硬件负责人→顾问项目组。

业务问题：业务负责人→系统管理员→顾问项目组。

二、系统权限的设置

系统管理员负责在系统中定义各部门操作员的使用权限，并将权限设置表报送核心小组业务负责人。日常操作时，如需新增或修改权限，则通过业务负责人上报系统管理员，由系统管理员统一进行设置。

三、系统的启用时间

××月启用，即以××月月底余额作为初始化余额。各模块初始化明细完成情况说明如下表。

系统名称	工作内容	未完成原因说明	负责人
总账系统	(1) 初始数据完成并结束初始化 (2) ××月份总账直接处理凭证完成		
报表系统	报表定义完成		
应收款管理系统	(1) 初始数据完成并结束初始化 (2) ××月份收款单完成 (3) ××月收款凭证完成		
应付款管理系统	(1) 初始数据完成并结束初始化 (2) ××月份付款单完成 (3) ××月份付款凭证完成		
现金管理系统	(1) 初始数据完成并结束初始化 (2) 银行对账完成 (3) 现金及银行日记账完成		
固定资产管理	固定资产卡片录入完成		

续表

系统名称	工作内容	未完成原因说明	负责人
采购管理系统	(1) 外购入库单补录完成 (2) 发票补录完成 (3) 入库单及发票审核完成 (4) 模板凭证制作完成 (5) 根据单据生成凭证完成		
销售管理系统	(1) 入库单补录完成 (2) 发票补录完成 (3) 入库单及发票审核完成 (4) 模板凭证制作完成 (5) 根据单据生成凭证完成		
库存管理系统	(1) 进行系统盘点 (2) 库存系统单据补录完成(包括产成品入库单、调拨单、其他出入库单等) (3) 库存系统单据审核完成		
存货核算系统	(1) 材料入库核算 (2) 材料出库核算 (3) 产品入库核算 (4) 产品出库核算		
成本管理系统	成本对象、成本项目、要素费用、分配标准设定完成		
计划管理系统	(1) 基础数据及系统设定完成 (2) 生产计划开始运用 MPS、MRP 运算生成下达		
生产任务管理	(1) 生产任务单补录完成 (2) 生产投料单维护完成 (3) 任务单汇报、产成品入库与业务同步		
车间管理系统	(1) 工艺路线资料维护完成 (2) 工序计划可正常生成		

其他需说明的问题：ERP 系统××月××日起，财务、物流新旧系统并行，进入上线阶段。先补录并处理××月份的业务，以后继续使用到××月月底。视运行结果决定正式使用 ERP 系统的日期，并停用旧系统和手工账。

四、系统参数设置

系统参数设置将由顾问项目组和××公司核心项目组成员共同定义后，由××公司系统管理员统一在系统中进行设置。系统参数设置好之后，一般不再进行调整。

(2)《初始化数据准备完成确认书》。

略。

9．成果清单

《基础数据准备完成确认单》。

略。

第二节　最终用户培训

一、定义

最终用户培训就是对企业系统上线后应用系统的一线操作人员进行的培训。该培训包括的内容主要有应用信息化系统后的业务规程培训、软件操作培训及信息化系统应用策略与规程培训。最终用户培训人员的范围要尽量广，防止参加过培训的人员发生换岗或离职，会影响信息系统上线后的应用。同时要明确双方的工作任务与责任，在培训方案中要明确指出培训考核方式，强调最终培训的效果。最终用户培训阶段的输入、输出及工具、模板如下。

(1) 输入：主讲教师为客户方核心小组成员、制订详细的培训计划和培训要求、准备培训环境、准备好培训素材、培训教材。

(2) 输出：签字确认的培训方案、签字确认的培训完成确认单、各种培训签到表、培训讲义、培训教材、练习题、考试题、考核表。

(3) 工具、模板：《培训学员签到表》《系统培训方案》《系统培训完成确认书》《培训试题》《标准规范操作程培训教材》。甲方顾问为最终用户培训讲师，乙方顾问可在旁协助。

二、目标与策略

最终用户培训活动主要完成新业务规程的培训；完成软件操作技能的培训；完成信息化系统应用策略与规程培训。最终用户的操作培训一定要让客户方项目组成员来完成。顾问方的任务是给客户方必要的资料，包括培训的标准课件、新业务操作规程及信息化系统应用策略与规程。最终用户培训后一定要组织严格的考试，防止不合格的应用人员操作信息化系统。通过严格的考核最终达到以下目的。

1．上线推广的基础

(1) 最终用户培训是让用户熟悉系统的最有效的措施。

(2) 最终用户熟练操作 ERP 系统是上线推广应用的基础。

2．规范、流程的推广

(1) 最终用户培训是公司新流程与管理规范得到培训、理解的关键措施。

(2) 培养不同角色之间在 ERP 系统中的业务协同演练。

3．满意度提升

(1) 最终用户培训的好坏决定未来系统使用的满意度。

(2) 最终用户在培训过程中应及时反馈意见、建议、答疑解惑。

三、工作内容

1．工作目标

(1) 让客户最终用户熟悉软件的日常操作。

(2) 让客户最终用户能够操作软件，并按照第二阶段确认的标准流程来操作软件。

2．主要工作事项(角色、任务、工具/模板)

(1) 制订培训计划。

(2) 准备培训资料。

(3) 准备培训环境。

(4) 软件操作培训。

(5) 培训考核。

(6) 培训工作小结。

3．参与人员

(1) 客户方：全体项目组成员。

(2) 顾问方：项目实施小组成员(指导)。

4．准备事项

(1) 客户方核心小组成员将成为本次培训的主讲教师，需要准备好培训教材。

(2) 制订详细的培训计划和培训要求。

(3) 准备培训环境。

(4) 准备好培训资料，包括培训场地、白板、麦克风、讲义、签到表、考题、成绩单等。

5．操作时机

在客户的基础资料准备完成之后，最终初始化上线前进行最终用户培训。

6．建议工作时间

建议工作时间为每个模块 0.5 个工作日。

7．关键业务

最终用户培训的方式有两种：一是集中培训；二是分散培训。建议 K/3 系统的最终用户培训采用集中培训的方式。

8．注意事项

对最终用户的培训，只需要每个人熟悉自己那一部分的操作即可，不需要将所有功能都向所有人介绍。

9．后续工作安排

本次培训之后，如果效果不理想，就应由客户的核心项目小组成员对客户其他成员进行持续培训，并且参与培训人员的范围还可以扩大。

10．可供参考的工具和模板

(1)《培训学员签到表》。

略。

(2)《系统培训方案》，如表 4-2 所示。

表 4-2　系统培训方案

系统培训方案

一、培训说明

　　培训是系统实施的重要环节，是产品应用的第一步。通过培训，操作人员将深入了解软件的开发背景、技术资料、开发思路和各个子系统的详细操作。培训效果的好坏，将直接决定着操作人员以后能否正确操作软件，能否满足岗位操作软件的要求，最终将影响到整个软件系统能否成功实施。因此，应引起我们高度重视，双方人员应相互配合，积极主动，为达到预期培训效果而努力。

二、培训方式

　　标准的培训流程有助于节约资源、提升培训效果，我们此次培训将按照授课、上机练习与提问、考核与总结的步骤将各子系统逐步进行。

　　1．授课

　　由主讲老师按照培训计划分系统、分模块地逐步来讲解，受训人员应认真听讲，并做好重点内容记录。遇到问题，原则上授课期间应立刻向辅导老师请教，而应做好笔记，在上机练习时再统一提问。

　　2．上机练习与提问

　　主要是对此次培训的巩固练习，受训人员必须能够独立完成此段时间培训内容，如有问题可向辅导老师请教。

　　3．考核与总结

　　培训全部结束之后，为了了解培训效果，每一位受训人员必须经过考试，对考核的结果我们将统计、记录，并抄报×××，双方确认培训效果。同时，要对我们的培训质量做统计调查。

三、培训组织与责任

　　ERP 系统培训是×××ERP 系统实施工作的重要内容之一。培训的效果与质量直接影响到 ERP系统在×××的正常使用与管理。为了确保培训工作能按计划、进度、目标、质量进行，特制定此培训组织与要求，希望×××和顾问公司各相关部门与人员认真履行其职责，做好相关的安排与组织工作。所有受训学员须严格执行此组织与要求的所有内容，保证培训工作的圆满完成，为 ERP 系统的顺利实施打好坚实的基础。

四、对培训学员的要求

　　参加 K/3 系统培训的学员应当熟悉本单位财务业务，建议是各单位的业务骨干人员，同时要求学员应具备一定的计算机应用水平。

五、对培训讲师的要求

　　主讲教师的责任是负责×××各机构人员的授课，并且在讲课之前必须准备好讲义。

(3)《系统培训完成确认书》。

略。

11．成果清单

成果清单应包括以下几个方面的内容。

(1) 签字确认的培训方案。

略。

(2) 签字确认的培训完成确认单。

略。

(3) 各种培训资料(包括培训讲义、培训教材、练习题、考试题、签到表、考核表)。

略。

第三节　系统初始化

一、定义

　　系统初始化是指准备初始化数据并将初始数据录入系统的过程。初始化数据类型包括静态数据和动态数据。静态数据包括期初的库存数据、期初总账余额、期初的应收(付)资料、固定资产卡片等。动态数据包括未完成的采购订单、销售订单、生产指令等。在该阶段最有可能的问题是不能按计划完成初始化任务，这样不仅直接影响业务上线工作，而且会对整个系统的上线运行造成威胁。系统初始化阶段的输入、输出及工具、模板如下。

　　(1) 输入：已准备好的初始化数据、已对初始化录入及注意事项进行过培训、初始化系统环境及账套。

　　(2) 输出：客户签字的《系统初始化完成确认书》、经检查合格的初始化数据及结束初始化的账套。

　　(3) 工具、模板：《系统初始化方案》《系统初始化完成确认书》、导入或录入静态数据、导入或录入动态数据、数据正确性检查。

二、目标与策略

　　系统初始化的目标是按计划正确、及时地完成初始化工作，并确认工作结果。保证初始化培训效果，这是初始化工作正常开展的前提；要求客户方对初始化数据进行核对，并予以确认。提前针对初始化过程中遇到的问题并提出调整或修正意见；由于系统上线阶段工作的重要性，所以从系统上线阶段起，应提醒客户方(系统管理员)及时备份数据，防止因硬件损坏、系统崩溃、病毒侵入等原因造成数据丢失，影响项目正常进展。此外，培训工作不到位也可能造成初始化工作失误，因此要保证培训的质量，顾问方应该进行严格的考核。由于初始化阶段工作量大、工期短，如果客户方人员由于种种原因不能及时到位，就会影响初始化数据的录入工作，因此实施顾问要加强客户方的人员组织工作。

系统初始化最终要达到以下的目的。

1．上线的基础

(1) 初始化是把系统外的静态数据、动态数据录入系统的过程。

(2) 初始化是企业某一时刻的数据快照，因此按时准确地录入系统尤为重要。

2．要求高效快速

(1) 初始化的成功与否直接决定系统能否切换。

(2) 若数据量大就需要业务部门配合加班，否则会导致数据二次初始化。

(3) 若初始化时间过长则工作量就会增大。

三、工作内容

1．工作目标

完成初始数据录入，并开始日常业务操作。

2．主要工作事项(角色、任务、工具、模板)

主要工作事项包括以下几个方面。

(1) 培训系统初始化操作流程及注意事项。

(2) 建立数据中心。

(3) 录入初始数据。

(4) 录入基础资料和初始余额。

(5) 检查初始数据，结束初始化。

3．参与人员

(1) 客户方：全体操作人员。

(2) 顾问方：实施核心小组成员(指导)。

4．准备事项

基础资料准备完成，而且数据完整、准确。

5．操作时机

在客户的基础资料准备完成后，系统上线前进行系统初始化。

6．建议工作时间

建议工作时间为 2～3 个工作日。

7．关键业务

系统初始化要逐步进行。

8．注意事项

(1) 初始数据必须录入准确，不能出现任何错误或问题。

(2) 如果基础资料是导入的,则需要对基础资料进行仔细检查,以确保其没有出现错误。

9.可供参考的工具和模板

(1)《系统初始化方案》,如表 4-3 所示。

表 4-3 系统初始化方案

系统初始化方案

一、概述

系统初始化数据分为两个部分:一是各系统模块启用前必须完成的数据,项目实施任务中的"初始化结束"便是指此部分数据录入结束;二是实际业务处理前需要完成的数据,这部分数据可以在相应的系统模块启用后录入。

1.各系统模块启用前必须完成的数据

各系统模块启用前必须完成的数据如下所示。

数据类别	系统模块	数据内容	数据引入
系统设置 (启用后不可修改)	供应链	系统数量或金额核算方式、库存更新控制方式、凭证暂估冲回模式	系统中直接设置
	应收应付	启用对账与调汇	系统中直接设置
静态数据	基础资料	物料、辅助属性、计量单位、客户、供应商、仓库、仓位、部门、职员、费用、要素费用、币别、科目、结算方式、辅助资料、自定义核算项目、自定义辅助资料	全部支持从 Excel 文件引入
	供应链	(供应商)物料对应表、(客户)物料对应表、物料批号规则	系统中直接输入
	固定资产管理	卡片类别、存放地点	系统中直接输入
	成本管理	成本对象、成本项目	系统中直接输入
动态数据	供应链	初始库存、初始暂估外购入库单、初始未核销销售出库单、初始暂估委外加工入库单、初始未核销委外加工出库单、初始序列号	初始库存部分支持从 Excel 文件引入
	总账	初始科目余额、初始现金流量	初始科目余额支持部分从应收、应付、固定资产模块引入
	应收款管理	初始增值税发票、初始普通发票、初始其他应收单、初始预收单、初始应收票据、初始应收合同、初始坏账	从总账科目余额直接引入
	应付款管理	初始增值税发票、初始普通发票、初始其他应付单、初始预付单、初始应付票据、初始应付合同	从总账科目余额直接引入
	固定资产管理	初始固定资产卡片	从 Excel 文件引入
	现金管理	初始现金余额、未到账金额	余额从总账模块引入
	成本管理	初始在制品成本余额	从 Excel 文件引入

系统设置(启用后不可修改)、动态数据在相应模块启用后不能再修改。静态数据的部分属性在相应模块启用后仍可以修改，未被动态数据引用到的静态数据可以在相应模块启用后再录入。

2．实际业务处理前需要完成的资料

实际业务处理前需要完成的资料如下所示。

数据类别	系统模块	数据内容
系统设置	各模块	系统参数设置、用户权限设置、单据自定义、单据套打格式定义、业务流程设计、多级审核设定
静态数据	基础资料	物料、辅助属性、计量单位、客户、供应商、仓库、仓位、部门、职员、费用、要素费用、币别、科目、结算方式、辅助资料、自定义核算项目、自定义辅助资料
	采购管理	物料对应表、采购价格资料、采购配额资料
	销售管理	物料对应表、销售价格资料、销售折扣资料、信用资料、VIP 资料
	仓存管理	领料用途、其他入或出库分类、存量管理、组装件 BOM、物料批号规则
	质量管理	抽样标准、检验项目、检验方案、不良原因
	生产管理	BOM(支持从 Excel 引入)、工艺路线(支持从 Excel 引入)、物料替代
	成本管理	成本对象、成本对象组、成本项目、劳务、各类成本分配标准设置、自定义分配标准值(支持从 Excel 文件引入)、成本还原系数
动态数据	采购管理	初始未完结采购订单
	销售管理	初始未完结销售订单
	生产管理	初始未完结生产任务单、初始未完结委外加工单

二、静态数据：基础资料

1．物料

(1) 对于某一具体的物料代码，如果其内部库存与采购、销售或委外加工环节计量单位不一致，虽然存在多计量单位，但它们之间的换算率又是固定的，那么建议采取同计量单位组(一般为物料库存计量单位所属的组)中建立多个普通固定换算的计量单位来实现。因为辅助计量单位模式在单据录入时增加操作量，有时还需修改辅助单位换算率来调整数量尾数差异以保持库存更新值的正确。例如，某物料代码 ABC，公司内部库存用 PCS(对应个、件、张等)计量，外购时用 KG 计量，其换算关系为 1KG=3.5PCS，则在 PCS 所属的计量单位组"数量组"中建立计量单位"KG(3.5)"(固定换算率为 3.5，注意代码及名称中包含换算率信息，既方便识别，又与"重量组"中的 KG 相区别)，将此物料的基本计量单位、库存计量单位设为 PCS，采购计量单位设为"KG(3.5)"。

(2) 新会计准则不能采用后进先出法核算存货，建议"计划方法"的属性值不取"后进先出法"。

(3) 如果数据是从 Excel 格式文件引入的，注意"是否进行保质期管理"属性值为"否"的物料，其"保质期(天)"的属性值必须为 0，否则以后系统在库存更新时，会视其为需要进行保质期管理。

2．计量单位

计量单位分组时，以物料计量的物理维度作分组标准，分为数量组、重量组、长度组、体积组、容积组等。数量组的划分时，建议参考以下思路。

(1) 将"个""支""张""根""只""条"等表达个体意义的计量单位统一为一个计量单位 PCS。汉语词汇丰富才有这么多量词，英语中这些都称为 PCS。如果不进行统一，可以将它们分成不同的计量单位组，如"个组""支组""张组""根组""只组""条组"等。如果又想将它们放在同一计量单位组，则建议此组以 PCS 为基本计量单位，以免在数据显示时出现基本计量单位显示"个"、常用单位显示"根"的语义不符的情况。

(2) 将"台""桶"等表达大体积个体意义的计量单位另作分组，如"台组""桶组"，以免在数据显示时出现基本计量单位显示 PCS、常用单位显示"台"的语义不一致场景。

(3) 将"套""盒"等表达复合个体(由多个个体物件组合而成)意义的计量单位另作分组，如"套""盒"，以免在数据显示时出现基本计量单位显示 PCS、常用单位显示"盒"的令人产生数量理解歧义的场景。

3．仓库

(1) 注意物料流转过程中，上、下游环节间是否会存在物料交接的时间差、数量差等因素，如果有，则应该设立现场仓库来管理。例如销售产品时，经常会将产品先发到分支机构(或代理商)，然后再给客户，就应该设立销售现场仓来管理(时间差)，即仓库发货时将产品调拨至分销点(或代理商)相对应的现场仓，销售出库时则从现场仓出货；生产(或委外加工)发料时，经常会因最小包装量的因素制约而超发料给生产部门(或加工商)，应设立生产现场仓来管理超发数量(数量差)，即仓库发料时将物料调拨至生产部门(或加工商)对应的现场仓，领用者凭领料单从现场仓取料。

(2) 注意非正常性出、入库业务时，是否存在物料转移但财务未转移的业务。如果有，则应该设立仓库来进行管理，否则有悖物流、财务一体化的原则。例如工程、品质部门(或外部同业单位)的借料业务，就应该设立仓库来管理，并根据借料人信息从逻辑上设立仓库组并划分仓位。借出时，由仓库将物料调拨至借料仓的相应仓位，归还时，由借料仓的相应仓位调拨回仓库。

(3) 采购在检物料对应的虚仓，如果是以收料通知单方式入库的，则其仓库类型必须设为"代管仓"，如果是以采购检验申请单方式入库的，则其仓库类型必须设为"待检仓"。

4．客户

注意是否考虑客户的信用期限，这将影响应收款管理中销售发票的默认收款计划日期值。如果是要考虑，就在销售管理模块的"信用管理维护"中手工录入数据。

另外录入"结算币别""增值税率"等属性值时，将显著提高以后业务单据的录入效率。

5．供应商

注意是否考虑供应商所给予的信用期限，这将影响应付款管理中采购发票的默认付款计划日期值。如果要考虑，就需设定供应商的"信用期限"属性值。

另外录入"结算币别""增值税率"等属性值，将显著提高以后业务单据的录入效率。

6．职员

系统中绝大多数业务单据都要引用职员信息，建议职员代码按照部门划分上级组，或以部门标志作为代码前缀，方便查找，这将显著提高以后业务单据的录入效率。

7．科目

(1) 建议从新会计准则的科目模板引入科目，如果初始化时不按照新会计准则，那么过后客户可能马上就要求按新会计准则了。

(2) 同一科目可同时下挂多个核算项目，相互之间不分主次，可以任取其中一个作为依据来查询统计、生成多栏账，可以任取其中两个按指定顺序进行组合统计。

(3) 对于与业务模块集成用的科目(现金、银行存款类除外),如果要做更明细核算,可通过科目下挂核算项目的方式,使系统在生成凭证时自动从业务单据中取得核算项目数据,提高模块之间数据的集成效率。例如应收账款类、预收账款类、应收票据类、(分期)发出商品类、委托代销商品类等科目下挂核算项目"客户";应付账款类、暂估应付账款类、预付账款类、应付票据类、委托加工物资类等科目下挂核算项目"供应商";生产成本类、管理费用类、制造费用类等科目下挂核算项目"部门"。

(4) 现金类、银行存款类科目下不能挂核算项目,如果有需要可采用下设明细科目的方式来实现,否则不方便实现与现金管理模块集成。同样,固定资产原值类、固定资产累计折旧类科目下不能挂核算项目,否则不方便实现与固定资产管理模块集成。

(5) 生产成本如需在总账按材料、人工、费用等成本项目分别反映归集状况,须在"生产成本——基本生产成本"科目下挂核算项目"成本项目"和"部门"(根据需要)。产品入库单并不按成本项目分别记录成本金额,生成凭证时无法将生产成本转入"产成品"科目,因此需要另外建立"生产成本——基本生产成本汇总"科目(根据需要可以下挂核算项目"部门")。期末根据生产成本核算结果,先将"生产成本——基本生产成本"科目中属于当期的成本金额汇总转入"生产成本——基本生产成本汇总"科目,然后由产品入库单生成凭证将"生产成本——基本生产成本汇总"科目的成本金额转入"产成品"科目。

(6) 建议"应付账款"科目下设明细科目。例如"应付账款——应付账款"和"应付账款(暂估)",以区分已确认的应付账款和暂估的应付账款,方便总账与应付款管理模块对账。

(7) 其他应收款类、其他应付款类科目可按往来单位类型下设明细科目。明细科目再下挂相应往来单位类型的核算项目。例如"其他应收款——其他应收款(客户)""其他应收款——其他应收款(职员)""其他应收款——其他应收款(其他往来)""其他应付款——其他应付款(供应商)""其他应付款——其他应付款(职员)""其他应付款——其他应付款(其他往来)"等,其中"其他往来"为自定义核算项目。

(8) 往来单位是客户、供应商的其他应收款类、其他应付款类科目,可以在应收款管理、应付款管理模块中进行核算。为了使账目更为清晰明了,建议应收款管理模块只针对客户核算、应付款管理模块只针对供应商核算,客户的其他应付款以红字的其他应收款方式处理,供应商的其他应收款以红字的其他应付款方式处理。

(9) 往来单位是非客户、非供应商的其他应收款类、其他应付款类科目下建议不挂自定义核算项目"其他往来"。否则容易将其与正常商品往来业务混在一起,况且在总账模块中同样可以使用往来业务核算来实现往来对账、账龄统计等功能。

(10) 建议管理费用类、营业费用类、制造费用类科目统一下挂核算项目"要素费用"(或"费用")和"部门"(根据需要),因为这些科目费用类型许多是相同的,这样就可以统一维护费用类型。另外,维护"要素费用",也是使用成本管理模块所需的。至于财务费用类科目,由于其费用类型很少,与其他科目不存在共用性,直接按费用类型下设明细科目即可。

(11) 支持按事业部核算。将所有需分事业部核算的科目统一加挂核算项目"部门"或"分支机构"或"事业部"(自定义),凭证、账簿查询时,可以指定部门(或上级部门)或分支机构或"事业部"(自定义),显示出所有按其核算的数据,财务报表可以设定按部门(或上级部门)或分支机构或"事业部"(自定义)来取数,从而得出各事业部的财务报表。要实现按事业部核算,整个系统需要根据具体需求进行统一的规划配置,包括总账科目设定、财务报表定义、各业务模块单据定义等。

续表

8．自定义核算项目

自定义核算项目，像系统内置的核算项目一样，可以被总账科目下挂。例如自定义核算项目"其他往来单位"，和维护那些非客户、非供应商的其他往来单位，可在其他应收款类、其他应付款类等科目下挂核算。

自定义核算项目，像系统内置的核算项目一样，已有的核算项目、支持自定义的业务单据可以增加它为字段、可以引用它的相关属性，可以在单据间携带它的内容，可以将它的资金信息传递到总账科目相对应的明细核算上。例如自定义核算项目"工程项目"，在"在建工程"科目下挂核算。在领料单或其他出库单中增加自定义字段"工程项目"，就可以将领料单或其他出库单的成本金额通过生成凭证传递到"在建工程"科目相应的工程项目上。

9．自定义辅助资料

自定义辅助资料，像系统内置的辅助资料一样，可以为核算项目、支持自定义的业务单据增加字段，用以规范信息的录入。

三、静态数据：供应链

检验项目、不良原因。为了大量地减少检验单中录入检验项目的操作量，建议将实际检验项目的分类作为系统中的检验项目，将实际检验项目作为系统中的不良原因。如将实际检验项目的分类"外观""功能测试"等作为检验项目录入系统，将实际检验项目"毛边""尺寸不符""电流输出不稳"等作为不良原因录入系统。

四、静态数据：生产管理

1．BOM

(1) 可以手工录入，也可以从 Excel 格式文件引入。

(2) 同一个产品代码可以有多个 BOM，但同一时间只有其中一个可以置为"使用"状态。

2．工艺路线

(1) 可以手工录入，也可以从 Excel 格式文件引入。

(2) 工艺路线的定义与产品的 BOM 相一致，随 BOM 断层而断层，而不是将所有的工序都包括在内。

(3) 工艺路线可以共用。不同产品，如果它们的实际工艺路线是一样的，则在系统中可按其中一个最为经常生产的产品代码录入工艺路线，其他产品就可以在 BOM、生产任务单等场景引用它，而不需要对每个产品建立工艺路线。

(4) 需要录入工艺路线数据的前提：或是使用了车间作业管理模块；或是生产投料单需要显示工序内容、需要按工序筛选分段打印投料单或领料单。

五、静态数据：成本管理

成本对象组、共耗材料费用分配标准。

共耗材料费用所分配到的成本对象范围是由成本对象组、共耗材料费用分配标准两者共同来控制的。共耗材料费用分配时，只有属于指定成本对象组(值为空则视同为全部成本对象范围)，并且相应分配标准值不为 0 的完工成本对象才会分配到费用。

因此，如果共耗材料费用分配标准是按实际工时或自定义的，则可以考虑通过单方面控制自定义标准是否产生 0 值来决定分配范围，从而减少定义录入成本对象组的工作量。

六、动态数据：供应链

1. 初始库存

(1) 可以手工录入，也可以从 Excel 格式文件引入。

(2) 考虑批次、库龄、保质期或计价方法为先进先出、后进先出的，则不同批次、入库日期以及采购、生产日期的库存需要分开条目录入。物料按序列号管理的，必须在"初始序列号录入"中录入初始库存各物料的序列号。

(3) 如果初始化期间不是所在年份的首期，以后查询全年范围数据时需要包含初始化期间之前的数据，须录入年初数量和金额，以及初始化期间之前已发生的当年累计数量和金额。

(4) 为了简化初始未完结生产任务单、初始未完结委外加工单、初始未核销委外加工出库单、成本管理初始化等数据录入，生产部门、加工商的在制材料可以在账面上退回到临时实仓(实际上并不需要搬动实物)，以初始库存方式录入，初始化结束后再从账面上领走。相关内容可参见《初始未核销委外加工出库单》《初始未完结生产任务单、委外加工单》《初始在制品成本余额》中所述。

(5) 虚仓的初始库存不能直接录入，注意待引入的 Excel 格式文件中不能包含虚仓的库存。虚仓的初始库存，在初始化期间当期以手工录入虚仓入库单、收料通知单或采购检验申请单、受托加工材料入库单等方式入库，即视同初始化期间期初无库存、当期发生新入库业务。

(6) 注意待引入的 Excel 格式文件中不能包含虚拟件、规划类、特征类等不允许存在于库存的物料。

2. 初始暂估入库单

将初始化期间之前期间已发生的，但未正式确认应付账款的外购材料入库单，在"系统设置"→"初始化"→"库存管理"→"录入启用期前的暂估入库单"中手工录入。可以按原始的材料入库单逐单录入，也可以分供应商、物料统计后汇总录入。这里录入的数据将作为初始化结束以后采购发票开具和材料成本暂估补差的依据。因此，录入时无法追溯到具体物料编码的，应尽量按物料同类、价格相近的原则确认为经常发生业务的物料编码。

3. 初始未核销销售出库单

将初始化期间之前期间已发生的，但未正式确认应收账款的销售出库单，在"系统设置"→"初始化"→"库存管理"→"录入启用期前的未核销销售出库单"中手工录入。可按原始的产品出库单逐单录入，也可分客户、物料统计后汇总录入。这里录入的数据将作为初始化结束以后销售发票开具和销售成本确认的依据。因此，录入时无法追溯到具体物料编码的，应尽量按物料同类、价格相近的原则确认为经常发生业务的物料编码。

4. 初始暂估委外加工入库单

将初始化期间之前期间已发生的，但未正式确认应付账款的委外加工入库单，在"系统设置"→"初始化"→"库存管理"→"录入启用期前的暂估委外加工入库单"中手工录入。可以按原始的委外加工入库单逐单录入，也可以分加工商、物料统计后汇总录入。这里录入的数据将作为初始化结束以后采购(加工费)发票开具和材料成本(加工费)暂估补差的依据。因此，录入时无法追溯到具体物料编码的，应尽量按物料同类、价格相近的原则确认为经常发生业务的物料编码。

5. 初始未核销委外加工出库单

如果按后面《初始未完结生产任务单、委外加工单》一节中第一、第二种处理方式所述，就不需要录入初始未核销委外加工出库单。否则，须按如下方式处理。

将初始化期间之前期间已发出的，但未制成品收回的委外加工材料(即企业的外部在制品材料)，在"系统设置"→"初始化"→"库存管理"→"录入启用期前的未核销委外加工出库单"中手工录入。可以按原始的材料出库单逐单录入，也可以分加工商、物料统计后汇总录入。这里录入的数据将作为初始化结束以后委外加工入库产品的材料成本确认依据。因此，录入时无法追溯到具体物料编码的，应尽量按物料同类、价格相近的原则确认为经常发生业务的物料编码。

6．初始未完结采购订单、销售订单

将初始未完结的订单当作初始化期间当期的新订单手工录入即可。其中新订单数量只录入未完结数量而非原订单数量。采购订单的未完结数量，包括虽已收货但未正式入库的在检材料数量。销售订单的未完结数量不需要考虑所交产品是否处于客户在检状态中。例如，某采购订单原订单数量为1000，初始化期间之前期已交货 400，其中 200 在检，则将未交货入库数 800 录入为初始化期间当期的新订单。

七、动态数据：生产管理

初始未完结生产任务单、委外加工单包括两方面的数据需要处理：一是初始未完结入库的产量，一是初始的在制材料数据。有以下 3 种处理方式。

(1) 不考虑初始未完结任务单，既不录入未完结产量，也不录入在制材料数据。针对这些任务单，初始化结束之后，完工入库时以其他入库单方式录入，补料、领料时以其他出库单方式录入。如果是未完结委外加工单，则相应的应付账款也需要直接在应付款管理模块中录入发票或其他应付单。

(2) 录入未完结任务单的产量，即将初始未完结的生产任务单、委外加工单当作初始化期间当期的新单手工录入，其中生产数量只录入未完结数量(包括虽已完工但未正式入库的在途或在检数量)而非原单数量。对于在制材料，作为临时实仓的初始库存，在账面上退回，初始化结束之后，开具领料单、委外加工出库单在账面上将材料领回即可(相关内容可以参见《初始库存》一节第 4 点所述)。

(3) 录入未完结任务单的产量，即将初始未完结的生产任务单、委外加工单当作初始化期间当期的新单手工录入，其中生产数量只录入未完结数量(包括虽已完工但未正式入库的在途或在检数量)而非原单数量。对于在制材料，如果是生产任务单，同期初始化成本管理模块的则以初始在制品成本余额录入(具体内容参见《初始在制品成本余额(供应链同期初始化)》一节所述)，否则不录入；如果是委外加工单，则以初始未核销委外加工出库单录入(用来确认后续相应完工入库的材料成本，具体内容参见《初始未核销委外加工出库单》一节所述)。这些任务单的投料单不会记录初始在制材料的数量，仅会记录初始化结束以后新发生的领料数量。因此，这些任务单全部完工入库后，需要手工进行结案。

如果系统实施不包括生产管理模块，则无须处理初始未完结产量。初始化在制材料的数据处理思路与上述三种方式相同。

八、动态数据：总账

1．初始科目余额

库存存货类：如果供应链模块已存在期初数据，则可以执行"系统设置"→"初始化"→"库存管理"→"初始数据录入"的"对账+传递"功能引入。

应收账款、预收账款类：如果应收款管理模块已存在期初数据，则可以执行"系统设置"→"初始化"→"应收款管理"→"初始应收单据查询"的"转余额"功能引入。

应付账款、预付账款类：如果应付款管理模块已存在期初数据，则可以执行"系统设置"→"初始化"→"应付款管理"→"初始应付单据查询"的"转余额"功能引入。

固定资产原值、累计折旧类：如果固定资产管理模块已存在期初数据，则可以执行"财务会计—固定资产管理—业务处理—新增卡片"序时簿的"将初始数据传送总账"功能引入。

现金类、银行存款类、应收票据类、应付票据类、暂估应付账款类、(分期)发出商品类、委托代销商品类、生产成本类、委托加工物资类等其他科目余额需要手工录入。

如果初始化期间不是所在年份的首期，以后查询全年范围数据时需要包含初始化期间之前的数据，则须录入初始化期间之前已发生的相关当年累计值。

2．初始现金流量

如果初始化期间是所在年份的首期，则不需要录入数据。

如果初始化期间不是所在年份的首期，以后查询全年现金流量时需要包含初始化期间之前的数据，则须录入初始化期间之前已发生的当年现金流量累计值。

九、动态数据：应收款管理

1．初始增值税发票、普通发票、其他应收单、预收单

(1) 初始化数据精细程度不同，录入方式也不相同。

(2) 为了使账目更为清晰、明了，建议应收款管理模块只针对客户核算。客户的其他应付款以红字的其他应收款方式进行处理，供应商、部门、职员以及自定义核算项目等的其他应收款则在总账中核算。

2．初始应收票据

(1) 初始应收票据需要手工录入。

(2) 收到的支票(尤其是远期支票)可以变通按应收票据的方式来管理。

十、动态数据：应付款管理

1．初始增值税发票、普通发票、其他应付单、预付单

(1) 初始化数据精细程度不同，录入方式也不相同。

(2) 为了使账目更为清晰明了，建议应付款管理模块只针对供应商来核算。供应商的其他应收款以红字的其他应付款方式处理，客户、部门、职员以及自定义核算项目等的其他应付款则在总账中核算。

2．初始应付票据

(1) 初始应付票据需要手工录入。

(2) 开出的支票(尤其是远期支票)可以变通按应付票据的方式管理。

十一、动态数据：固定资产管理

1．初始固定资产卡片

(1) 初始化卡片可以手工录入，也可以从 Excel 格式文件引入。

(2) 如果数据是从 Excel 格式文件引入，并且有折旧费用分配科目带核算项目内容的，引入时，必须确保这些科目下挂的核算项目已设定好，不得出现科目未下挂核算项目或下挂的核算项目类型与引入的内容不一致。否则，会因系统引入未作一致性检查而导致科目的核算项目信息出现无法直接修复的错误。

(3) 初始化卡片录入时注意属性值间的关系。

原币金额=年初原值+本年原值调增-本年原值调减

累计折旧=年初累计折旧+本年已提折旧+本年累计折旧调增-本年累计折旧调减

减值准备=年初减值准备+本年减值准备调增-本年减值准备调减

数量=年初数量+本年数量调整

("购进原值"和"购进累计折旧"是备注信息,反映固定资产在购入时的原始信息,不参与折旧计算)

2. 无形资产管理

可以变通成固定资产的方式来管理无形资产,只要将"固定资产科目"和"累计折旧科目"设置为同一个科目(如"无形资产")即可,K/3 最新版本(根据最新会计准则)支持固定资产入账当期折旧,这与无形资产入账当期摊销的要求相一致。

如果不在固定资产模块中变通管理无形资产,则在总账中直接管理,每月摊销可以通过设置使用"财务会计—总账—结账"的"凭证摊销"或"自动转账"功能来实现。

十二、动态数据:成本管理

初始在制品成本余额的处理必须与未完结生产任务单的处理口径相一致。系统实施时,成本管理与供应链、生产管理模块不一定同期间初始化,因此分两种情况来说明。

1. 初始在制品成本余额(与供应链同期初始化)

当成本管理与供应链、生产管理模块同期间初始化时,如果在制品材料按《初始未完结生产任务单、委外加工单》一节中第一、第二种方式处理,那么初始在制品材料成本为零,不需要录入;在制品非材料成本,如有则需要录入或从 Excel 格式文件引入;如果按第三种方式处理,则录入或从 Excel 格式文件引入初始在制品材料成本、非材料成本。注意因为在制品产量都以初始化期间当期的新生产任务单录入,所以不需要录入期初在产品产量。

2. 初始在制品成本余额(在供应链之后初始化)

当成本管理初始化期间在供应链、生产管理模块之后的,可分为两种方式进行。

(1) 期初在制品材料在账面上退回,在此就不需要录入余额(在制品非材料成本,如有则需要录入或从 Excel 格式文件引入)。在初始化期间的前一期末将在制品材料退回到库存,之后在初始化当期重新开具领料单转回到生产部门即可。这里将在制品材料全部退回到仓库,并不要求材料实际运输退回到仓库,而是在账面上退到一个临时实仓即可。处理方法如下所示(假设成本管理的初始化期间为第 8 期)。

① 针对所有第 8 期之前、第 8 期及之后都有领料的生产任务单,删除其相关第 8 期及之后的生产领料单、产品入库单。

② 在"生产管理"→"生产任务管理"→"生产投料"→"(生产投料单)在制品退料"中对第 1 步中所涉及的生产投料单执行在制品退料,生成红字领料单并审核(单据日期为第 7 期)。

③ 将第 1 步中所涉及的生产任务单结案。

④ 根据需要,按实际盘点的在制品材料数量,开调整单(单据日期为第 7 期)调整临时实仓的数量。

⑤ 根据第 1 步中涉及生产任务单的未完结生产数量,新建、下达对应的生产任务单(单据日期、计划开工日期为第 8 期),开具领料单(单据日期为第 8 期)将材料从临时实仓领回生产部门,并补录第 1 步中删除的相关第 8 期及之后的生产领料单、产品入库单。

(2) 按收集到的在制品产量、材料成本、非材料成本数据直接录入或从 Excel 格式文件引入。注意收集到的在制品产量应该与系统中期初未完结生产任务单的未入库数量一致。可以根据供应链和生产管理模块已有数据得出账面上的在制品材料成本,再加上初始在制品非材料成本来完成初始化,方法如下(假设成本管理的初始化期间为第 8 期)。

① 根据需要，按实际盘点的在制品材料数量，开报废单、领料单、红字领料单等调整生产投料单的在制品材料数量(单据日期为第 7 期)。

② 完成第 7 期的存货核算。

③ 备份原账套后恢复成另一新账套，并登录到新账套。

④ 反审核所有第 8 期及之后的生产领料单。

⑤ 执行"生产管理"→"生产任务管理"→"生产投料"→"在制品价值汇总表"，输入报表参数，统计出报表结果(结果中的"在制品金额/余量"便是期初在产品的材料成本、"计划数量"减去"入库数量"便是期初在产品产量)，然后将报表结果引出到 Excel 文件。

⑥ 调整 Excel 文件数据，再填入在制品非材料成本余额数据，使其与成本管理初始余额引入所要求的一致。

⑦ 登录到原账套，将整理好的 Excel 文件作为成本管理模块的初始化数据引入。

十三、动态数据：对账

总账科目余额与各业务模块对账时，如果总账科目下挂核算项目，则必须根据核算项目明细余额来与各业务模块对账。

1. 总账与供应链对账

(1) 总账的库存类存货科目(如"原材料""半成品""产成品""库存商品""低值易耗品"等)余额与初始库存相应分类的累计金额必须相等。如果有存货按计划成本法核算，则总账的存货成本差异类科目(如"材料成本差异"等)余额与初始库存的累计差异金额必须相等。可以使用"供应链"→"存货核算"→"期末处理"→"期末关账"→"对账"功能来对账。

(2) 如果总账的原材料存货科目下另设采购暂估入库类存货科目(如"原材料—材料暂估"等)，则其余额与初始暂估外购入库单的累计金额必须相等。

(3) 总账的采购暂估类应付账款科目(如"应付账款——材料暂估"等)余额与初始暂估外购入库单的累计金额必须相等。

(4) 总账的发出商品类存货科目(如"(分期)发出商品""委托代销商品"等)余额与初始未核销销售出库单的累计成本额必须相等。

(5) 如果总账的半成品存货科目下另设委外加工暂估入库类存货科目(如"半成品——加工费暂估"等)，则其余额与初始暂估委外加工入库单的累计加工费必须相等。

(6) 总账的委外加工暂估类应付账款科目(如"应付账款——加工费暂估"等)余额与初始暂估委外加工入库单的累计加工费必须相等。

(7) 总账的委外加工发出类存货科目(如"委托加工物资"等)余额与初始未核销委外加工出库单的累计成本额必须相等。

2. 总账与应收款管理对账

(1) 总账的应收账款、预收账款类科目(如"应收账款""预收账款"等)余额与增值税发票、普通发票、其他应收单、预收单按往来科目的累计价税合计额必须相等。可以使用"财务会计"→"应收款管理"→"初始化"→"初始化对账"功能来对账。

(2) 总账的应收票据类科目(如"应收票据"等)余额与应收票据的累计金额必须相等。

续表

3．总账与应付款管理对账

(1) 总账的应付账款、预付账款类科目(如"应付账款""预付账款"等)余额与增值税发票、普通发票、其他应付单、预付单按往来科目的累计价税合计额必须相等。可以使用"财务会计"→"应付款管理"→"初始化"→"初始化对账"功能来对账。

(2) 总账的应付票据类科目(如"应付票据"等)余额与应付票据的累计金额必须相等。

4．总账与固定资产管理对账

总账的固定资产原值、累计折旧类科目(如"固定资产""累计折旧"等)余额与初始化卡片按原值、折旧科目的累计金额必须相等。可以使用"财务会计"→"固定资产管理"→"期末处理"→"自动对账"功能来对账，如果原值、折旧科目下设明细科目，则还需要分明细科目来手工对账。

5．总账与现金管理对账

(1) 总账的库存现金类科目(如"现金"等)余额与现金的累计余额必须相等。可以使用"财务会计"→"现金管理"→"现金"→"现金对账"功能来对账。

(2) 总账的银行存款类科目(如"银行存款"等)余额与银行存款的累计余额必须相等。可以使用"财务会计"→"现金管理"→"银行存款"→"银行存款与总账对账"功能来对账。

6．总账与成本管理对账

总账的基本生产成本类科目(如"生产成本——基本生产成本"等)余额与期初在制品的累计余额必须相等。

7．Excel 文件引入注意事项

(1) 名称、备注等文本型的内容长度不能超过数据库表定义的字段长度，一般为 80 个字节长(40 个汉字)。

(2) 名称、备注等文本型的内容中不能含有半角的单引号，有则用全角的单引号代替。

(3) 物料代码等文本型的内容列中不能混有数值型的内容，有则将其转换为文本型(在单元格中的内容前加半角的单引号)。

(4) 如果数值型的数字内容不能被引入，尝试将其转换为文本型的数字内容(在单元格中的内容前加半角的单引号)后再引入。

(5) 数据内容行连续出现，不能在内容块的前面、中间、后面出现空行，尤其注意内容块最后面不能有空行(Excel 中"空行"表示的是一种格式内容，与"无内容"是两个不同的概念)。

(2)《系统初始化完成确认书》。
略。

10．成果清单

客户签字确认的《系统初始化完成确认书》。
略。

第四节 上 线 辅 导

一、定义

上线辅导是指完成系统初始化工作后，在新系统中实现企业实际业务管理，完成蓝图实现阶段的具体设计的目标，并帮助客户能够正确操作软件并掌握一定的技巧。上线辅导阶段是一个循序渐进的过程，在这个过程中存在流程调整的可能性。因此要做好系统的现场业务监督，及时解决系统应用过程中发现的问题，确保最终业务报表与财务报表的出具，为后期系统验收做铺垫。同时在这个过程中有效地完成知识传递的工作，也是项目成功的标志之一。上线辅导阶段的输入、输出及工具、模板如下。

(1) 输入：《作业指导书》、初始化结束后的系统并已正式切换、服务人员开始介入。

(2) 输出：客户签字的《系统上线完成确认单》、已解决的《客户应用问题记录》或备忘录。

(3) 工具、模板：《客户应用问题记录》《系统上线完成确认单》、日小结工具模板、周总结工具模板、顾问要亲临现场指导。

二、目标与策略

上线辅导阶段要监督客户方按照目标流程执行业务；注意重点流程的实现，不能将主要工作精力放在一些枝节流程；及时制定或修改业务流程并且要做到有效发布；逐渐完成知识转移工作，在对方项目组深入了解系统运转机制的基础上，培养客户方项目组主动总结问题以及处理问题的能力；与对方项目组及时确认上线结果；注意客户化开发部分的功能实现，最终可以达到以下目的。

由于该阶段是目标的具体实现阶段，因此顾问方应该保证客户方主要实施对象(实体)的业务上线工作，密切关注主流业务流程的实现。例如，应该关注原料仓库的管理目标的实现；关注主要生产车间生产管理目标的实现等。

如果客户方对数据精度产生怀疑甚至否认数据，实施顾问应该让客户方明白系统自动生成的数据的精度有赖于客户方提供数据的精确性以及客户所处业务环境等情况。例如，运行 MRP 结果有赖于物料的订货策略、批量增量、安全库存等因素；物料的需求时界的确认要经过反复模拟测试，这是一个不断调整、不断适应的过程。

1. 新思维新习惯的开始

(1) 系统上线是 ERP 开始启用的标志，是企业遵照新流程、新规范的开始。

(2) 上线辅导是一线用户适应 ERP 系统、改变工作习惯和适应新流程的过程。

2. 系统切换的关键

(1) 上线辅导过程可以监控各业务环节应用的具体情况。

(2) 彻底放弃老系统，使用新系统以确保上线成功。

3．内部能力培养过程

(1) 上线辅导是由外部顾问为主转为内部顾问为主的过程，是实施向服务过渡的过程。

(2) 上线辅导将培养出熟练的关键业务用户、满足要求的终端用户。

三、工作内容

1．工作目标

处理日常上线过程中所遇到的问题，保证上线顺利进行。

2．主要工作事项(角色、任务、工具/模板)

(1) 现场指导、解决操作员操作及流程等方面所遇到的问题(行政组织、业务流程、产品结构权责范围与事先设定的不一致)，及时汇总与归类。

(2) 项目经理(实施方)每天组织日小结会议。会议议程包括：本日各部门发生的问题，问题是否已解决；已解决的问题，解决的措施是什么；未解决的问题，解决方案是什么；预计未来将会发生的问题及对策。上线辅导时间结束后也要请客户方项目经理将本日会议持续下去。

(3) 每周金蝶方项目经理与客户方项目经理共同向客户总经理报告进度及状况，将本周的日小结会议问题点进行提炼与总结。报告时注意不要停留在细节而需要把握总体，例如与计划进度比较如何，部门间无法协调的问题，项目可否控制，人员情绪及不利言论需要总经理激励及要求的。

3．参与人员

(1) 客户方：全体操作人员。

(2) 顾问方：项目实施小组成员。

4．准备事项

(1) 每一位操作人员都备有一本针对其个人的《作业指导书》。

(2) 根据模拟状况判断会出现问题的人员，准备相应的措施及方案。

(3) 对实施组成员进行分工，与对口的客户方项目组成员进行沟通。该项目成员是客户方部门负责对外联络的窗口，该部门发生的问题统一由该窗口汇总并与对口顾问讨论解决。

(4) 日小结工具、模板，记录客户操作人员每天操作过程中发生的问题，并及时地进行汇总。

(5) 周总结工具、模板，顾问到现场针对上线过程中比较频繁发生的问题进行总结。

5．操作时机

系统初始化完成之后，客户在进行日常业务处理时，需要对客户进行指导。

6．建议工作时间

根据实际需要，工作时间一般为 5～8 个工作日。

7．关键业务

在上线前三个月必须坚持日小结、周报告，实施方不在现场也必须由客户方持续来进行。

8．注意事项

(1) 向客户方总经理进行报告时要肯定项目组及相关人员的努力与成果，掌握大方向大原则。同时对存在的问题明确提出，但不要追究责任，给出两个以上的解决方案以供选择。

(2) 有的时候，为了得到正确的结果，即使时间非常紧张，建议也不要代替客户进行软件操作。

(3) 如果客户操作人员推脱因为工作量比较大，没时间来做，建议直接同客户项目经理或领导小组组长来进行交涉。

9．后续工作安排

整理会议纪要及报告，每周传给项目经理及总经理一份备查。

10．可供参考的工具和模板

(1)《ERP 项目周报》。
略。
(2)《每日会议纪要》。
略。

11．成果清单

(1)《ERP 项目周报》。
略。
(2)《每日会议纪要》。
略。

 **本章小结**

(1) 本章介绍了 ERP 项目实施中的系统实现的工作，这是对从前期准备向实践应用的跨越，是决定系统能否成功应用的环节。

(2) 本章介绍了系统实现阶段初始化数据准备的内容、方法与策略，这是关系到 ERP 数据准确性的环节。初始化数据准备必须遵循前阶段数据编码与规范的要求，力争做到全面与完整。

(3) 本章介绍了系统实现阶段最终用户培训的内容、方法与策略。这是 ERP 系统基层员工能否准确地执行 ERP 流程与规范的环节的前提，务必确保 ERP 操作员能够在数据录入环节做到准确。

(4) 本章介绍了系统实现阶段初始化系统的内容、方法与策略。系统初始化阶段要注意各类数据的策略与方法，参照初始化系统方案执行，能够使数据按照 ERP 的规范要求来进入系统。

(5) 本章介绍了系统实现阶段上线辅导的内容、方法与策略。上线辅导阶段要注意企业应用方能否准确地执行前期所指定的业务流程，保证操作员能熟练地掌握软件操作，并能够运用一定的技巧，同时能学会一定的分析问题、解决问题的能力。

实训课堂

试验一 思维、习惯的培养

某集团客户，系统已经上线一个月，各个模块也都在正常运行。但是，客户基层操作人员，抱怨很大，认为功能太差，操作不方便。客户项目经理及客户高层也不断地向顾问施压，要求改进软件功能。请问，造成这种情况的原因可能有哪些？一般采取哪些措施来解决这些问题？

试验二 编制上线计划

宁波某制造公司是生产并销售汽车配件的公司，公司于 2022 年 7 月向金蝶购买了一套 K/3 软件，并全权委托金蝶公司实施。

软件包含财务(总账、报表、应收、应付、固定资产)、销售、采购、仓库、存货核算、生产数据(BOM)、生产计划(MRP)和生产任务作业等模块。

金蝶实施顾问从 7 月对该企业实施，8、9、10 月完成项目准备和业务蓝图阶段的工作，计划 11 月上线使用。

假设今天是 2022 年 10 月 9 日，请给该客户制订上线计划表，指导该客户 ERP 系统顺利上线(上线计划严格参照前两个阶段了解到的情况)。

以下是项目准备和业务蓝图阶段了解到的客户情况：

客户财务部只有两个人员，一个会计、一个出纳，暂时不想使用应收、应付模块，希望等人员到位再使用这两个模块。

财务每月 10 日完成上月的结账，并出具报表。

截至当日，物料、客户、供应商等所有基础资料还在核对过程中，还没有最终完稿。

公司所有的产品 BOM 纸质资料已经整理完毕，但是还没有输入到 K/3 系统。

公司所有的业务流程都已经讨论好并形成了文档，讨论后的流程与现在手工操作的变动较大，还未将该流程向使用人员进行说明。客户为了确保该流程能在系统中畅通运行，希望各部门在上线前进行模拟演示。

公司现有的库存非常不准确，客户希望上线时进入 K/3 系统的数据要绝对准确。

客户要求系统开始使用后，停止所有的现有手工单据，所有单据必须通过系统打印出来。

复习思考题

1. 请根据系统实现阶段的工作内容，绘制系统实现阶段的实施流程图，并突出关键成果。

2. 假如你是一名实施顾问，企业方 ERP 操作人员在培训时自由散漫，效果极差，请问你将制定何种措施，保证 ERP 培训效果？

3. 在数据初始化准备时，有哪些注意事项，需要核对哪些数据？

第五章 上线支持

【学习要点及目标】

(1) 掌握上线支持的概念及含义，了解上线支持的工作思想。

(2) 掌握上线支持的方法和策略，学会应用上线支持的工具。

(3) 了解上线支持的价值点及工作价值。

【核心概念】

验收报告　验收大会　项目交接

【引导案例】

如何顺利地通过验收

软件已经成功上线两个月，系统运行正常，客户的单据、报表也能正确生成，数据准确。但是一些小功能不能满足客户需求，虽说它们不影响客户核心业务和流程，但客户就是不肯验收。我们来看看实施顾问都有些什么样的抱怨。

A 顾问说："按照项目实施计划，这个项目本来是三个月内就要上线成功，并进行项目验收的，但客户迟迟不肯进行验收。因为客户觉得验收完了之后我们就走了，他们的系统就没有人管了。而且他们心里还有一个小算盘，只要他们不验收，我们就不能跟他们计算服务开始日期，那么他们可以晚几个月开始交服务费。"

B 顾问说："我们有一个客户更是离谱。我们的系统都已经走到了项目上线的阶段了，他们已经开始用系统跑数据跑了快两个月了。我说验收，他们非说还是属于试运行阶段，要等到试运行三个月之后才验收。我都快要崩溃了。"

C 顾问说："项目上线了，客户提的所有需求我们也满足了，客户也认为可以验收。但在验收时要我们提供所有的项目文档，他们列了一个资料清单给我，足足有一页纸的资料，我哪来这么多的资料给他们呀。所以验收又成了扯皮扯不清的事情。"

看完我们实施顾问的抱怨，我们再来看一下客户方，在项目验收的问题上，都是怎么说的呢？

A 企业说："我们的一个项目实施了三个月，我们有几个很重要的需求都不帮我们解决，一直就拖着。我们也很着急地要求他们解决问题，可他们就是置之不理，到了收钱(注：这里就指项目验收)的时候就很积极。既然他们会拖，我们就不会拖吗？看谁拖谁吧。"

B 企业说: "项目验收不验收对我们来说不重要,反正我们的系统已经开始用了,用了两个多月的时间,目前也没有发现什么问题。用得挺好,就没有什么必要开项目的验收会了吧,反而开个项目验收会还要这个领导那个领导到场,组织起来太麻烦。"

C 企业说: "项目我们也急着想验收。可是当初软件公司承诺我们上了系统之后会得到这样那样的管理提升和改进,我现在可是一点也没有看到,软件公司也给不出一个有效的数据来反映这个系统到底起什么作用了。我们老板也在问我系统用了之后有些什么价值,软件公司答不上来,我也答不上来,我怎么敢和我们老板说验收的事情?"

【案例导学】

这个案例启示:

项目上线不是项目的结束,而是一个新的起点,实施方应在已有流程的基础上进一步优化流程。因此提供持续、有保障的服务,是项目能够顺利验收的一个基础,也是企业今后新工作的出发点。当今信息化项目更加注重项目的可持续服务保障,这也是一个企业的竞争力所在。

上线支持(验收交付)是对在项目实施周期内,已完成的实施成果进行总结,并确认客户方和顾问方所做的项目实施工作,确认已达到的项目实施目标,这通常称为项目的验收交付。通过验收交付阶段后,代表项目实施完成,并可移交服务。

对于较大型或综合型(包括 ERP、CRM、OA 等系统)项目实施,可以按照系统和项目分期实施阶段进行验收交付。

项目验收不是一个孤立的阶段,而是自项目实施开始以来各相互关联阶段的必然结果。项目验收是通过对各阶段成果的确认来完成的,只有对每个阶段的成果都适时地予以确认,才能确保依靠正确的过程达到正确的结果。所以,验收报告的主要内容就是:客户方认可的各阶段的确认单。

上线支持(验收交付)在实施过程中属于收尾的工作,但却是服务及客户关系维护的开始工作。所以验收交付阶段对软件厂商来说是承上启下的阶段,作为实施,必须做好最后一步工作。本步骤的主要工作如图 5-1 所示。

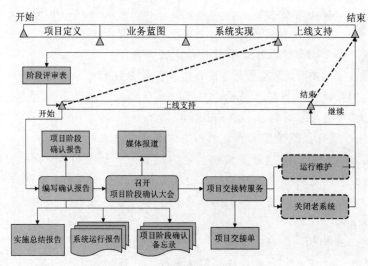

图 5-1 上线支持阶段的工作步骤

第一节 编写验收报告

一、定义

编写验收报告是对前期实施工作进行回顾，对系统运行状态进行总结，对验收后的事项进行约定，同时能够按文档标准与规范，收集和处理项目在各实施阶段完成的项目文档。对于大型项目，由于参加的顾问人员多，项目周期长，文档数量也较多，因此，项目文档应当在每个阶段进行整理。编写验收报告阶段的输入、输出及工具、模板如下。

(1) 输入：《系统上线完成确认单》、(部分)系统上线应用、所有实施文档。

(2) 输出：《项目总结报告》《项目验收报告》、项目经验分享。

(3) 工具、模板：《项目总结报告》《项目阶段确认报告》、整理所有实施文档并装订成册。

二、目标与策略

编写项目验收报告要系统地总结本项目的得失，对模块、系统的实施和应用成果进行确认；对客户方在项目实施周期内所做的实施工作进行确认，最终能够达到以下目的。

1．系统化总结

(1) 有计划地、系统地、全面地思考并总结。

(2) 总结成绩、总结经验。

(3) 找出不足并提出持续改进的建议。

2．存档价值

(1) 验收报告本身是一种形式。

(2) 验收报告背后形成的各类文档将成为公司重要的资产归档。

三、工作内容

1．工作目标

对前期实施工作进行回顾，对系统运行状态进行总结，对验收后的事项进行约定。

2．主要工作事项(角色、任务、工具、模板)

主要工作事项包括以下两个方面。

(1) 编写项目总结报告。

(2) 编写项目验收报告。

3．参与人员

(1) 客户方：项目经理、核心项目小组成员。

(2) 顾问方：实施组成员。

4．准备事项

准备事项包括以下两个方面。

(1) 按顾问手册整理所有实施文档并装订成册，作为实施成果。具体内容根据顾问实施手册成果清单来整理。

(2) 完成项目计划与实际进度对照，就相关节点延迟和提前进行说明。

5．操作时机

在软件上线以后，经过一段时间的运行，运行基本正常，符合验收标准的时候，就需要编写验收总结报告。

6．建议工作时间

建议工作时间为 1 个工作日。

7．关键业务

在提出项目验收的时候，可能客户会不同意。这时就需要正面地对客户加以引导，把项目实施的真正意义解释清楚，争取主动。一般来说，可以从以下几个方面同客户沟通。

(1) 项目验收只是整个合作过程的一个环节，是整个服务过程的一个环节，不是说验收以后，就不提供服务了，而恰恰是转入了更专业的服务。

(2) 项目验收是对实施工作的一个总结，总结已经完成的工作，总结成绩，总结经验，同时找出不足，并对存在的问题约定具体的解决方案。

(3) 项目验收是对双方项目小组工作成果的一次检查，是对双方项目实施小组工作成绩的一次评价，是对双方领导小组总结报告的一项内容。

(4) 项目验收，将对未完成的工作和还需要继续完成的工作进行方案确定，并约定完成时间。

8．可供参考的工具和模板

(1)《项目总结报告》，如表 5-1 所示。

表 5-1　项目总结报告

项目总结报告

一、系统应用模块

系统各个应用模块及使用情况如下所示。

应用系统	使用状况	使用部门
总账系统	正常使用	财务
报表系统	正常使用	财务
应收系统	正常使用	财务
应付系统	正常使用	财务
现金系统	正常使用	财务

续表

应用系统	使用状况	使用部门
采购系统	正常使用	采购/财务
销售系统	正常使用	销售/财务
仓存系统	正常使用	仓库/财务
存货核算系统	正常使用	财务
成本核算系统	正常使用	财务
生产数据管理系统	正常使用	技术
生产任务管理系统	正常使用	采购/销售/计划
委外生产任务管理系统	正常使用	采购
物料需求计划系统	正在使用	计划/采购
主生产计划系统	正在使用	计划

二、项目实施阶段

(一) 项目组织

2010 年 3 月项目启动，并开始项目调研。

(二) 业务蓝图

2010 年 3 月，根据项目调研结果，进行新的业务流程讨论，确定最终的业务蓝图。

(三) 系统实现

2010 年 4 月，开始财务系统上线工作。

2010 年 5 月，开始物流、生产业务、成本核算业务上线工作。

2010 年 7 月，5、6 月物流、财务结账。

2010 年 8 月，加入生产、质量业务，系统开始正常运转。

(四) 验收交付

2010 年 9 月，实施工作结束，项目交付验收。

三、项目实施的主要成果

(1) 通过 ERP 系统的实施，为公司积累了一批系统管理、应用人员。通过项目实施，使部分管理人员和业务骨干能够掌握先进的管理思想和管理工具，提升了他们的管理能力。不仅使他们掌握了产品，更重要的是使他们提高了对规范管理的认识，为企业的长久、持续、稳定发展奠定了坚实的基础。

(2) 集成公司财务、物流与生产的应用。ERP 的应用已在×××公司的业务管理中发挥了一定的作用。×××公司技术、生产、采购、财务、营销等各个环节都集成起来，形成了一个共享、及时的信息系统。从而为系统有效地支持经营决策，达到合理利用资源、强化生产计划和控制、降低库存资金占用和降低生产成本上奠定了基础。

(3) 为企业清理内部业务、清理不良数据提供机会和工具。系统上线过程中的大量数据核对工作，从某种程度上理清了×××公司内部的业务。ERP 的应用避免了一些不合理的数据录入，基本扫除了系统中的异常数据，并将为企业日后的运作带来准确的信息。

四、成功的原因分析

(1) 得益于公司领导、各线业务人员的大力支持。

(2) 公司领导不仅在项目开始时支持项目，而且在项目实施过程中，经常亲力亲为，处理各种事务。

(3) 各线业务人员，不仅主动配合，而且还把这项工作作为自己日常工作的一部分。例如加班核对、补录数据；经常对自己的业务进行模拟练习；对一些疑问总是及时提出，并把这些问题消灭于萌芽状态。

五、后续持续改进建议

1．业务流程、规章制度的贯彻执行

(1) 在系统上线过程中，进行了大量的数据核对工作，主要是由于部分之间的业务传递缺乏相应的单据支持，导致很多数据无法进行核对。

(2) 虽然公司内部制定了 ISO 管理规范，但是各个部门并没有严格按照 ISO 规范认真地贯彻执行。

(3) 在系统上线中，通过系统控制强行规范了一部分流程，但是这毕竟不是最好的办法。建议能够把企业制定的 ISO 流程，能够在各个部门贯彻执行下去，以规范业务人员作业习惯。

2．建议加强仓库的管理和控制

仓库物料数据的准确性非常重要，加强仓库物料管理，包括材料仓库、半成品仓库、产成品仓库、包装材料仓库的管理。

3．计划下达时，应该考虑车间产能情况

企业的生产计划上接销售订单，下连生产任务和采购合同，在企业各项业务中生产计划岗位尤为重要。

制订生产计划时，需要考虑生产车间的产能情况，否则必然会造成车间材料的积压和大量的在制品存在，从而给企业的资金积压、成本核算带来困难。

4．建立系统数据定期检查监督制度

目前虽然已要求数据必须按照一定的规范进行。为了保证正常地进行业务操作，建议由×××对数据进行定期的检查，出现的问题及时要求调整。如果出现了多次问题，应该对相应的人员进行一定的处罚。可以参考提供的《项目实施管理(奖惩)制度》制定适合×××内部的规章制度。以保证系统数据的准确性和及时性。数据检查时，应该按照《业务蓝图》的要求，进行检查，并通过业务蓝图规范业务人员的作业。

(2)《项目验收报告》，如表 5-2 所示。

表 5-2　项目验收报告

项目验收报告

一、项目回顾

1．系统应用模块及使用情况

系统应用模块及使用情况如下所示。

应用系统	使用状况	使用部门
总账	正常使用	财务
报表	正常使用	财务
应收	正常使用	财务

应用系统	使用状况	使用部门
应付	正常使用	财务
现金	正常使用	财务
采购	正常使用	采购
销售	正常使用	销售
库存	正常使用	仓库
存货核算	正常使用	财务
成本核算	正常使用	财务
生产数据	正常使用	技术
生产任务管理	正常使用	技术
委外生产任务管理	正常使用	技术
物料需求计划	正常使用	技术

2．项目实施的主要目标

本次实施的主要目标为：实现财务业务系统规范运行；实现生产制造的 MRP 运算与业务系统集成。

3．项目实施的主要阶段

1) 财务业务上线阶段

2008 年 3 月，财务业务培训。

2008 年 4 月，财务系统上线运行。

2) 生产制造业务上线运行

2008 年 4 月，生产制造业务培训。

2008 年 4 月，生产制造业务流程讨论。

2008 年 5 月中旬，生产制造业务开始上线。

2008 年 7 月，生产制造开始正常运行。

2008 年 8 月，生产制造和财务集成运行，并顺利结账。

2008 年 9 月，仓库盘点，并开始物料需求计划计算。

3) 项目验收

2008 年 10 月，项目验收。

二、项目总体评价

目前×××有限公司 ERP 系统已经上线运行，并顺利地完成财务/生产制造的集成。目前系统已经运行稳定多个会计期间。各项数据开始稳定运行。

三、项目验收

(1) ×××有限公司同意接受该软件系统投入正常运行，至此该项目的实施工作结束，同意对该项目验收。实施项目验收后，本公司将一如既往地为×××有限公司提供技术支持服务。按照合同规定，系统启用后进入运行维护阶段，本公司的实施人员和技术人员继续根据合同规定负责以后的支持、维护工作。

(2) 验收签字。

9．成果清单

(1)《×××项目总结报告》。

略。

(2)《×××项目验收报告》。

略。

第二节　召开项目验收大会

一、定义

召开项目验收大会是向双方项目领导小组汇报项目情况，签字确认实施工作完成，同时也是肯定项目实施工作的成果，肯定双方项目小组取得的成绩。召开项目验收大会阶段的输入、输出及工具、模板如下。

(1) 输入：项目阶段确认报告、《项目阶段确认会议议程》、项目阶段确认文档、会议上讲的 PPT、打印版实施文档。

(2) 输出：客户签字的《项目阶段确认报告》、项目阶段确认宣传稿。

(3) 工具、模板：《项目阶段确认会议议程》、项目阶段确认模板。小型阶段确认会以签订阶段确认单、开小会的形式，大型阶段确认会有签字仪式、项目总结演讲、拍照。

二、目标与策略

项目验收大会是对项目成绩的肯定，如果客户方对项目的验收持怀疑态度，还有许多疑问和抱怨，那么在召开项目验收大会前，就应对项目实施遗留问题进行充分沟通并给出基本满意的解决方案，并明确解决日期。顾问方项目经理必须对项目成绩充分了解，说服相关人员。因此在项目实现阶段，实施顾问应加强客户关系和商务关系沟通，做好后台工作，为项目验收奠定良好的基础。

这样通过项目验收大会可以达到以下的目的。

1．项目总结

(1) 项目验收大会是肯定成绩、表扬先进、展望未来的重要举措。

(2) 项目验收大会是高层意志通过 ERP 信息化得到落实的证明。

(3) 项目验收大会是信息部在公司树立威信、展现风采的时刻。

2．后实施推动

(1) 推动 ERP 后实施阶段的重要举措。

(2) 持续改进、不断优化的推动力。

三、工作内容

1．工作目标

向双方项目领导小组汇报项目情况，签字确认实施工作完成，肯定项目实施工作的完成，肯定双方项目小组所取得的成绩。标志着实施工作的结束。

2．主要工作事项(角色、任务、工具/模板)

主要工作事项包括以下几个方面。

(1) 客户方项目经理汇报项目实施工作成果。

(2) 客户方领导小组组长对实施工作进行评价，并宣布项目实施成功验收。

(3) 顾问方领导小组组长对实施工作进行评价，并承诺将一如既往地提供优质服务。

(4) 双方签署项目验收报告。

3．参与人员

(1) 客户方：项目领导小组组长及成员、项目经理、项目小组全体成员。

(2) 顾问方：项目领导小组组长及成员、项目经理、全体实施成员。

4．准备事项

准备事项包括以下几个方面。

(1) 编写相关的项目验收文档。

(2) 准备会议室及投影仪、白板等。

5．操作时机

在项目验收报告完成后召开项目验收大会。

6．建议工作时间

建议工作时间为 0.5 个工作日。

7．关键业务

(1) 项目验收报告主要内容提示。

(2) 项目验收主要议程。

8．可供参考的工具和模板

《项目验收会议议程》。

略。

9．成果清单

《×××公司项目验收会议议程》。

略。

第三节 项目交接

一、定义

项目交接是将实施的各种资料和信息，准确而完整地传递给运行支持部门；运行支持部门，能够持续提供高质量的服务，同时为今后开展良好的客户关系打下坚实的基础。项目交接阶段的输入、输出及工具、模板如下。

(1) 输入：客户签字的《项目阶段确认报告》、服务人员提前介入并具备服务能力、服务人员得到客户认可。

(2) 输出：实施及服务人员签字的《实施转服务交接单》、实施文档转给服务部门、已签订服务合同、服务人员得到客户认可。

(3) 工具、模板：《实施转服务交接单》、对客户把项目实施转服务，并及时地导入服务人员、对本公司把项目由实施部转入服务部，并移交相关资料。

二、目标与策略

1. 项目转运营

(1) 项目结案是肯定成绩、表扬先进、展望未来的重要举措。

(2) 项目交接表明项目生命周期结束，进入运行维护生命周期。

2. 持续优化

(1) 实施顾问为服务顾问和客户在项目结案时提出优化建议。

(2) 项目交接是 ERP 后实施阶段的开始。

(3) 服务顾问为客户提供了持续的系统优化服务。

三、工作内容

1. 工作目标

(1) 将实施的各种资料和信息，准确而完整地传递给服务部门。

(2) 服务部门，能够持续提供高质量的服务。

2. 主要工作事项(角色、任务、工具/模板)

主要工作事项包括以下几个方面。

(1) 交接实施资料。

(2) 交流实施工作过程，重点事项交流。

(3) 双方在工作交接单上签字。

3．参与人员

(1) 客户方：无。

(2) 顾问方：项目经理、实施小组成员、服务部门。

4．准备事项

准备事项包括以下两个方面。

(1) 各种实施资料，实施工作总结。

(2) 交接清单。

5．操作时机

项目验收报告签字以后，将项目的服务由实施转为服务支持，进行日常的 CSP(Customer Service Package，客户服务包)服务。

6．建议工作时间

建议工作时间为两个工作日。

7．可供参考的工具和模板

《实施转服务交接单》。

略。

8．成果清单

《×××公司实施转服务交接单》。

略。

 本章小结

本章介绍了 ERP 项目实施中的上线支持(验收交付)的工作，这是对 ERP 整体项目效果检验的环节，也是关系到项目能否顺利完成的环节。

首先介绍了编写验收报告的内容、方法与策略，这是项目方检验项目效果的依据。

其次介绍了召开项目验收大会的内容、方法与策略，这是对整体项目肯定的环节。通过项目验收大会进一步明确整体项目的效果及今后需要达到的要求。

最后介绍了项目交接的内容、方法与策略，项目交接是 ERP 项目的延续，是为后续 ERP 项目服务做好基础准备的环节，在这一阶段要将在整个实施过程中的文档及说明移交，保障项目服务维护工作的顺利进行。

 实训课堂

试验一　项目验收总结及谈判

软件已经成功上线两个月，系统运行正常，客户的各种单据、报表也能正常地生成，数据准确。虽然还有一些小功能不能满足客户需求，但是不影响客户核心业务和流程。客户就是不验收。请问造成这种情况的原因有哪些？应该怎样规避？

项目接近尾声，我们该怎么做才有利用项目验收？

试验二　验收报告编制

请根据案例情况编写客户《验收报告》。

 复习思考题

1. 请根据上线支持(验收交付)阶段的工作内容，绘制上线支持(验收交付)阶段实施流程图，并突出关键成果。

2. 假如你是一名实施顾问，为保证后续维护服务工作的正常进行，在项目验收时要准备哪些移交给服务人员的文档？

3. 请思考在项目验收时除了完成项目既定的目标之外，实施顾问在整个实施过程还须注意哪些情况才能顺利通过项目验收？

第六章 工业企业案例植入

【学习要点及目标】

(1) 通过企业案例掌握金蝶 K3 ERP 项目实施的整体流程。

(2) 通过企业案例实践掌握项目定义的工作内容。

(3) 通过企业案例实践掌握蓝图设计的工作内容。

(4) 通过企业案例实践掌握系统实现的工作内容。

【核心概念】

ERP 流程　基础数据　ERP 模拟实践

本案例以企业真实业务应用处理为主线组织，以生产制造为核心展开供应链、财务应用，对企业名称及客户、供应商等资料做了适当的修改。本案例学习要求在理解 ERP 项目实施方法论的基础，与金蝶 K3 系统平台相结合，在基础数据整理、业务流程应用上，充分体现管理与技术的融合。不仅是掌握基本 ERP 系统的应用，更要了解功能与应用场景的对应关系。

第一节　案例背景

一、企业基本情况

宁波远景电话制造公司(以下简称远景公司)是一家股份制企业，主要从事手机的生产和经营业务，属于多品种批量生产的离散型制造企业。企业的技术先进、设备精良、产品质量好、效益连年递增，公司正处于向上发展过程。全公司共有员工 320 余人，组织机构包括：董事会、监事会、总经理、总经办、技术部、计划部、销售部、采购部、仓储部、生产部、第一生产车间、第二生产车间、财务部及人力资源部。主要的产品是销售业绩较好的 M100 型和 M200 型手机。销售方式主要是对商家通过订货批发销售。企业有关的各项具体资料，将在本章后续的内容中，随着 ERP 项目的实施陆续仔细展开。

二、产品介绍

1. M100 型手机

M100 型手机(在引用时可简称 M100 手机)的产品结构如图 6-1 所示。M100 主板、MAT 护镜、MAT 面板均为外购件，MAT 护镜采用倒冲领料。图中数字代表单位父项对子项的需求(图 6-2 中同此)。

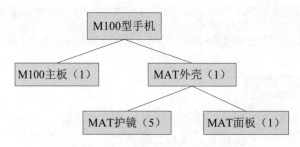

图 6-1　M100 型手机的产品结构

2. M200 型手机

M200 型手机(在引用时可简称 M200 手机)产品结构如图 6-2 所示。MAT 护镜、MAT 面板、M2002 芯片、M200 裸板均为外购件，其中 MAT 外壳、MAT 护镜、MAT 面板为两款手机的共用件。

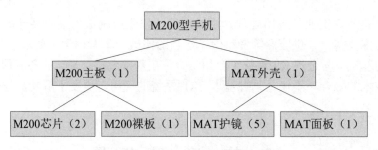

图 6-2　M200 型手机的产品结构

三、软件安装及确认

1. 多用户场景系统部署

建议搭建客户端/服务器(C/S)架构。服务器操作系统为 Windows 2012 Server 版，服务器安装 SQL Server 2008 以上版本。客户端操作系统可为 Windows 7 以上版本。

2. 单机版部署

建议操作系统为 Windows 7 或 Windows 10 以上的专业版或旗舰版。若需要人力资源管理系统，则需要安装 IIS6.0 以上组件，并安装.NET 2.0 以上框架，可通过控制面板→程序和功能→启用或关闭 Windows 功能实现。

自行安装教程可通过登录超星学习通，加入"ERP 项目实施"课程获得详细说明。

3. 完成安装确认

软件安装完成，以账套的成功建立为依据。新建公司账套各参数说明如下。

(1) 账套号：自行编码，通常取两位，01～99。

(2) 账套名称：通常取公司名称，远景移动电话制造有限公司。

(3) 账套类型：以生产、供应链和财务为主的应用模式，取标准供应链解决方案。

(4) 数据文件路径和日志文件路径：单击后系统会自动给出，一般默认即可，也可自行选择目录，两者一般相同。

实验路径："开始"→"程序"→"金蝶 K3"→"金蝶 K3 服务器配置工具"→"账套管理"，打开"新建账套"对话框，如图 6-3 所示。

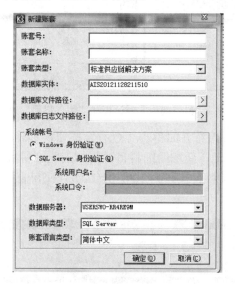

图 6-3　账套建立示意图

账套建立成功后，务必进行账套设置以启用账套，相关参数如下。

机构名称：远景移动电话制造有限公司。记账本位币：人民币，代码：RMB。账套启用期间：2021 年 03 月。

启用期间在企业实际实施中需要根据情况设置准确，一旦启用后，无法修改。

第二节　项目准备阶段各项工作

一、公司现状调研及数据准备(依据金蝶 k3wise12.1 应用平台功能展开)

本阶段工作需要与企业方相关工作人员配合才能完成数据的整理。各项数据的整理需形成一套规范科学的管理体系，下面就各项数据的情况逐步展开。

1. 科目

公司采用股份制科目代码。通常在系统模板的基础上增加企业所需的明细科目。

方法：双击"科目"，进入"基础资料-科目"界面，选择"文件"→"从模板中引入科目"命令，在"科目模板"对话框(见图 6-4 左)中选择"股份制企业"(系统中提供了 28 个行业的科目模板)，单击"引入"按钮，出现"引入科目"对话框(见图 6-4 右)，按业务需要在复选框中打钩选中要引入的科目，单击"确定"按钮即可。(此处进行全选)

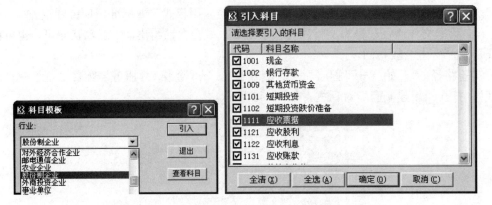

图 6-4 "科目模板"对话框和"引入科目"对话框

引入成功后，可在科目查看界面单击"查看"按钮，选择"显示所有明细"功能查看所有引入的科目如图 6-5 所示。新增明细科目时需加上明细科目所属一级科目的代码前缀。例如，增加"工行存款"，其科目代码为 1002.01(二级代码可自行设定)。核算项目也可同科目属性界面进行设置。

图 6-5 科目列表

图 6-5　科目列表(续)

2. 币别

人民币，无外币核算。

3. 凭证字

公司财务统一使用"记"字凭证，不区分收付转。

方法：选择"基础资料"→"公共资料"→"凭证字"，在弹出的对话框中单击"增加"→"确定"按钮(见图 6-6)。

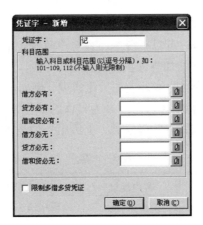

图 6-6　增加凭证字

4. 计量单位

公司主要物料可用数量作为计量单位。如果物料单位类别较多，则在准备计量单位基础数据时，可先设置计量单位组，通过分组便于管理。本案例分为"数量组 1""数量组 2"。其中"数量组 1"下有两个单位，分别为"个"与"件"，并存在包装上的数量换算关系，即 1 件=50 个。"数量组 2"下为通用性单位"台"，不与其他单位换算。

方法：双击"计量单位"，进入"基础资料"→"计量单位"界面，先设置计量单位组。选择"计量单位"→"新增"。设置具体的计量单位：在左边单击选定的计量单位组(见

图 6-7 左)，再右击空白处，在弹出的快捷菜单中选择"新增"命令，打开"计量单位—新增"对话框(图 6-7 右)。

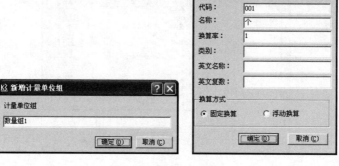

图 6-7　增加计量单位

一个计量单位组里只能设一个默认基础单位。根据实际情况，可设置若干个辅助单位，注意正确设定其换算系数。通常第一录入的单位为该计量单位组的默认单位，后期可调整。

5. 仓位

仓位指在仓库内进行的区域划分，有助于明确物料存放位置，但对管理要求较高，本公司尚未采用仓位管理。

6. 客户

所有与企业发生业务往来的客户均应该提前在此录入，便于后期在业务使用中直接从基础资料中获取数据。较少客户可以不分类，若客户数量较多，达到 30 以上时，建议按一定的规则进行分类，通过客户增加界面的"上级组"功能可实现分类。上机组所属具体客户的数据，需在上级组编码前缀的基础上加后缀实现。例如上级组 01 为国内客户，01 下有一家上海的客户，其编码应为 01.××。××为具体的编号，位数可依据实际情况设定。

本案例，客户数据较少，故不采用分类"上级组"如表 6-1 所示。

表 6-1　客户

客户代码	客户名称	客户地址	联系电话	联系人
001	深圳天音	深圳×××	0755-1234567	王建
002	广东移动	广东×××	020-1234567	陈力
003	陕西联通	陕西×××	029-1234567	刘陕北

方法：双击"客户"，进入"基础资料"→"客户"界面，单击左边"客户"，再右击空白处，在弹出的快捷菜单中选择"新增"命令，出现的界面如图 6-8 所示。设置完，分别单击"保存""退出"按钮。

7. 供应商

所有与企业发生业务往来的供应商资料，与客户资料管理方法一致，这里不再叙述。本案例供应商资料如表 6-2 所示。

图 6-8 增加客户

表 6-2 供应商

供应商代码	供应商名称	地 址	联系人
001	德国 MOT	德国×××	张山
002	中山电机	中山×××	李四
003	宁波泰信	宁波×××	王五

8. 部门

部门通常按企业组织结构定义，具有分厂或分部的企业可单独设置一个上级组。本案例中"移动电话分厂及下属部门"为上级组，其余均为具体部门，详细资料如表 6-3 所示。

表 6-3 部门信息

部门代码	部门名称	部门属性	成本核算类型
A1	总裁办	非车间	期间费用部门
A4	财务资金部	非车间	期间费用部门
A5	生产计划部	非车间	期间费用部门
A8	移动电话分厂及下属部门		
A8.B1	移动电话分厂	非车间	期间费用部门
A8.B2	采购部	非车间	期间费用部门
A8.B3	生产部	非车间	期间费用部门
A8.B4	销售部	非车间	期间费用部门
A8.B5	仓库	非车间	期间费用部门
A8.B6	一车间	车间	基本生产部门
A8.B7	二车间	车间	基本生产部门

部门信息中，部门属性和成本核算类型需一次设定准确，后期一旦使用将无法修改。科目代码为后期部门核算中凭证生成会计分录的依据，在后期中可根据实际情况进行设定如图 6-9 所示。

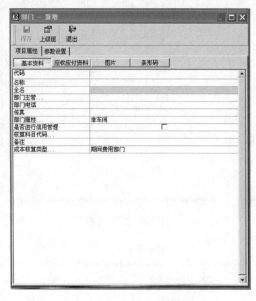

图 6-9　部门设置示意图

9. 职员

将企业全部员工资料录入系统，也可将参与系统应用的人员录入系统。如果后期使用人力资源管理及薪资模块，建议全部员工资料录入。本案例职员资料如表 6-4 所示，代码可取员工工号。

表 6-4　员工信息

代　码	名　称	部门名称	性　别
001	余刚	生产计划部	男
010	李勇	采购部	男
011	李林	采购部	男
020	王兵	销售部	男
030	赵强	生产部	男
040	陈力	仓库	男
050	徐军	一车间	男
060	徐英	二车间	女

10. 仓库

企业可根据实际情况，准备仓库资料。如果企业的仓库较多，在准备仓库资料时，可考虑对仓库分级次。同时，若企业想核算至仓位，亦可分级次，并把仓位作为明细级次的仓库来对待。仓库类型中，除普通仓为实仓外，其余均为虚仓。实仓指计入公司资产核算，既要核算数量又要核算金额的仓库；虚仓指仅核算数量，尚未计入企业资产管理范围内的仓库。

本案例共有五座仓库，资料如表6-5所示。实现方法如图6-10所示。

表6-5　仓库信息

库房代码	库房名称	仓库属性	仓库类型
001	成品库	良品	普通仓
002	一车间现场库	良品	普通仓
003	二车间现场库	良品	普通仓
004	材料库	良品	普通仓
005	待检库	在检品	待检仓

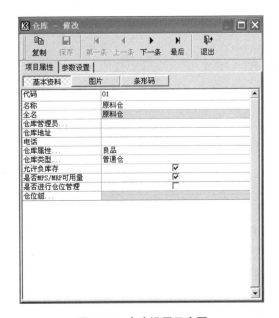

图6-10　仓库设置示意图

11. 工作中心

工作中心是生产管理中的概念，用于设置一组相同工作环节的基本构成单位，是各种生产能力单元的统称，也是发生加工成本的实体。它可以是一组机器设备或人员，具有特定功能的加工或生产的基本构成单位。

工作中心完全根据企业自身的管理需要，通常对应一组设备和人的集合，其所属部门属性必须为车间，否则将无法选择。工作中心需要在资源清单中录入对应的设备，才能进行生产能力的核定。只有录入工作中心，才能实现生产管理单位的建立，其能力数据通过所属的设备数进行管理如表6-6所示。

表 6-6　工作中心信息

工作中心代码	工作中心名称	所属部门	是否关键	班制代号	能力类型	单位成本
001	贴片线	一车间	是	0001	设备	30
002	测试线	一车间	否	0001	设备	20
003	压制线	二车间	是	0001	设备	30
004	成型线	二车间	否	0001	设备	20
005	包装线	二车间	是	0001	设备	40

12. 物料

物料是企业最基础的数据之一，也是数据量最大的基础资料，制造业企业往往在细分物料数据时可达几十万条。物料的编码是其唯一标识，设计时需慎重考虑，通常需要结合企业应用实际进行分类管理。

先要建立物料分类，即上级组(具体物料代码需加上上级组代码)：

01　成品组，包括：A1、A2。

02　半成品，包括：B2、B3。

03　外购材料，包括：B1、C1、C2、C3、C4。

1) 基本资料

在基本资料中物料属性决定物料在企业实际运作中的管理方式，例如自制属性将生成生产任务，外购属性将生成采购任务，如表 6-7 所示。

表 6-7　基本资料

代　码	名　称	物料属性	计量单位组	计量单位	默认仓库	来　源	数量精度	最低存量	最高存量	安全库存	使用状态
01.A1	M100手机	自制	数量组1	个	成品库	一车间	0	0	1000	50	使用
01.A2	M200手机	自制	数量组1	个	成品库	二车间	0	0	1000	0	使用
02.B2	MAT 外壳	自制	数量组1	个	一车间库	一车间	0	0	1000	0	使用
02.B3	M200主板	自制	数量组1	个	二车间库	二车间	0	0	1000	0	使用
03.B1	M100主板	外购	数量组1	个	材料库		0	0	1000	0	使用
03.C1	MAT 护镜	外购	数量组1	个	材料库		0	0	5000	0	使用
03.C2	MAT 面板	外购	数量组1	个	材料库		0	0	1000	0	使用
03.C3	M200芯片	外购	数量组1	个	材料库		0	0	2000	0	使用
03.C4	M200裸板	外购	数量组1	个	材料库		0	0	1000	0	使用

实现方法：双击"物料"，进入"基础资料"→"物料"界面，单击"新增"，显示"物料-新增"对话框和"物流-修改"对话框，如图 6-11 所示。

2) 物流资料

物流资料主要涉及科目代码、计价方法及批号、序列号管理的方式，如表 6-8 所示。

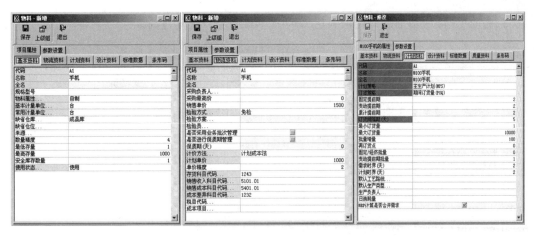

图6-11 "物料-新增"对话框和"物料-修改"对话框

表6-8 物流资料

代 码	销售单价	采购单价	保质管理	批次管理	计价方法	计划单价	单价精度	存货科目	收入科目	成本科目	差异科目	序列号管理
01.A1	2000		否	否	计划成本法	1200	2	1243	5101	5401	1232	是
01.A2	2500		否	否		1500	2	1243	5101	5401	1232	否
02.B2	50		否	是		30	2	1241	5101	5401	1232	否
02.B3	600		否	否		380	2	1241	5101	5401	1232	否
03.B1		500	否	否		500	2	1211	5101	5401	1232	否
03.C1		10	否	否		10	2	1211	5101	5401	1232	否
03.C2		20	否	否		20	2	1211	5101	5401	1232	否
03.C3		100	否	否		100	2	1211	5101	5401	1232	否
03.C4		315	否	否		315	2	1211	5101	5401	1232	否

3) 计划资料

计划资料涉及生产计划运行中各类物料的需求量计算，在此不同的参数设置将导致最终需求量的巨大差异，如表6-9所示。

LFL：批对批。指需求量和实际生产或采购量一致，即需要多少就生产采购多少。

POQ：固定期间订货。指每隔一个固定时间进行生产或采购，其数量为间隔期内所有需求量总和。

FOQ：固定批量。指生产或采购数量为某一个数的倍数。

固定提前期：是指不随需求数量规模变化而变化的固定生产或采购时间，通常为生产或采购的准备时间。例如生产中的设备调试、采购中的商务谈判等。

变动提前期：是指由于需求数量变化，导致生产或采购时间变化的时间。例如每增加一定数量的物料，其生产或采购时间相应增加一定的时间，与变动提前期批量有关。

变动提前期批量：是指导致生产或采购时间变化的物料数据单位，有时并非增加一个单位的物料需求就会发生时间变化，而是达到一定的批量条件下才发生变化。

总提前期=固定提前期+(需求数量/变动提前期批量)×变动提前期

表 6-9　计划资料

代码	计划策略	订货策略	固定提前期	变动提前期	订货间隔期	最小订货量	最大订货量	批量增量	固定经济批量	变动提前期批量	需求时界	计划时界	合并需求
01.A2	MPS	LFL	1	1	5	0	1000			50	1	1	是
02.B2	MPS	POQ	1	1	5	0	1000	200		50	1	1	是
02.B3	MRP	LFL	1	1		0	1000			50	1	1	是
03.B1	MRP	FOQ	1	1			1000		300	100	1	1	是
03.C1	MRP	LFL	2	1		0	1000			1	1	1	是
03.C2	MRP	FOQ	2	1		0	4000		2000	1	1	1	是
03.C3	MRP	LFL	2	1		0	1000			1	1	1	是
03.C4	MRP	POQ	2	1	3	0	2000	100		1	1	1	是
01.A2	MRP	POQ	2	1	3	0	1000	100		1	1	1	是

4) 质量资料

质量资料主要涉及企业在产品在生产、采购等环节上的检验。本案例设置 A1 在产品检验上为全检，C1 在采购检验上为抽检，其余均为免检，如表 6-10 所示。

表 6-10　质量资料

代　码	名　称	检验方式	检验要求
A1	M100 手机	产品检验方式	全检
C1	MAT 护镜	采购检验方式	抽检

13. 工序资料

工序是生产加工的最小单元，通过工序资料的建立可以对企业生产加工环节进行信息化管理。工序的划分应当结合企业具体产品在生产过程中的工艺定义。本案例资料如表 6-11 所示。

表 6-11　工序资料

工序号	工序名称
1	贴片
2	测试
3	压制
4	成型
5	包装

实现方法："系统设置"→"基础资料"→"公用资料"→"辅助资料管理"→"工序

资料"。

14. 核算参数的设置

进入 ERP 系统，在完成基本资料的录入后就是设置核算参数。核算参数的设置前提是 ERP 系统处于初始化阶段且系统中不存在任何已录入的初始余额和业务单据。本案例参数设置如下。

第 1 页：设置"启用年度"为 2021；"启用期间"为 3 月。

第 2 页：选择"数量、金额核算"；单据审核后才更新。

工厂日历：工厂日历起始日为 2021 年 3 月 1 日。

实现方法如下：系统设置→初始化→生产管理→核算参数设置。

(1) 启用年度和启用期间：系统默认为系统年度和日期，由用户可以自动更改，选择业务实际的启用年度和期间。

(2) 核算方式：有"数量核算"和"数量、金额核算"两种方式。如果选择了"数量核算"，系统以后只核算数量，不核算金额，所以显示的核算金额不会正确；而"数量、金额核算"是对材料的数量和成本都核算。如果该账套是与财务各系统相互联系的，则应选择"数量、金额核算"。

(3) 库存结余控制：主要是让用户确定是否允许负结存。如果选择不允许负库存，则在库存单据中不允许出现库存即时数量为负数的情况。如果选择允许负库存，则系统单据数量和金额允许出负数，但系统控制不允许单价为负的情况。在允许负结存情况下，建议物料的计划方法使用"计划成本法"，这样核算的成本准确性高。

(4) 库存更新控制：主要是针对库存的即时库存更新的处理，系统有两种选择。如果选择"单据审核后才更新"，则系统将在库存类单据进行业务审核后才将该单据的库存数量计算到即时库存中，并在反审核该库存单据后进行库存调整。如果选择"单据保存后立即更新"，则系统将在库存类单据保存成立后就将该单据的库存数量计算到即时库存中，并在修改、复制、删除、作废、反作废该库存单据时进行库存调整。需要注意的是，"库存结余控制"中是否负库存的判断就是根据即时库存所确定的。为了保证数据处理的严肃性，建议用户采用"单据审核后才更新"。

15. 资源清单

资源清单主要是指企业中用于生产加工的设备，每一台用生产的机器设备均应录入到 ERP 系统中，并与工作中心数据对应，即每一项资源清单均有所属的工作中心。本案例资料如下。实现方法：选择"计划管理"→"生产数据管理"→"基础资料"→"资源清单"。

1) 建立资源清单上级组

001 贴片线； 002 测试线； 003 压制线； 004 成型线；005 包装线。

2) 新增资源清单

01 贴片机：设备，属于贴片线(选)；

02 测试仪：设备，属于测试线(选)；

03 压力机：设备，属于压制线(选)；

04 成型机：设备，属于成型线(选)；

05 包装机：设备，属于包装线(选)。

16. 工艺路线

工艺路线是工序资料的组合，通常根据企业实际加工顺序进行设置。不同的工艺过程应当设置不同的工艺路线。本案例设置资料如下。

新建两个工艺路线组：

001 RT1；   002 RT2。

(1) 在 RT1 下"新增"：

表头中：名称，录入主板制作；   物料代码，选出 002.B3。

表体中：按表 6-12 工序编码 1、2 项录入设置。

(2) 在 RT2 下"新增"：

表头中：名称，录入手机制作；   物料代码，选出 001.A2。

表体中：按表 6-12 工序编码 3、4、5 项录入设置。

表 6-12　工艺路线

工序号	工序编码	工序名称	工作中心	时间单位	加工批量	排队时间	准备时间	加工批量	运行时间	移动批量	移动时间	自动排工	自动转移	是否计费	是否外协	单位成本	检验方式	班组	设备	资源数	基本系数	计件工资
1	1	贴片	贴片线	小时	20	1	1	20	1	20	.5	是	是	是	否	15	免	一	贴片机	1	1	10
2	2	测试	测试线	小时	20	1	1	20	1	20	.5	是	是	是	否	18	免	二	测试仪	1	1	15
3	3	压制	压制线	小时	40	1	1	40	1	40	.5	是	是	是	否	20	免	一	压力机	1	1	15
2	4	成型	成型线	小时	20	1	1	20	1	20	.5	是	是	是	否	15	免	二	成型机	1	1	15
3	5	包装	包装线	小时	20	1	1	20	1	20	.5	是	是	是	否	12	免	二	包装机	1	1	10

工序号是工序的加工顺序，工序编码是工序的名称代码，注意两者区别。

实现方法：选择"计划管理"→"生产数据管理"→"工艺路线"→"工艺路线录入"，出现的界面如图 6-12 所示。

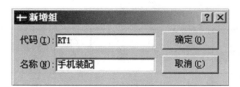

图 6-12　工艺路线设置的实现方法(部分界面)

17. BOM 资料

BOM 即物料生产清单，也叫产品结构或配方，指物料(通常是成品或半成品)的组成情况，该物料由哪些下级物料组成，每一下级物料的用量是多少，其对应的属性等。

BOM 资料是企业生产中最重要的数据之一。通过 BOM 资料的设置可以建立企业产品的结构与配置情况。企业每新增一个产品都应先设计一个 BOM，对于客户在配置、颜色特征上的改变，可通过客户 BOM 进行管理。BOM 资料的设置关系到整个 ERP 系统应用效果的好坏。相同的自制产品只需建立一个 BOM，如果其他产品中也用到了相同的半成品，则不需再建立 BOM。

产品 BOM 通常由技术部人员完成录入，ERP 中的 BOM 全部是单层的，所以在制作过程中必须逐个单独建立自制产品 BOM。

本案例资料如下。

1) 建立 BOM 组

001，M100 手机；002，M200 手机；003，MAT 外壳；004，M200 主板。

2) 具体信息(见表 6-13)

表 6-13　BOM 具体信息

BOM 组别	父项代码	名　称	子项代码	名　称	子项用量	是否倒冲	发料仓库	工艺路线
M100 手机	A1	M100 手机	B1	M100 主板	1	否	材料库	
			B2	MAT 外壳	1	否	一车间现场库	

续表

BOM 组别	父项代码	名　称	子项代码	名　称	子项用量	是否倒冲	发料仓库	工艺路线
M200 手机	A2	M200 手机	B2	MAT 外壳	1	否	一车间现场库	手机装配
			B3	M200 主板	1	否	二车间现场库	
MAT 外壳	B2	MAT 外壳	C1	MAT 护镜	5	是	材料库	
			C2	MAT 面板	1	否	材料库	
M200 主板	B3	M200 主板	C3	M200 芯片	2	否	材料库	主板制作
			C4	M200 裸板	1	否	材料库	

　　实现方法：选择"计划管理"→"生产数据管理"→"BOM 维护"→"BOM 维护"→"BOM 录入"，出现的界面如图 6-13 所示。

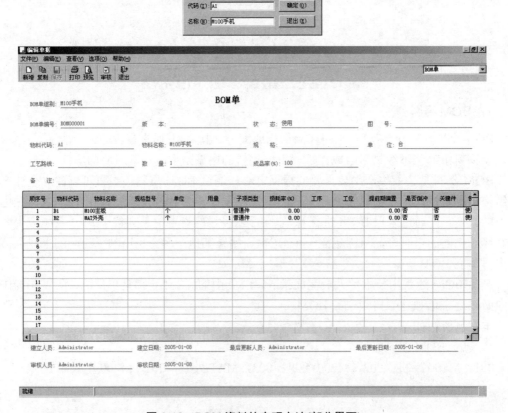

图 6-13　BOM 资料的实现方法(部分界面)

18. 质量管理资料

　　质量管理资料是指企业在采购、生产过程中涉及对原材料、产成品等物料的检验内容。包括检验方法、仪器设备、质量标准、抽样标准和检验项目等。通过质量管理资料的整理，在日常业务的使用中可以选取对应的检验信息，方便在检验后结果的管理。本案例资料如下。

(1) 质量检验辅助资料。

实现方法：选择"系统设置"→"基础资料"→"质量管理"→"辅助资料管理"(K313.0以后版本在"供应链管理"→"质量管理"中)。

检验方法：　　001 人工检验；　　002 仪表检验。

检验设备仪器：001 游标卡尺；　　002 信号发生器。

检验依据：　　001 国家标准；　　002 企业标准。

检验值：　　　001 10；　　　　002 100。

质量等级：　　001 优等品；　　002 一级品；　　003 二级品；　　004 等外品。

(2) 抽样标准：分别新增两个抽样标准如表 6-14 所示。

实现方法：选择"系统设置"→"基础资料"→"质量管理"→"抽样标准"→"新增"(K313.0 以后版本在"供应链管理"→"质量管理"中)。

表 6-14 抽样标准

表格字段	抽样标准 1	抽样标准 2
抽样方法类型	选取：按抽样表	选取：固定数量
抽样标准代码	(自动产生)	(自动产生)
抽样标准名称	录入：GB2858	录入：GB2859
检验水平	选取：一般(Ⅱ)	—
严格度	选取：正常检验	—
AQL	选取：0.10	—
批量大小	录入：1000	—
样本数	录入：10	录入：100
允收数 1	录入：4	录入：4
拒收数 1	录入：5	录入：5

(3) 检验项目：分别新增两个检验项目如表 6-15 所示。

表 6-15 检验项目

表格字段	检验项目 1	检验项目 2
代码	001	002
名称	尺寸检查	信号检查
分析方法	选取：定量分析	选取：定量分析
检验依据	选取：企业标准	选取：国家标准
其他检验依据 1	选取：国家标准	选取：企业标准
其他检验依据 2	选取：国家标准	选取：企业标准
检验方法	选取：人工检验	选取：仪表检验
检验仪器	游标卡尺	信号发生器
检验标准	选取：SS1	选取：SS2

表格字段	检验项目 1	检验项目 2
单位	个	个
重点检查	选取：是	选取：是
缺陷等级	选取：轻缺陷	选取：轻缺陷
项目精度	2	2

(4) 质量标准：分别新增两个质量标准，如表 6-16 所示。

表 6-16　质量标准

表格字段	质量标准 1	质量标准 2
单据编号	(自动产生)	(自动产生)
质量标准名称	录入：ZB1	录入：ZB2
质量方案编号	(自动返写)	(自动返写)
物料代码	选取：03.C1	选取：01.A1
物料名称	(自动带出)	(自动带出)
规格型号	(自动带出)	(自动带出)
检查项目	选取：尺寸检查	选取：信号检查
分析方法	(自动带出)	(自动带出)
检验依据	(自动带出)	(自动带出)
检验方法	(自动带出)	(自动带出)
检验标准	(自动带出)	(自动带出)
单位	(自动带出)	(自动带出)
目标值	选取：10	选取：100
规格下限	录入：9.95	录入：97
下公差	录入：−0.05	录入：−3
规格上限	录入：10.05	录入：103
上公差	录入：0.05	录入：3

(5) 检验方案：分别新增两个检验方案，如表 6-17 所示。

表 6-17　检验方案

表头字段	检验方案 1	检验方案 2
方案名称	录入：C1 检验	录入：A1 检验
质量标准	选取：QSS1(ZB1)	选取：QSS2(ZB2)
建立日期	2021.3.1	2021.3.1
生效日期	2021.3.1	2021.3.1
失效日期	默认	默认
方案编号	(自动带出)	(自动带出)

表体中各项内容：对于选定的检验方案，自动带出已设定好的相应的数据。以上质量基础数据设置完毕，只能"保存"，待系统完成初始化后，再进行"审核"。

说明：对于1～18项资料，在系统实施中可以通过手工录入方式实现，也可以通过BOS数据交换平台实现。通常对于数据量较大数据，例如物料资料，建议通过Excle表格导入的方式实现。

实现方法：选择"开始"→"金蝶K3"→"金蝶K3系统工具"→"K3数据交换平台"提供的工具进行引出、引入的操作。建议先手工录入一个样例，从系统中导出Excle模板，在模板的基础进行数据整理后，直接导入。

二、期初数据录入与核对

当企业的各项资料设置完毕后，需要将物料的期初数据准备好并录入系统，期初数据包括动态数据与静态数据。本案例初始设置M100手机60个，序列号命名规则为"日期-型号-顺序号"，分别为6位、2位和4位数编码，即202103A10001。若仓库期初数据较多可按下面的数据导入方式进行。

1. 仓库期初库存

请参照案例的库存资料，整理并导入各仓库的期初的库存(导入方式同客户资料)，并满足以下的条件。

(1) 先随意录入一个期初库存，再导出格式。然后利用行复制来拷入案例提供的期初库存。

(2) 在导入期初库存时，如果发现缺少基础资料，就必须先增加基础资料，例如仓库、物料信息的缺失。

(3) 年初数量视为与期初数量一致。若账套是年初启用，则只需要录入"期初数量"和"期初金额"。此账套是年中启用，如果有本年累计数据则应录入。但是该案例并没有给出本年累计数据，所以我们可以将年初数据与期初数据保持一致。

实现方法：选择"系统设置"→"初始化"→"存货核算"→"初始数据录入"，单击进入存货初始数据录入窗口，如图6-14所示。

单击"原料仓"，系统将显示在"物料属性"设置中默认仓库为"原料仓"的所有存货项目。单击"新增"按钮进行新增，实施过程中可以进行导入(推荐此方法)，如果涉及批号管理，单击批号进行录入。

对账：初始数据录入完成后，在初始数据录入界面的工具栏中，单击"对账"，系统会调出存货的期初数据按所属存货科目汇总的界面，并将存货期初汇总数据与总账核对。对账是存货初始化和科目初始化的接口。对账表中的科目初始数据一定要和科目初始数据保持一致，需要注意的是，在物料属性中的存货科目要对应设置，如果设置有误，将会影响对账表中的数据，如图6-15所示。

启用供应链系统：结束初始化是进行日常业务操作的前提。虽然在未结束初始化状态下，也可以录入单据，但是不能进行审核等操作。结束初始化才表示各个系统开始正式启用，启用系统是初始化的最后一步。一旦启用供应链系统，初始化部分参数和数据将不得修改，所以在启用前要慎重，最好备份一个账套。

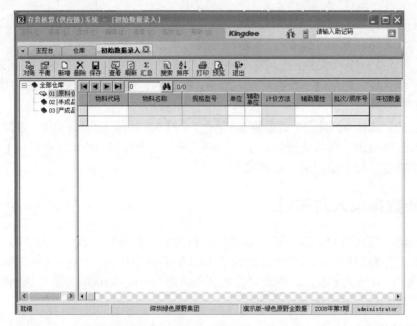

图 6-14　仓库期初库存录入示意图

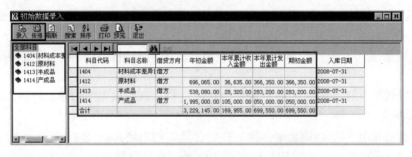

图 6-15　仓库期初库存对账示意图

实现方法：选择"系统设置"→"初始化"→"存货核算"→"启动业务系统"，如图 6-16 所示。

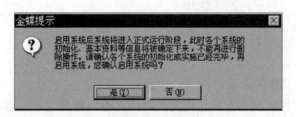

图 6-16　启用供应链系统示意图

生产、销售、采购、仓存、存货核算、质量管理六个子系的系统初始化只要有一个启动业务系统，其余均同步启用。

在结束初始化，启用业务系统前，一定要认真仔细地对基础数据作检查，确保各项数据和设置的正确性，一旦启用业务系统，初始数据是不允许修改的。

结束初始化后，对 BOM 表逐一予以审核、使用，对质量基础资料逐一予以审核。

2. 科目期初余额

科目初始余额的录入分两种情况：一种是账套的启用期间是会计年度的第一期，此时只需录入各个会计科目的期初余额；另一种是账套的启用期间非会计年度的第一期，此时需录入截止到账套启用期间的各个会计科目的本年累计借、贷方发生额、期初余额，损益类科目还要录入"实际损益发生额"。

本案例不设置财务期初数据。

企业财务系统和供应链系统同时实施，则财务数据必须录入，其实现方法如下。

(1) 普通科目初始数据录入。直接录入会计科目的本年累计借、贷方发生额、期初余额。期初余额的方向是基础资料科目中设置的方向，在此不能修改，如图6-17所示。

图6-17　普通科目数据录入示意图

(2) 外币科目初始数据录入。初始数据是区分不同币别录入的，首先在"币别"下拉列表框中选择需要录入的币别，输入原币金额后，系统会根据基础资料"币别"中设置的汇率自动将原币折算为本位币，如图6-18所示。

图6-18　外币科目数据录入示意图

(3) 数量金额科目初始数据录入。当科目启用了数量金额辅助核算，选中该科目时，系统自动弹出"数量"栏供用户录入。录入界面无法选择计量单位，系统默认选用科目设置的计量单位，下面分情况说明。

① 科目下设明细科目的录入方法。

科目设置中一个科目只能使用一个计量单位组中的单位，而不同的物料却有可能用到不同计量单位组的单位，所以有几个计量单位组，就需要建立几个明细科目与之对应。初始数据录入时，数量是以科目属性设置的计量单位组中的默认计量单位为标准。结合案例：科目初始数据录入时，直接录入各科目的本年累计借、贷方发生额以及期初余额，其中科目"1403.01 重量组"的数量单位为千克；科目"1403.02 数量组"的数量单位为个，如图 6-19 所示。

图 6-19　数量金额下设明细科目初始余额录入示意图

② 科目下设核算项目的录入方法。

科目下设了"物料"核算项目，由于核算项目类别中不同的物料会有不同的计量单位，即使同一个物料其中基本计量单位、辅助计量单位等也会设置不同。但是要明确一点物料中的基本计量单位就是单位组中的默认计量单位，而科目中的缺省计量单位不一定是单位组中的默认计量单位。所以下设了核算项目物料的科目，在初始数据录入时，数量的单位是以具体物料的基本计量单位为标准的。(物料对应的基本计量单位与物料所属科目选择的计量单位组中的默认计量单位一致)。结合案例：科目初始数据录入时，单击核算项目栏中的√，在弹出的"核算项目初始数据录入"界面，选择物料录入本年累计借、贷方发生额、期初余额，其中"001 涂料"的数量单位为千克，"002 机箱"的数量单位为个，如图 6-20 所示。

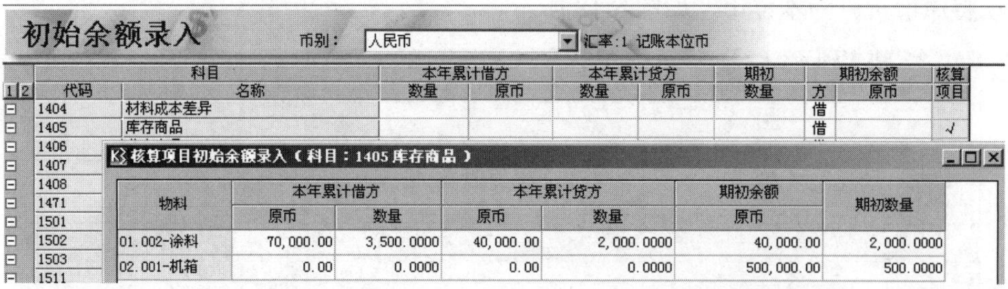

图 6-20　数量金额下设核算项目初始余额录入示意图

(4) 带核算项目科目的初始数据录入。科目设置了核算项目，在初始数据录入时，会在科目的核算项目栏中做一标记√，单击√，系统自动切换到核算项目的初始余额录入界面，如图 6-21 所示。

(5) 损益类科目初始数据录入。如果科目是损益类科目，当光标移到该科目时，系统会自动弹出"实际损益发生额"供用户录入，如图 6-22 所示。

(6) 上述数据输入无误后，在币别窗口选择"综合本位币"，汇总各币别数据，然后单击"平衡"，查看初始数据试算平衡情况，最终试算结果平衡即可，如图 6-23 所示。

(7) 结束初始化，如图 6-24 所示。

图 6-21　核算项目初始余额录入示意图

图 6-22　损益类科目初始余额录入示意图

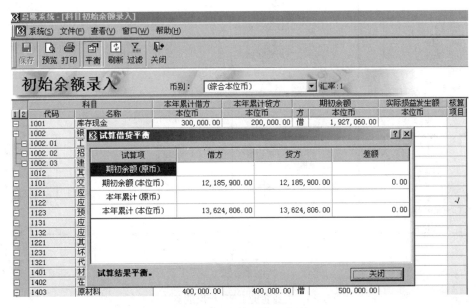

图 6-23　试算平衡示意图

图 6-24 结束初始化示意图

说明：虽然科目期初余额也可以和仓库期初库存一样通过导入的方式导入，但科目的余额不会太多，而且导入的格式涉及外币和核算项目，格式较难设置，因此建议直接手工录入。

第三节　日常业务应用

K/3 ERP 系统以五层计划管理体系为主轴，对企业核心业务流程进行信息集成管理。企业核心管理流程如图 6-25 所示。

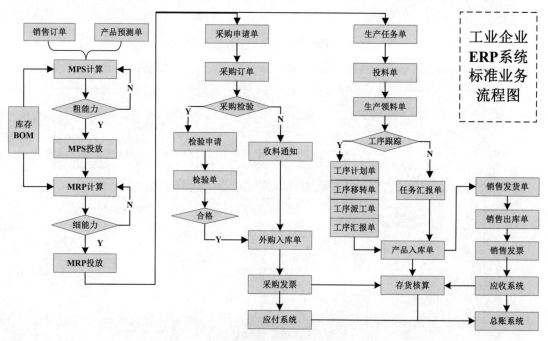

图 6-25 工业企业 ERP 标准业务流程图

1. 绩效管理

企业发展目标，平衡计分卡，关键绩效指标的制定，根据关键绩效指标做出各项业务、财务指标的预算，在预算指标的指导与控制下，进行企业日常的核心业务流程的运作管理。

2. 需求管理

K/3 ERP 销售管理业务(一)：产品预测单、销售报价单、销售订单的录入及审核。

3. 计划管理

主生产计划(MPS)计算：增加 MPS(主生产计划)方案、计划方案维护、计划展望期维护，进行 MPS 运算、粗能力计划计算及计算结果调整。计算结果投放，自动生成 MPS 物料的生产计划单。

物料需求计划(MRP)计算：MRP 计算方案维护、MRP 计算、细能力平衡计算并调整计算结果、计算结果投放自动生成 MRP 物料的采购申请单及生产任务单。

4. 采购管理

供应商基础资料：采购申请单、采购订单、收料通知单、外购检验申请单、外购物料检验单、外购入库单、采购结算发票、外购费用发票，入库单与发票钩稽。

5. 生产任务管理

普通生产任务管理：生产任务单下达，自动生成生产投料单、生产领料单、任务汇报、完工产品检验申请单、完工产品检验单、完工产品入库、生产任务结案。

工序跟踪车间作业管理：生产任务单下达，自动生成工序计划单、工序派工单、工序移转单、工序检验、工序汇报。

6. 仓存管理

库存管理(一)：外购入库单、生产领料单。
库存管理(二)：产品入库单、库存盘点、倒冲领料、报表分析。
销售管理(二)：发货通知单、销售出库单、结算发票、出库单与发票钩稽、报表分析。

7. 财务核算

存货核算：材料入库核算、材料出库核算、产品入库核算和产品出库核算。
成本计算：成本分配标准、费用归集与计算。
财务会计：总账、应收、应付、现金、固定资产、工资、现金流量表、财务报表、财务分析。

本案例培训，着重 2～7 项的主要业务流程管理，其余从略。

一、需求管理

需求管理是 ERP 项目管理的起点，主要指销售订单和销售预测的数据录入和应用。需求的明确是触发后续一系列业务的基础。

以下是 ERP 销售管理业务(一)的相关内容。

1. 产品预测单

产品预测是企业根据历史数据及未来市场趋势做出的销量判断，预测数据可以作为后续生产计划编制的依据。它的主要作用在于指导生产部门进行生产，相当于企业的周、月或季生产计划根据市场行情的变化、企业销售业绩的统计分析和企业的生产能力条件做出的市场需求预测。产品预测和销售订单是重要的计算物料毛需求的依据。产品预测可以按月进行并均摊到每一周。

步骤：计划管理→主生产计划→产品预测→产品预测录入(根据表 6-18，录入 3 月份的数据)→保存→审核。

表 6-18　2021 年 3 月度交货预测计划

月份	产 品	销量(台)	第一周	第二周	第三周	第四周	第五周
3	M100 手机	8000	1600	1600	1600	1600	1600
	M200 手机	10000	2500	2500	2500	2500	—

预测时要注意开始与结束日期，例如 M100 手机的 3 月销售量将分摊入 5 周，结束时最后一周相差 2 天，需将 4 月 1 日和 4 月 2 日的日期填补入 3 月，4 月份预测时需减去这两个生产日程。M200 手机的 3 月销售量分摊如果是 4 周，那么就需去掉最后一周 3 月 29 至 3 月 31 日的生产日程，否则无法实现按周均化。

2. 销售报价单

【案例】：深圳天音公司欲订购 M100 手机和 M200 手机，中南移动电话公司按照购货批量给出报价，由销售员王兵在 2021 年 3 月 1 日给出报价单：

M100 手机单价为 2200 元/个；M200 手机单价为 2500 元/个。

步骤：供应链→销售管理→报价→销售报价单→手工录入→录入相关内容→保存→审核。

3. 销售订单

【案例】：深圳天音于 2021 年 3 月 2 日回复，同意上述报价，具体订货：

M100 手机 100 个，M200 手机 150 个，要求交货日期为：2021 年 3 月 30 日。

销售方式：赊销。交货方式：发运；运输提前期 2 天。交货地点：深圳机场。结算日期：2021 年 3 月 31 日。结算方式：银行汇票。

销售部业务员王兵于同日选原单据为销售报价单进行关联，生成了销售订单，主管及时审核。

步骤：供应链→销售管理→订单处理→销售订单→录入(通过关联销售报价单的方法生成销售订单)→保存→审核。

本案例，对于 MTO 类型的企业，成品库中剩余库存较少或不足，需要按订单安排计划生产。销售订单需根据销售报价单信息填制，形成数据关联关系，这样可以使业务流程形成单据链，前后业务数据保持一致，也方便信息化管理的应用。K3 系统中通过单据头源单类型、源单号选取实现。录入示意图如图 6-26 所示，方框为录入注意数据项，请依据案例实际数据录入信息。

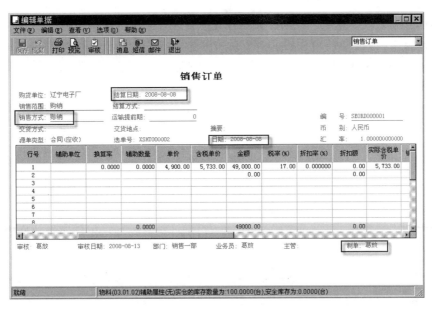

图 6-26　销售订单录入示意图

二、计划管理

计划管理通过主生产计划 MPS(Master Production Schedule)和物料需求计划 MRP(Material Requirement Planning)，帮助企业解决需要生产什么和在什么时候生产，以及需要什么相关的物料，在何时购买等问题，从而达到降低库存、提高服务水平(及时交货)的目的。

在 MPS 中，通过将独立需求(销售或预测)与现有库存、预计入库进行比较，得到主要产品(MPS 类物料)的计划订单数量、计划投产日期及计划完工日期。该订单可以进行人工维护，将能力的影响体现在计划的改变上。对确定的计划订单，也可作为预计入库量，实现滚动计划功能。MRP 以 MPS 的计划订单作为需求的来源，针对相关需求的自制件和采购件进行计划安排计算。

1. 主生产计划(MPS)计算

主生产计划的计算过程是将客户需求转化为企业产品生产安排的过程。首先将每天的需求汇总为毛需求，然后检查现有库存及预计入库是否满足需求，如不满足，就会产生净需求的产品生产计划订单，该计划订单就是主生产计划安排。此外还要根据负荷与能力的平衡情况及物料批量法则对主生产计划进行调整。最后确认的产品生产计划订单对外应满足客户的供货需求，对内将作为下级相关需求物料的毛需求来源。

1) 计划方案维护，增加 MPS(主生产计划)方案

在进行主生产计划计算之前，首先要进行计划方案维护。计划方案分三种：MPS 方案、MRP 方案、项目 MRP 方案。计划方案维护是指对所有控制 MPS、MRP 或项目 MRP 运算的参数进行选定设置。主要有运算参数、投放参数及其他参数。对每一类方案可以实现新增、修改、删除、保存等操作。

步骤：计划管理→主生产计划→系统设置→计划方案维护→新增。

基础设置中已经把 M100 手机和 M200 手机设为主生产计划(MPS)物料，其他物料设置为物料需求计划(MRP)物料。

方案要求：

需求来源：销售订单；考虑未审核的销售订单。预计可用量计算：考虑未审核的采购订单；考虑未下达手工录入的任务单；考虑确认的计划订单作为预计量。物料汇总方式：物料+时间。

计算公式：

物料需求数量=毛需求/(1-损耗率%)-现有库存+安全库存-预计入库量+已分配量。

根据公式选取相应的计算参数，公式运算表达会自动生成。

采购申请人：李林。采购部门：采购部。自制件生产类型：工序跟踪普通订单。委外加工件生产类型：委外加工。其他为系统默认。如图 6-27 所示。

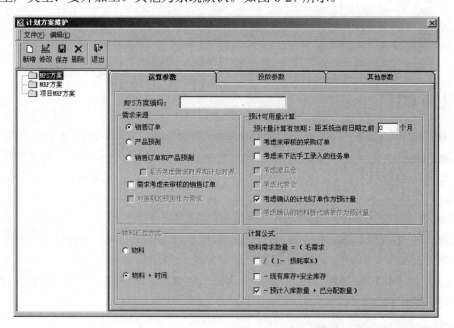

图 6-27　计划方案维护示意图

2) 计划展望期维护

计划展望期是主生产计划运算及编制的时间范围。

步骤：计划管理→主生产计划→系统设置→计划展望期维护。

时区序列：1。时区个数：6。各时区天数：5。

3) BOM 进行低位码维护

低位码维护主要针对 BOM 资料低层码计算和合法性检查，有助于后期运算的效率提升。步骤：计划管理→生产数据管理→BOM 维护→低位码维护。

4) MPS 运算

依据需求来源及运算方案，计算 MPS 对象物料的生产时间与生产数量。注意选择开始日期，系统默认为当前计算机系统时间，且不能早于计算机系统时间。

步骤：计划管理→主生产计划→MPS 计算→MPS 计算，如图 6-28 所示。

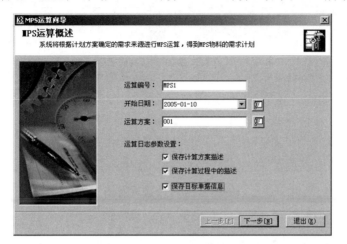

图 6-28　MPS 运算示意图

5) MPS 计划订单查询

通过 MPS 计划订单可以查询产品的生产计划，并可进行人工修改。在设置计划方案时，系统默认的生产类型为"工序跟踪普通订单"。由于现在生成的生产任务单 M100 手机(A1)没有工艺路线，所以在投放计划订单之前要把没有工艺路线的 A1 计划订单的生产类型改为"普通订单"。

步骤：计划管理→主生产计划→MPS 维护→MPS 维护→计划订单修改。

6) 粗能力计划

粗能力计划只对主生产计划所需的关键工作中心生产负荷和能力进行估算，给出能力需求的概貌。粗能力计划的处理过程直接将主生产计划与执行这些生产任务的关键工作中心联系起来。所以，它可以从能力方面评估主生产计划的可行性。

步骤：计划管理→粗能力需求计划→粗能力清单→粗能力清单生成。

　　　 计划管理→粗能力需求计划→粗能力计算→粗能力计算。

　　　 计划管理→粗能力需求计划→粗能力计算→粗能力查询。

7) MPS 计划订单投放

MPS 计算结果需通过投放下达到下一层 MRP 计划，未投放的 MPS 计划订单不能作为 MRP 计算的依据。

步骤：计划管理→主生产计划→MPS 维护→MPS 审核→计划订单结果投放→投放，如图 6-29 所示。

8) 生产任务单下达

投放后的 MPS 计划订单可在生产任务单处进行查询。若有修改，此时仍可在生产任务单上进行修改。

步骤：生产管理→生产任务管理→生产任务→生产任务单→查询。

可以查询到，自动生成的 M100 手机，M200 手机的生产任务单。

本案例计划订单结果：将计算结果的建议完工/开工期填写在表 6-19 中。

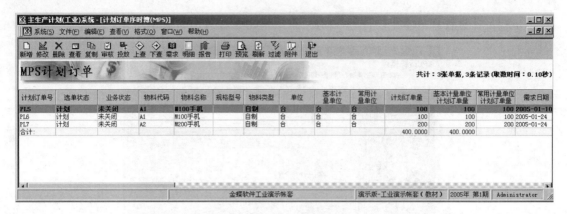

图 6-29 MPS 投放示意图

表 6-19 计划订单

物 料	数 量	建议完工期	建议开工期	生产类型	生产车间
M100 手机				普通类	一车间
M200 手机				工序跟踪类	二车间

确认无误后的生产任务单需要下达，下达后将生产具体可执行生产任务单。

步骤：生产管理→生产任务管理→生产任务→生产任务单维护→下达，如图 6-30 所示。

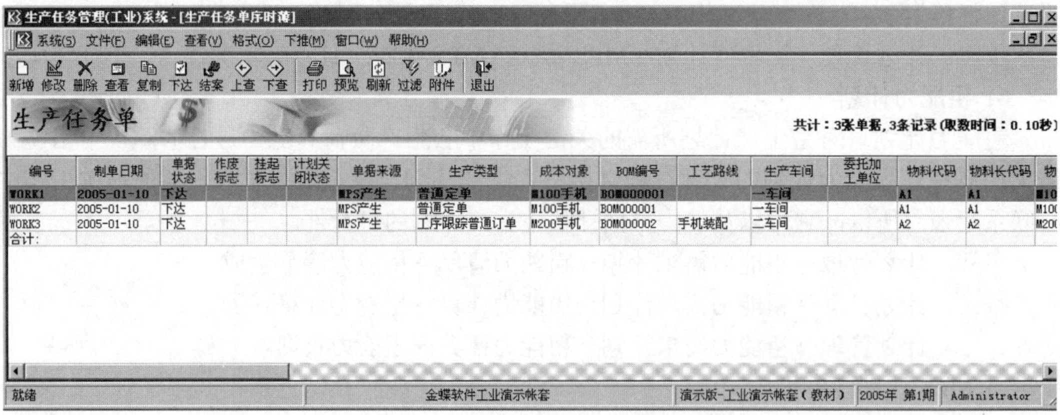

图 6-30 生产任务单下达示意图

2. 物料需求计划(MRP)计算

物料需求计划的计算是把相关需求转化为计划的过程。与主生产计划相比较，物料需求计划主要是对相关需求物料进行需求计算。这些物料是按 BOM 单展开的关于数量和时间的需求，主要有外购、自制和委外等物料。

在一般情况下，可以对独立需求及重要的物料进行主生产计划计算及安排，然后根据确认的主生产计划运行物料需求计划，得到相关需求物料的需求计划。如果不需要进行主生产计划，也可以直接运行物料需求。这种情况下，将对所有的物料进行需求计算。

1) 计划方案

物料需求计划的计算逻辑与主生产计划是一致的：

净需求=毛需求+已分配量-(现有库存-安全库存)-预计入库量

本案例资料如下。

方案要求： 需求来源：主生产计划。预计可用量计算：考虑未审核的采购订单；考虑未下达手工录入的任务单；考虑确认的计划订单作为预计量。物料汇总方式：物料+时间。

计算公式：

物料需求数量=毛需求/(1-损耗率%)-现有库存+安全库存-预计入库量+已分配量。

采购申请人：李勇。采购部门：采购部。自制件生产类型：工序跟踪普通订单。委外加工件生产类型：委外加工。其他为系统默认，如图6-31所示。

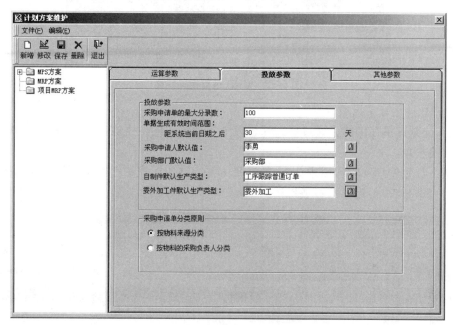

图6-31 MRP方案示意图

2) MRP计算

主生产计划的净需求按 BOM 单展开的数量是物料需求计划计算相关需求物料的毛需求。经计算，在净需求的基础上，考虑到成品率、损耗率、批量原则等实际因素，可得到生产计划订单或采购申请订单的数量要求。考虑到制造提前期或采购提前期等实际因素，可得到生产计划订单或采购申请订单的投放时间的要求。

步骤：计划管理→物料需求计划→MRP计算→MRP计算(相关界面参见图6-32)。

3) 细能力需求计划

细能力计划是对所有物料所经过的工作中心进行了负荷计算。

步骤：计划管理→细能力需求计划→细能力计算→细能力计算。

4) MRP计算结果计划订单调整

生成的MRP计划订单仍然可以进行加工方式、数据和时间的调整。

步骤：计划管理→物料需求计划→MRP维护→MRP维护→计划订单修改。

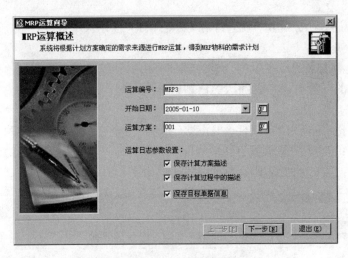

图 6-32　MRP 运算相关界面

5) MRP 计划订单投放

MRP 计划订单在细能力通过后，通过投放下达到车间，生成生产任务单，同时生成相关物料的投料单。

步骤：计划管理→物料需求计划(参见图 6-33)→MRP 维护→结果投放→先选择部门，然后单击"审核"，最后再"投放"。

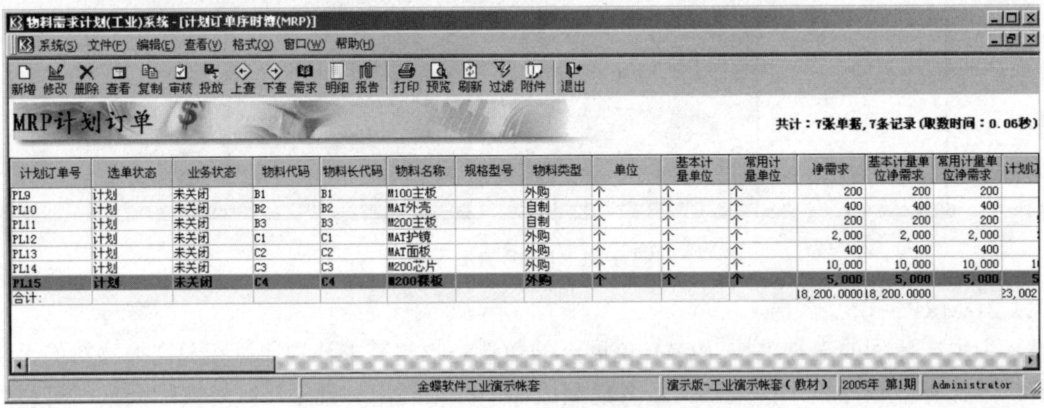

图 6-33　物料需求计划相关界面

在设置计划方案时，系统默认的生产类型为"工序跟踪普通订单"，现在生成的生产任务单除 M200 主板外均没有工艺路线，所以在下达任务单之前要手工把除 M200 主板外的任务单的生产类型改为"普通订单"。

三、采购管理

采购管理系统是采购申请、采购订货、进料检验、仓库收料、采购退货、购货发票处理、供应商管理、价格及供货信息管理、订单管理、质量检验管理等功能综合运用的管理系统。

采购管理系统主要日常业务有：办理采购申请、采购订货、进料检验、仓库收料、采购退货、价格管理、库存信息及订单执行跟踪情况等业务处理,并根据企业业务及职能管理需要的不同分别提供业务管理报表及业务分析资料;采购管理系统提供丰富灵活的业务单据生成、业务资料修改、作废、审核(包括多级审核)、关闭、反关闭、查询(包括业务查询和关联查询)、打印输出、引入、传递共享等功能。

1. 采购申请单

采购申请单是采购部门根据计划部门的主生产计划、物料需求计划、库存管理需要、销售订货、或零星需求等实际情况,向上级业务主管或部门提请购货申请,并需批准的业务单据。一般情况下,申请部门根据具体需要物料的情况进行采购申请,经上级业务审核后执行。

本案例中,通过 MRP 计划订单的投放,自动生成外购件物料的采购申请,通过查询可检查所需数量是否符合要求,若符合要求,审核即可。

步骤:供应链→采购管理→采购申请→采购申请单维护→查询。

结果可以查询到 MRP 计算结果的相关需求外购件 B1、C1、C2、C3、C4 物料的采购申请单。

2. 采购订单

采购订单是购销双方共同签署的、以确认采购活动的标志,是企业正式确认的、具有经济合法地位的文件(也就是采购合同)。通过它可以直接向供应商订货并可查询采购订单的收料情况和订单执行状况,是采购业务工作中非常重要的管理方式,在 ERP 系统中担负着采购管理核心地位。

步骤:供应链→采购管理→订单处理→采购订单→录入(通过关联采购申请单信息集成生成)→保存→审核,采购订单如图 6-34 所示。

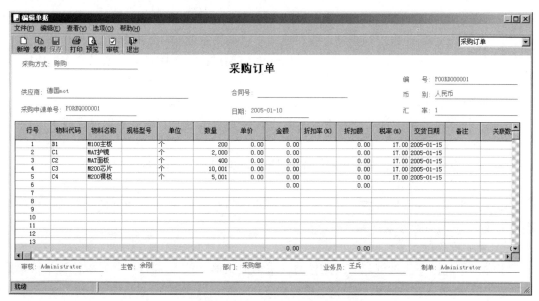

图 6-34 采购订单示意图

注意:

(1) 在关联采购申请单时,可用 Shift 键连着选择分录,也可用 Ctrl 键挑着选择分录。

(2) 采购订单中的物料单价,应根据合同实际情况人工录入,可以与物料基础资料中的计划单价有所不同。

(3) 如果要对供应商进行严格管理,采购订单中的供应商一定是要供应商评估通过的,否则采购订单不能保存。实际上,应根据投料单需求时间,分期分批采购。

本案例简化为 3 月 3 日一次集中下采购订单。供货商:中山电机。结算日期:2021.3.31。制单日期:2021.3.3。

原单据:选为采购申请单。单据号:按 Shift 键选择全部分录→核定数量→价格为物料的计划价→可修改→签名→保存→审核。

3. 外购入库

外购入库单,是确认货物入库的书面证明。第一,它是体现库存业务的重要单据,外购入库单不仅表现了货物转移,同时也是所有权实际转移的重要标志。第二,外购入库单是货币资金转为储备资金的标志。外购入库单一方面表现了实物的流入,形成储备资金,另一方面预示着货币资金的流出或债务的产生,因此,相关的采购发票处理与其关系非常密切。第三,外购入库单也是财务人员据以记账、核算成本的重要原始凭证。在 ERP 系统中,外购入库单确认后,需要继续处理采购发票与外购入库单的核销或外购入库单的暂估、自动生成记账凭证、原材料成本的核算,从而为正确进行成本核算和结账打下基础。这一连串的连续业务处理说明外购入库单是重要的核算单据。

外购物料到货后,根据物料是否检验的要求,分为两种情况入库。

(1) 对于免检的外购物料,本案例的外购物料 B1、C2、C3、C4 为免检。

① 收料通知单。

收料通知单是采购部门在物料到达企业后,登记由谁验收、由哪个仓库入库等情况的详细单据,便于物料的跟踪与查询。收料通知单可根据企业实际选择填制。

步骤:供应链→采购管理→收料通知单→录入(通过关联采购订单的信息集成生成)→保存→审核。

② 外购入库单。

步骤:供应链→采购管理→外购入库单→录入(通过关联收料通知单信息集成生成)→填入入库仓库→保存→审核。

(2) 对于抽检或全检的外购物料,本案例的外购物料 C1 为抽检。

① 采购检验申请单。

步骤:供应链→质量管理→采购检验→采购检验申请单→录入(通过关联采购订单信息集成生成)→填入检验方案→保存→审核。

② 采购检验单。

步骤:供应链→质量管理→采购检验→采购检验单→录入(通过关联采购检验申请单信息集成生成)→填入检验结果→保存→审核。

系统自动将检验结果的合格数量返写到检验申请单。

③ 外购入库单。

步骤：供应链→采购管理→入库→外购入库单→录入(通过关联外购检验申请单的信息集成生成)→填入入库仓库→保存→审核。

4. 采购结算

本案例中，应收应付系统尚未结束初始化，因此本步骤采购发票及费用发票可在应收应付结束初始化后再行填制。

四、生产任务管理

1. 普通生产任务

1) 生产投料单

普通生产任务下达后会根据 BOM 自动生成投料单，作为车间领料单的生成依据。

步骤：生产管理→生产任务管理→生产任务单→查询(在 MPS，MRP 计算结果的计划订单投放时，已自动生成 M100、M200、B2 及 B3 的生产任务单)→处于计划状态，必须审核。

直接在单据上单击"下达"按钮。注意生产任务单"状态"的变化，由计划状态转为下达状态。

生产任务单"下达"产生的影响如下。

(1) 对于普通类型、委外加工类型的生产任务，按 BOM，自动生成定额投料单。

(2) 对于工序跟踪类型的生产任务，一方面，按 BOM 自动生成定额投料单；同时，按工艺路线的安排，自动生成加工工序计划单。

本案例全选生产任务单，一次全部下达。

生产投料单是根据生产任务单上对应物料的 BOM 生成的生产原料配比，是一个理论值，实际的用量需结合企业生产过程的损耗、报废等情况产生。

步骤：生产管理→生产任务管理→生产投料→生产投料单→查询。

2) 生产领料单

生产领料单，是确认货物出库的书面证明，是财务人员据以记账、核算成本的重要原始凭证。在系统中，生产领料单确认后，需要继续处理出库成本的计算。

领料单的生成系统提供了关联投料单自动生成、人工新增等多种方法，零料的方法系统提供了单件领料、工序领料、配套领料、批量领料、倒冲领料多种方法，企业可根据实际情况灵活应用。

车间人员到仓库进行生产领料，仓库人员核对领料单上的数量和发料仓库无误后，发料，并保存领料单。如果系统参数选择"严格按投料单发料"时，仓库发料人员所发的物料数量不得大于投料单上应发数量，否则领料单不能保存。

本案例中，物料 C1 为倒冲领料，直接办理调拨单，从材料库调拨到一车间现场库。调拨数量，2000 个，最后根据产品数据倒推计算实际用量并生成领料单。

步骤：供应链→仓存管理→仓库调拨单→仓库调拨单→录入。

其余物料按生产进度分批领料。

(1) 先领 C2，与已调拨的 C1，生产出 B2，B2 入库，有批号管理，生成 C1 的倒冲领料单。

(2) 办两张领料单，分别从材料库和一车间现场库领出 B1、B2，制造 A1，A1 生产任务汇报，A1 检验入库，入库序号管理。

先生产 B2。步骤：生产管理→车间管理→生产领料→生产领料单→录入(关联生产投料单的信息集成生成)→领料数量可在定额内分批领用，不同的仓库要分别开领料单→保存→审核。

3) 生产任务汇报

对于普通生产订单，完工后填写任务汇报单，表明生产任务的完成时间和数量。

步骤：生产管理→生产任务管理→任务单汇报→任务单汇报→录入(关联生产任务单，并如实录入有关生产任务完成的数据)→保存→审核。

本案例：B2 生产完成，做生产任务汇报。

4) 产成品入库

步骤：供应链→仓存管理→验收入库→产品入库→录入。

本案例：B2 生产完成，免检入库，入库的批号管理。在入库单的"批号"的字段里，输入以 YY-MM-DD 为规定的批号，即以年月日为编码原则。

5) 倒冲领料：倒冲领料单生成

步骤：供应链→仓存管理→验收入库→产品入库→查询。

在入库单序时簿上，选中有倒冲物料的入库单，在工具条的"编辑"下拉菜单中单击"倒冲领料"，系统自动生成倒冲领料单。

倒冲领料单处理：

步骤：供应链→仓存管理→领料发货→生产领料→查询。

打开自动生成的倒冲领料单，将发料仓库改为被调拨库，保存，审核。

本案例：在 B2 的入库单中生成物料 C1 的倒冲领料单。将发料仓库由材料库改为一车间现场库。保存，审核。查询 C1 物料的及时库存的变化。

按生产进度的要求，先后需要生产二批 B2。以上管理流程按时间先后，要重复两次。

生产 A1，领料管理、生产任务汇报管理同上。由于 A1 需求产品检验，因此在 A1 生产完工，任务汇报后需进行产品检验流程。

6) 产品检验

对于抽检或全检的产品，需要填制产品检验申请单和产品检验单。

步骤：供应链→质量管理→产品检验→产品检验申请单。

步骤：供应链→质量管理→产品检验→产品检验单(由质检部门根据检验方案进行产品完工质量检验)。

检验单上要选定物料、检验方案，录入检验项目的检验值以及检验合格数。

本案例：产品 A1 为全检，先做产品检验申请单，接着做产品检验单，检验方案为信号检查，检验值为 100，检验结果全部合格。

7) 产品入库

检验合格后的产品方可办理产品入库单。

步骤：供应链→仓存管理→验收入库→产品入库→录入。

在产品入库单的录入界面，原单据：关联产品检验单。交货单位：一车间。收货仓库：成品库，注意核查应收数和实收数。实际上，可以分批入库。

同时，案例中的产品 A1 要求进行序号管理。在入库单界面，单击工具条上的 SN 按钮，出现的序列号管理对话框，用"批量生成"的方法，前缀为 A1202103，起步为 0061，终止为入库数量(0150)，步长为 1，码位长度 4。即可自动为入库的产品 A1 生成相应的序号(A12021030061-A12021030150)。

2. 工序跟踪生产任务

精细化的车间管理需要将生产控制落实到每道工序上，业务人员针对每个工序进行计划、领料、生产、完成情况的回报等业务工作，同时通过对工序上的生产情况的统计数据，为车间管理人员提供信息反馈。

工序跟踪一般实行在对过程质量管控要求较高，工艺具有一定复杂性的产品对象上。本案例中主板(B3)和 M200 手机(A2)需要进行工序跟踪管理，对加工的每一道工序进行过程化数据记录，包括开始完工的时间、数量及合格率。本案例中需要先生产出 B3，然后与前面已经生产好的 B2 一起生产出 A2，基本生产流程如图 6-35 所示。

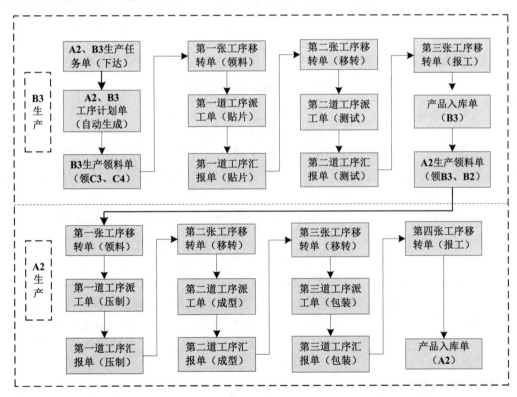

图 6-35　生产流程示意图

1) 工序计划单

工序计划单是下达给工作中心加工的工序指令。只有生产类型为工序跟踪的生产任务才需要建立工序计划单。工序计划单的来源主要有手工新增、下达生产任务时自动生成、排产方式、工序替代等几种方式。其中自动生成时，其依据为工艺路线生成。

本案例中 B3 与 A2 为工序跟踪生产任务,依据 RT1 主板制作和 RT2 手机制作生产两张工序计划单,可直接查询。

步骤:生产管理→车间作业管理→工序计划→工序计划单→查询(工序跟踪类生产任务单下达时自动生成工序计划单),如图 6-36 所示。

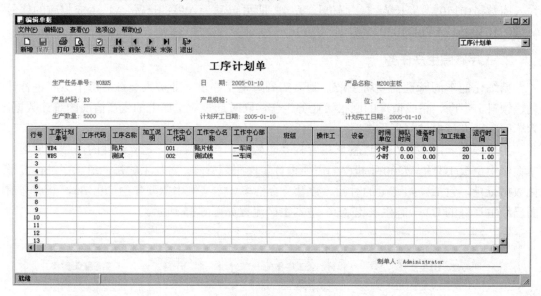

图 6-36   工序计划单示意图

2) 工序移转单

工序移转单为前后两道工序之间的转接清单,注明了从前一道工序转到后一道工序的物料数量和时间。工序移转单分为领料、移转和报工 3 种类型,领料通常为第一道工序的移转单,只有转入工序,无转出工序。报工为最后一道工序结束后的移转单,只有转出工序,无转入工序,中间均为移转类型。

工序移转单可手工填制,也可系统自动生成。自动生成需要在工艺路线制作时对相应工序设置为自动移转,并在上一道工序汇报完成后自动生成。本案例为自动生成,在生产任务单下达时,自动生成了第一张工序移转单,类型为领料。

本案例,首先领料 C3,C4(一张领料单、材料库),按工艺路线 RT1,经过贴片,测试两道工序,加工出 B3-M200 主板。两次工序汇报,免检入库。重复上述操作过程两次。

步骤:生产管理→车间作业管理→工序移转→工序移转单→查询→保存/审核。

第一道工序,移转类型为"领料"。只有接收工序,接收人,而没有转出,如图 6-37 所示。

3) 工序派工单

工序派工是指将工序计划按日期、数量分派到具体的班组、操作工、设备。有的企业把工序派工单成为工票,是操作工执行生产任务的依据。

工序派工单通常为手工填制。

步骤:生产管理→车间作业管理→工序派工→工序派工单→录入(关联上一张工序移转单录入)→保存→审核,如图 6-38 所示。

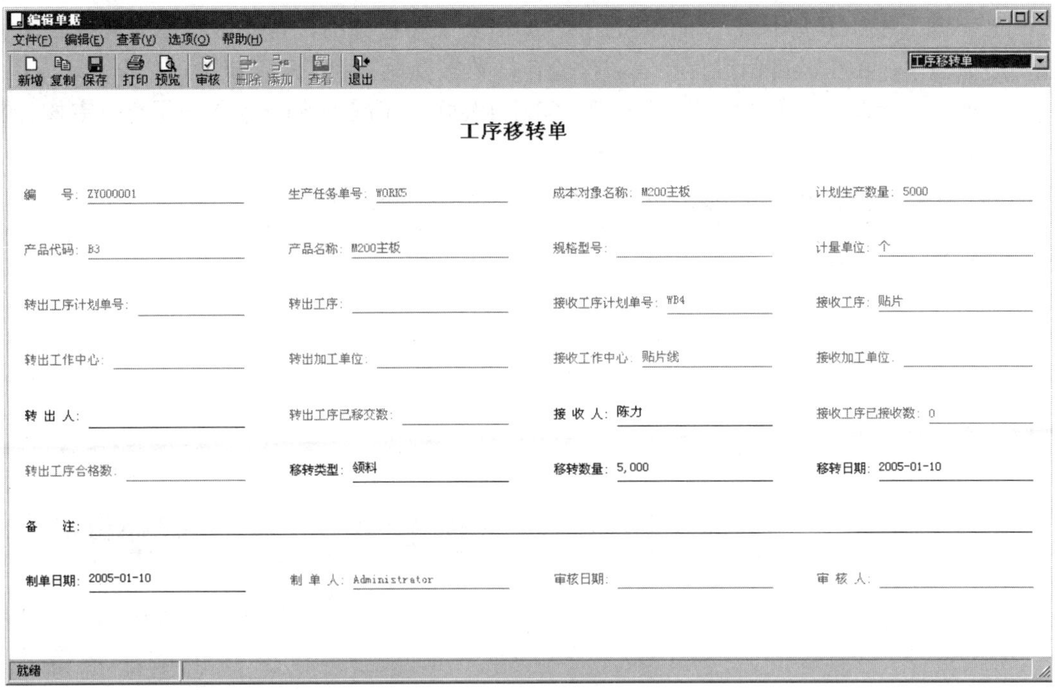

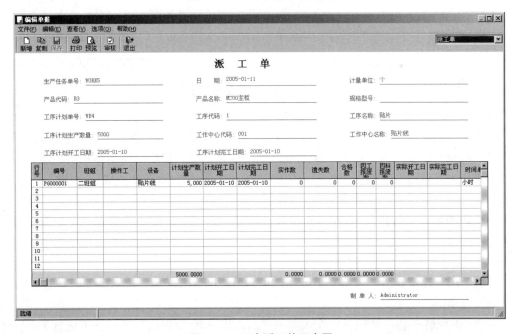

图 6-37 工序移转单示意图

图 6-38 工序派工单示意图

4) 工序汇报单

工序汇报是工序的执行过程中或完成后将生产日期、数量、质量、工时等信息汇报入系统的业务。一道工序可多次汇报，工序之间可相互检查汇报交接情况。工序汇报单上合格数量是下一道工序转入的依据，因此需准确填写。

上一道工序加工完毕后，做工序汇报。如需要工序检验的，则在做完工序汇报后，生成工序检验单，由检验部门进行检验，检验合格数量会返写到工序汇报单上。

步骤：生产管理→车间作业管理→工序汇报(关联工序派工单)→录入→保存→审核。录入合格数量和完工工时等信息，如图 6-39 所示。

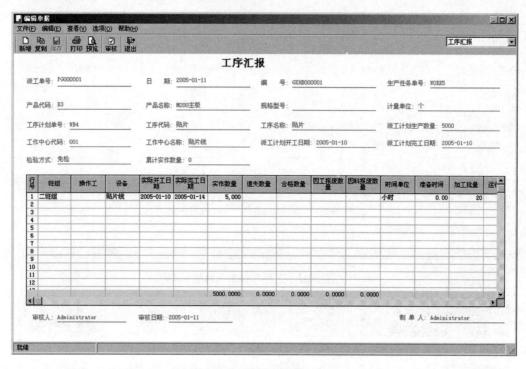

图 6-39　工序汇报单示意图

5) 下一道工序移转单

做完第一道工序向第二道工序的工序移转单后，接着做第二道工序派工单、第二道工序的工序检验单、第二道工序的工序汇报。依次反复，直到最后一道工序加工完成。

步骤：生产管理→车间作业管理→工序移转→工序移转单(自动生成)→查询。

注意：第一道工序，移转类型为"领料"。只有接收，没有转出。从第二道开始的中间工序，移转类型为"转移"。有转出与接收。最后一道工序，移转类型为"报工"。只有转出，没有接收。

6) 产品完工入库

最后一道工序汇报后，需将完工产品入库，填制产品入库单。本案例生产好的 B3 需填制产品入库单。

步骤：供应链→仓存管理→验收入库→产品入库→录入(根据生产任务单进行关联)→保存→审核。

7) 生产任务结案

步骤：生产管理→生产任务管理→生产任务单→查询(选择需要进行"结案"处理的任务单→单击工具条上的"结案"按钮即可)。

注意：当产品入库数量等于任务单数量时，系统会自动将此生产任务单结案。

自此，B3 生产全部完结。下一步，领料 B2，B3(两张领料单，B2，一车间现场库，批号选择。B3　二车间现场库)，按工艺路线 RT2，经过压制、成型、包装三道工序，加工出 A2 手机，三次工序汇报，重复上述操作三次。

五、仓存管理

本案例中外购入库单，生产领料单，产品入库等均在相关业务系统完成，在此不再重复论述。由于 C1 为倒冲领料，其生产领料单尚未制作，需在对应产品入库单的基础生产倒冲领料单，否则生产的归集将会缺失。

1. 倒冲领料

处理流程：对自制件、委外件中需要以倒冲方式领料的物料，在 BOM 表中设定该物料为倒冲领料；在仓存管理中办理"调拨单"→车间按"生产任务单"组织生产，填报生产任务汇报单(或工序任务汇报单)→办理产品入库单(或委外加工入库单)→在入库单序时簿的"编辑"下单击"倒冲领料"→系统自动生成倒冲物料的生产领料单，将发料仓库改为调拨库，即冲减调拨物料的数量，如图 6-40 所示。

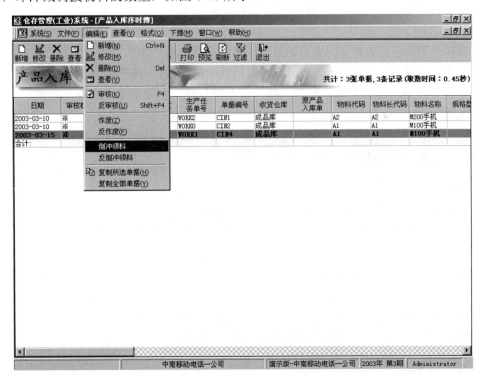

图 6-40　倒冲领料示意图

2. 销售发货

当库存满足销售订单要求时，需要组织产品发货。先进行库存查询，然后填制发货通知，最后填制销售出库单。

步骤：供应链→销售管理→库存查询→及时库存查询。

本案例查询结果：成品库，A1 手机：_____台。

A2 手机：_____台。

1) 发货通知单

发货通知单是企业内部流转的一张通知性单据，往往由销售员填制并通知仓库人员组织发货。销售部销售员王兵查询库存数量后，按"销售订单"的要求，开出"销售发货通知"。

步骤：供应链→销售管理→发货通知→关联销售订单录入。

客户：选深圳天音。时间：2021 年 3 月 28 日。

原单据：销售订单。选单号：选定两条记录，返回。发货仓库：选成品库，检查发货数量，保管员，发货员，主管签字，保存，审核。

2) 销售出库单

销售出库单是记录库存变化的单据，与发货通知单对应。发货通知单在企业实际应用中可选做，但销售出库为必选项，否则无法扣减库存。

步骤：供应链→销售管理→销售出库单→关联发货通知单录入。

客户：选深圳天音。时间：2021 年 3 月 28 日。

原单据：发货通知单。选单号：选定两条记录，返回。发货仓库：选成品库，检查发货数量。

发货序号管理：选定产品 A1 的记录，单击工具条中的"SN"，出现序列号管理对话框，单击工具条中的"选择"，在出现的序列好对话框中，用 Shift 键选定要发货的 100 个序号，单击"确定"按钮。回到入库单界面。保管员，发货员，主管签字，保存，审核。

3) 结算发票

若应收应付系统未结束初始化，建议在结束后再录入，否则发票无法传递至应收系统。本案例将在应收系统结束初始化后进行销售结算。

3. 库存盘点

库存盘点是处理与库存数据相关的日常操作和信息管理的综合功能模块，主要包括备份盘点数据、打印盘点表、输入盘点数据、编制盘点报告表等处理功能，实现对盘点数据的备份、打印、输出、录入、生成盘盈盘亏单据等。它是对账存数据和实际库存数据进行核对的重要工具，是保证企业账实相符的重要手段。盘点根据企业实际物料的库存管理定期进行。

处理流程：备份账存数据→打印盘点表→现场实物盘点，记录盘点结果→录入盘点数据→编制盘点报告→自动生成盘盈盘亏单据→账面数据调整。

4. 仓存管理报表分析

仓存管理系统中提供了企业基本的各项数据的报表查询，通过报表查询企业可进行各项库存台账的分析及后续管理的改进与决策。特殊报表可通过查询分析自建 SQL 语句生成报表，详情可参见后续章节个性化应用中的说明。本案例查询报表如下。

(1) 供应链—仓存管理—报表分析—采购明细表。

(2) 供应链—仓存管理—报表分析—采购汇总表。

(3) 供应链—仓存管理—报表分析—物料批次跟踪表。

(4) 供应链—仓存管理—报表分析—物料序列号跟踪表。

六、财务核算

在 ERP 系统中，主要通过以下 4 个渠道实现企业业务信息与财务信息的无缝集成、一体化管理。

(1) 通过采购、销售管理业务系统的发票传到应付、应收系统，制作记账凭证，自动将记账凭证传递到总账系统。

(2) 存货核算管理系统中，将采购、销售等业务系统的物料出、入库的有关单据制作成记账凭证，并自动传递到总账系统。

(3) 在成本管理系统中，按产品成本计算的要求，从各有关业务系统中提取料、工、费的标准数据，计算出计划成本。从产品生产过程中，归集料、工、费、投入、完工产出等实际发生的数据，并按一定的标准进行"费用对象化"的分配，完成实际成本的计算。通过成本分析，实现对业务系统运作的成本控制。

(4) 在财务报表中，通过不同的函数取数公式，从相关的业务、财务系统中提取数据，并完成计算、显示，实现财务报表与业务信息的集成。

1. 应付款管理

本案例中应付款管理系统主要针对采购业务中的应付款进行管理，包括付款、发票结算等。未涉及业务在本案例中将不予论述。

1) 系统初始化

系统初始化遵循参数设置、基础资料、初始数据录入、结束初始化四个步骤。

(1) 系统参数。

选择"系统设置"→"系统设置"→"应付账款"→"系统参数"。

基本信息："公司名称"为"中南移动电话公司"，"会计期间"启用与当前均为 2021 年 3 月。

其他设置：发票、付款单、退款单科目为应付账款受控于应收应付系统；应付票据为应付票据科目，税金科目为增值税进项税。核算项目类别：供应商。

参数设置：根据业务需要具体设置，本案例需要将"审核人与制单人不为同一人"设为空。其余默认。

(2) 基础资料。

选择"系统设置"→"基础资料"→"应付账款"→"类型维护"→"凭证模板"→"供货信息维护"。

共三项明细功能根据实际情况作具体设置。本案例全部默认。

(3) 初始数据录入。

选择"系统设置"→"初始化"→"应付账款"→"初始数据录入"→"应付账款"→"应付票据"。

共两项明细功能根据实际情况作具体录入。本案例全部没有初始数据。

(4) 结束初始化。

选择"财务会计"→"应付款管理"→"初始化"→"结束初始化"。

系统成功启用。

2) 应付款业务

(1) 采购发票。

采购发票是供应商开给购货单位，用以付款、记账、纳税的依据。系统提供发票登记管理功能。若系统启用了应付系统，则应在应付系统结束初始化后才能录入，否则发票将无法传递至应付系统。

步骤：供应链→采购管理→结算→采购发票→录入(通过关联采购入库单的信息集成生成)→填入实际单价→保存→审核。

(2) 费用发票。

费用发票主要指在采购过程中发生的运输、装卸等费用。若费用由对方承担，则无须录入。本案例录入一张 1500 元运费发票。

步骤：供应链→采购管理→费用发票→费用发票→录入(关联采购发票的信息集成生成)→录入费用项目和费用数值→保存→审核。

(3) 采购发票与采购入库单钩稽。

钩稽为采购成本的匹配，即外入库单与采购发票间的匹配。

步骤：供应链→采购管理→结算→采购发票→钩稽。

选择钩稽单据显示字段，连属费用发票，进行采购发票和采购入库单的钩稽。两者数量相等，钩稽通过。

(4) 发票查询。

选择"财务会计"→"应付款管理"→"发票处理"→"采购发票"→"查询"。

过滤条件：事务类型选"采购增值税发票"。其余条件项：选"全部"。

可以看到所选定的采购增值税发票。

(5) 付款单。

选择"财务会计"→"应付款管理"→"付款"→"付款单"→"新增"。

供应商：设为"中山电机"。时间：设为"3 月 31 日"。工具条上：选择"应付款"，对中山电机有两张应付款发票，全选中(前面出现一个钩)，确定。发票金额自动写入到"应付金额"中。保存、审核。

(6) 核销。

付款单填制时关联对应发票，在审核时会自动核销。否则需要到应付款结算处进行付款结算(核销)处理。

选择"财务会计"→"应付款管理"→"付款"→"付款单"→"查询"。

在付款单序时簿中选中收款单，打开，在工具条上选择"核销"。付款单状态：已核销。

(7) 付款单凭证处理。

已核销的付款单需生成付款凭证。

选择"财务会计"→"应付款管理"→"付款"→"付款单"→"查询"。

在付款单序时簿中选中付款单，打开，在工具条上选择"凭证"。

凭证字：选"记"字。贷方科目：工商银行存款科目，1102.01(若无此明细科目需要手工添加)。保存。

2. 应收款管理

1) 系统初始化

应收系统初始化与应付系统基本一致，在参数设置中比应付系统多一项坏账计提。

(1) 选择"系统设置"→"系统设置"→"应收账款"→"系统参数"。

基本信息："公司名称"为"中南移动电话公司"，"会计期间"启用与当前均为 2021年 3 月。

坏账计提方法："计提方法"为"直接转销法"；"费用科目代码"为"损益类—管理费用—坏账计提—5502.02"。

其他设置：发票、收款单、退款单科目为应收账款(受控于应收应付系统)；应收票据为应收票据科目，税金科目为增值税销项税。核算项目类别：客户。

参数设置：根据业务需要具体设置，本案例需要将"审核人与制单人不为同一人"设为空。其余默认。

(2) 基础资料。

选择"系统设置"→"基础资料"→"应收账款"→"类型维护""价格管理""凭证模板""信用管理""折扣资料"。共五项明细功能根据实际情况作具体设置。本案例全部默认。

(3) 初始数据录入。

选择"系统设置"→"初始化"→"应收账款"→"初始数据录入"→"应收账款""应收票据""期初坏账"。

共三项明细功能根据实际情况作具体录入。本案例全部没有初始数据。

(4) 结束初始化。

选择"财务会计"→"应收款管理"→"初始化"→"结束初始化"。

系统成功启用。

2) 应收款业务

(1) 销售发票。

销售发票是供货单位开给购货单位，据以收款、记账、纳税的依据。它是实现企业经营收入目标的基本保障，在 ERP 系统的销售管理中占据核心地位。

本案例中在销售业务处理时尚未启用应收款管理系统，因此需要在初始化应收系统后，在销售管理系统中补填销售发票。在销售管理系统作结算将发票传到应收款管理系统实现业务与财务信息集成。步骤如下：供应链→销售管理→结算→销售发票录入。

关联销售出库单生成销售发票。日期：3 月 30 号。业务员、部门。保存、审核。

(2) 钩稽：销售发货过程中发生其他费用由对方承担。

钩稽为销售成本的匹配，即销售出库单与销售发票间的匹配。

供应链→销售管理→结算→销售发票→钩稽/反钩稽。选定销售发票，在工具条上"钩稽"。销售出库单钩稽显示选项、销售发票钩稽显示选项，分别作适当选定后，"钩稽"。钩稽成功。

(3) 发票查询。

选择"财务会计"→"应收款管理"→"发票处理"→"销售发票"→"查询"。

过滤条件：事务类型选"销售增值税发票"。其余条件：选"全部"。

可以看到所选定的销售增值税发票。

(4) 收款单。

选择"财务会计"→"应收款管理"→"收款"→"收款单"→"新增"。

日期：3 月 31 日(修改)。客户：深圳天音(选取)。

在工具条中选择"应收款"。关联销售发票。核查无误，签名，保存，审核。

收款单状态：未核销。

(5) 核销。

当收款单与销售发票关联填制时，收款单审核即自动核销，否则需到应收款结算，到款结算处进行核销。

选择"财务会计"→"应收款管理"→"收款"→"收款单"→"查询"。

在收款单序时簿中选中收款单，打开，在工具条上选择"核销"。

收款单状态：已核销。

(6) 收款单凭证处理。

选择"财务会计"→"应收款管理"→"收款"→"收款单"→"查询"。

在收款单序时簿中选中收款单，打开，在工具条上选择"凭证"。

凭证字：选"记"字。借方科目：工商银行存款科目，1102.01(若未增加，需在科目中新增明细科目)。保存。

3. 存货核算

存货核算系统是供应链系统与财务系统相连的一个重要衔接环节，供应链系统中的各种单据都要在本系统中通过核实与结算来完成成本的确认。本案例实现了企业业务、财务一体化的完整管理，是总账和供应链系统的接口。

存货核算系统接收物流模块(仓存、采购、销售)产生的核算单据，进行金额核算，将应计入存货成本的采购费用与加工费用传递到应付系统，并将生成的凭证传递到总账系统。

存货核算顺序：外购入库核算→材料出库核算→自制品入库核算→产品出库核算，四步依次进行。

1) 外购入库核算

外购入库核算是对已收到发票的外购入库物料的实际成本进行计算，包括采购价和采购费用两部分。采购价由与外购入库单相钩稽的发票决定。采购费用由用户录入后，可按数量、按金额或手工先分配到发票上每一条物料的金额栏，再通过核算功能，将买价与采购费用之和根据钩稽关系分配到对应的入库单上，作为外购入库的实际成本。

本案例由采购中有运费产生，因此选择按金额分配。

供应链→存货核算→入库核算→外购入库核算。

在工具条上选择"核算"→费用分配方式→按金额分配。

单击快捷按钮"分配"，分配成功。

单击快捷按钮"核算"，核算成功。

双击打开发票，查看费用分配结果。

2) 材料出库核算

材料出库核算：首先要根据实际情况，对需要进行核算的物料、仓库、仓库组及有关选项进行设置，然后，开始出库核算。系统会按照物料代码和仓库(组)顺序，逐个物料、仓库(组)计算，计算时需用到的资料有期初余额、本期入库数量及入库成本、物料的计价方法、出库数量。

同一条出库记录，由于物料采用的计价方法不同，可能计算出不同的单位出库成本。系统提供了先进先出法、后进先出法、加权平均法、移动平均法、分批认定法及计划成本法等成本计算方法供企业选用，各种计价方法可在系统中并行使用。对于红字出库单据和调拨单，系统也会根据系统选项设置来决定出库成本。

供应链→存货核算→出库核算→材料出库核算。

按对话框提示单击"下一步"按钮→选择"结转本期所有物料"→单击"下一步"按钮→系统自动核算材料出库成本。如果出现"存在已审核无单价的单据"则按以下步骤处理：

供应链→存货核算→无单价单据维护→更新无单价单据。

计算完毕后可查询材料出库成本，步骤如下：

供应链→存货核算→出库核算→材料成本明细表。

3) 自制品入库核算

自制品入库核算主要用来录入或引入产品入库成本、盘盈入库成本。

核算表中的物料单价有两种方法生成：第 1 种手工直接录入，第 2 种待成本计算完后系统自动反填。本案例按第 2 种，成本计算后系统生成。

(1) 成本管理系统初始化。

系统参数设置：选择"系统设置"→"系统设置"→"成本管理"→"系统参数"。

基本信息："公司名称"为"中南移动电话公司"；"会计期间"，启用与当前均为 2021 年 3 月。

基础数据设置：选择"系统设置"→"基础资料"→"成本管理"→"分配标准维护""成本类型维护"。

共两项明细功能根据实际情况作具体设置。本案例全部默认。

数据录入：选择"系统设置"→"初始化"→"成本管理"→"期初余额设置"。

根据实际情况作具体录入。本案例全部没有初始数据。

结束初始化：选择"系统设置"→"初始化"→"成本管理"→"初始化"→"结束初始化"。

系统成功启用。

(2) 分配标准设置。

分配标准设置如下：

选择"成本管理"→"实际成本"→"分配标准设置"→"部门间费用分配标准设置"。

选择"统一设置"→费用要素：工资费用、折旧费用→分配标准全部选择："实际完工产量"。

选择"成本管理"→"成本管理"→"分配标准设置"→"共耗材料费用分配标准

设置"。

选择"统一设置"→费用分配标准："实际完工产量"。

选择"成本管理"→"成本管理"→"分配标准设置"→"其他共耗费用分配标准设置"。

选择"统一设置"→费用要素：工资费用、折旧费用→分配标准全部选择："实际完工产量"。

选择"成本管理"→"成本管理"→"分配标准设置"→"辅助生产费用分配标准设置"。

选择"成本管理"→"成本管理"→"分配标准设置"→"其他共耗费用分配标准设置"。

选择"成本管理"→"成本管理"→"分配标准设置"→"制造费用分配标准设置"。

选择"统一设置"→费用要素：工资费用、折旧费用→分配标准全部选择："实际完工产量"。

分配标准数据录入。本案例采用计划成本法，所以无须录入标准数据。

(3) 费用归集与分配。

产量录入：选择"成本管理"→"成本管理"→"产量录入"→"投入产量录入"。

在工具条上选择"引入"→单击"下一步"按钮，选择数据引入方式→选择数据源"生产任务单"→单击"下一步"按钮完成。

费用录入：选择"成本管理"→"成本管理"→"费用录入"。

部门间共耗费用、人工费用、折旧费用全部通过手工录入，其金额分别为：1000、30000、2000，两个部门各占 50%。

选择"成本管理"→"成本管理"→"费用录入"→"材料费用"。

材料费用显示"领料单"，打开每一张领料单补充"成本对象"，若已经存在则无须操作。

费用分配：选择"成本管理"→"成本管理"→"费用分配"。

部门间共耗费用、材料费用、其他费用分配、辅助生产费用分配、制造费用分配，快捷按钮"自动"费用全部自动分配。

(4) 成本计算。

选择"成本管理"→"成本管理"→"成本计算"→"成本计算合法性检查"。

按对话框提示单击"下一步"按钮→选择"实际成本计算合法性检查"→单击"下一步"按钮→系统自动核算材料出库成本。

选择"成本管理"→"成本管理"→"成本计算"→"产成品成本计算"。

按对话框提示单击"下一步"按钮→单击"下一步"按钮→成本计算选择"实际成本计算"→单击"下一步"按钮→单击"下一步"按钮→完成。

查看报告：如报告中有红色信息显示，则表明计算成本有误，根据具体提示做相应修改，继续完成成本计算。

(5) 入库核算。

供应链→存货核算→入库核算→自制品入库核算。

单击快捷按钮"核算"。

供应链→存货核算→出库核算→产成品出库核算。

按对话框提示单击"下一步"按钮→选择"结转本期所有物料"→单击"下一步"按钮→系统自动核算产品出库成本。

(6) 成本分析。

成本查询：供应链→存货核算→报表分析→销售毛利润汇总表。

在此表中可以详细查到每个物料的销售收入、销售成本、销售毛利润以及其销售毛利率。

选择"成本管理"→"成本管理"→"成本分析"→"成本结构分析""成本比较分析"等报表查询。

4) 产品出库核算

产品出库核算：该模块主要用来核算产品出库成本(产品是指物料属性为自制的物料)，其操作流程与材料出库核算类似。选项设置→出库核算→查看报告。

更新无单价单据：对于系统中一些需要手工确定的单价，系统一方面提供了手工录入的功能；另一方面提供了不确定单价更新的功能，以方便操作。

特殊出库单据核算：系统还可核算不确定单价的单据和核算红字出库单据。

供应链→存货核算→出库核算→产品出库核算。

按对话框提示单击"下一步"按钮→选择"结转本期所有物料"→单击"下一步"按钮→系统自动核算产品出库成本。

产品出库核算是在完成自制入库核算的基础上进行的。本案例待产品成本计算完成并完成自制入库核算后再做处理。

4. 凭证管理

在 ERP 系统中，首先要在凭证模板设置模块中生成凭证模板，建立单据的类型、主要业务内容与凭证基本要素之间的对应关系，为将来自动生成凭证打下基础。核算单据根据凭证模板生成记账凭证。凭证模板设置得是否正确，直接决定了出入库单等核算单据生成的凭证是否正确。

存货核算系统的凭证管理模块可将各种业务单据按凭证模板生成凭证，可根据凭证模板上选定的科目属性生成不同的凭证，如数量金额凭证、外币凭证等。单据上的核算项目(包括自定义的核算项目类型字段)信息也可传递到凭证。还可对生成的凭证进行查询和修改，并实现了单据和凭证之间的联查，物流和资金流在本模块实现同步。

生成凭证：对已完成入库或出库核算的核算单据，在选择事务类型、录入过滤条件、生成凭证选项后，即可生成凭证，并可查看报告。

凭证查询：利用该模块可查询、修改、删除核算系统生成的凭证。在存货核算系统生成的凭证将传递至总账系统，但只能在存货核算系统进行修改，总账系统不可修改，仅能查询。

(1) 凭证生成。

凭证模板：供应链→存货核算→凭证管理→凭证模板。

在计划成本法部分下做四张成本凭证模板：外购入库、产品入库、销售出库和生产领用四张模板。本案例的四张模板已做好，仅需在模板上选择对应的凭证字"记"。

由于 ERP 系统在生成凭证中会检查所有模板的合法性，因此需要把实际成本法中对应 4 个模板的凭证字"记"选上，否则无法通过合法性检查。

在实际成本法下做三张发票的资金流凭证模板：采购发票(专用)、采购费用发票(普通)和销售收入(赊销)。

在生成凭证模板前，需要将采购发票和销售发票上的往来科目填制完整，采购发票对应应付账款，销售发票对应应收账款。系统中提供了默认模板，但由于本案例根据业务票据生成凭证的方法，系统默认模板无法生成凭证，主要在于科目取数不符合要求，因此需新增一个模板，并将此设为默认模板。

采购发票/采购费用发票：

贷　取单据上的往来科目　　　　单据上的价税合计

借　凭证模板(进项税)　　　　单据上税额

借　取单据物料上的存货科目　单据上的不含税金额

采购费用发票若无税额，则可将单据上税额取数项删除。

销售发票(赊销)：

贷　取单据上物料的销售收入科目　单据上的不含税金额

贷　凭证模板(销项税)　　　　　　单据上的税额

借　取单据上的往来科目　　　　　单据上的价税合计

(2) 凭证生成。

供应链→存货核算→凭证管理→凭证生成。

在事务类型对话框中逐一选择对应的单据，单击"确定"按钮。选定要生成凭证的单据，单击快捷按钮"按单"，系统自动按相应的模板生成凭证，保存。本案例需生成 7 类凭证。

5. 总账管理

总账系统适用于各类企业、行政事业单位进行凭证处理、账簿查询、财务结转、损益调整、往来管理、系统维护等各种操作。此系统是一切财物数据的收集点，是 ERP 系统各个模块之间联系的交点。本案例中主要对业务系统生成的凭证进行审核、过账，其他财务相关业务不再涉及。

(1) 总账系统初始化。

系统参数设置：选择"系统设置"→"系统设置"→"总账"→"系统参数"。

系统："公司名称"为"中南移动电话公司"。

选择"总账"→"基本信息""预算：默认"。

选择"总账"→"凭证"：勾选"凭证过账前必须审核"。

"会计期间"，启用与当前均为 2021 年 3 月。

初始数据录入、试算平衡。

选择"系统设置"→"初始化"→"总账"→"科目初始数据录入"。

币别选择"综合本位币"。单击快捷按钮"平衡"，本案例财务无期初数据。

启用总账系统。

选择"系统设置"→"初始化"→"总账"。

在工具条上选择"文件"结束初始化。

(2) 凭证处理。

凭证审核：选择"财务会计"→"总账"→"凭证处理"→"凭证查询"→"成批审核"。

凭证过账：选择"财务会计"→"总账"→"凭证处理"→"凭证过账"→"全部过账"。

6. 财务报表

ERP 系统提供了资产负债表和利润表的自动生成模板，本案例需结合会计科目引入的模板(股份制)，选取对应的资产负债表和利润表模板。

报表生成：

选择"财务会计"→"报表"→"股份制企业"→"资产负债表""利润表"。

在工具条上选择"数据"→"报表重算"。

第四节 单据自定义及套打格式设置

一、单据自定义

单据自定义是企业根据自身实际需求对 K3 系统中原有标准单据格式进行个性化设置的过程。

请参照案例的表格格式，对采购订单、外购入库单和生产领料单进行格式设置，附三张单据的图片格式，分别如图 6-41、图 6-42、图 6-43 所示。

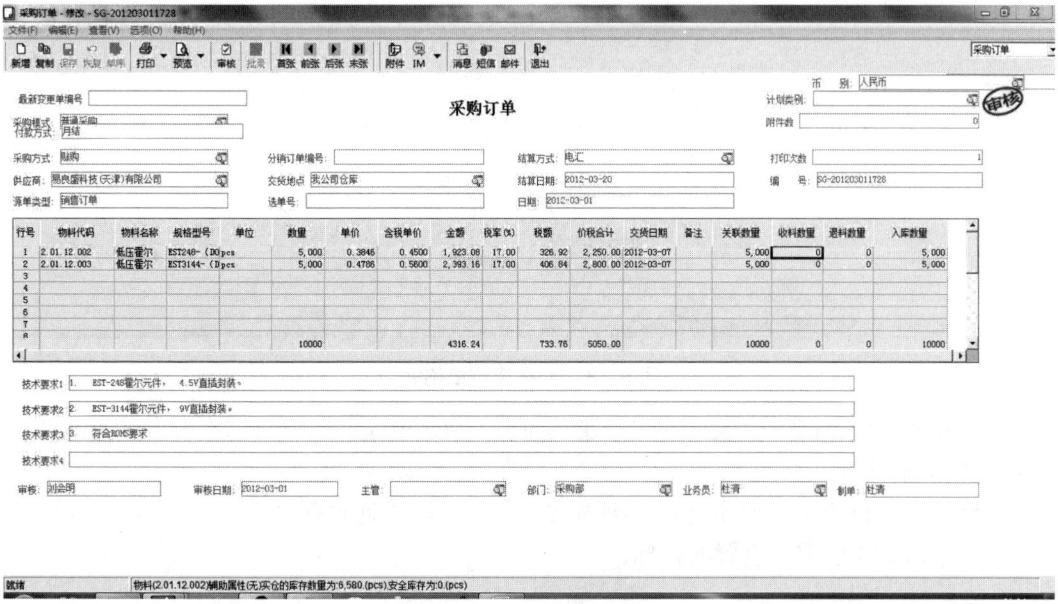

图 6-41　采购订单格式

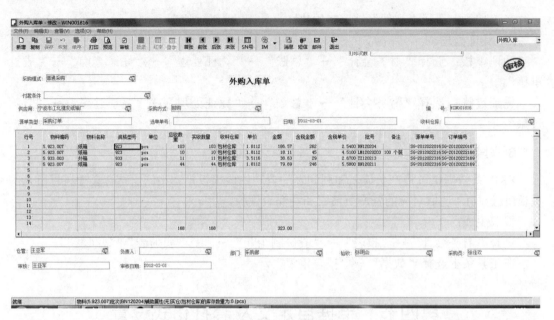

图 6-42　外购入库单格式

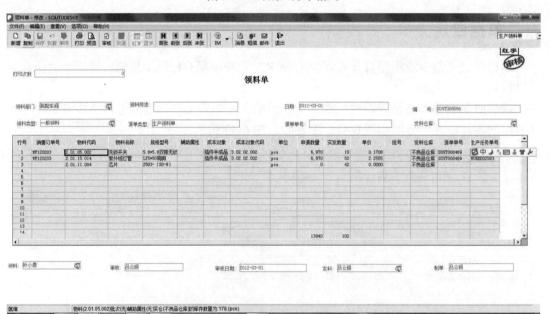

图 6-43　生产领料单格式

实验路径："系统"→"K/3 客户端工具包"→"辅助工具"→"单据自定义",出现的界面如图 6-44 所示。

说明：单据自定义类似所有的单据格式,在这里可以通过新增字段,并修改字段的名称、类型来达到我们需要设置的目标。

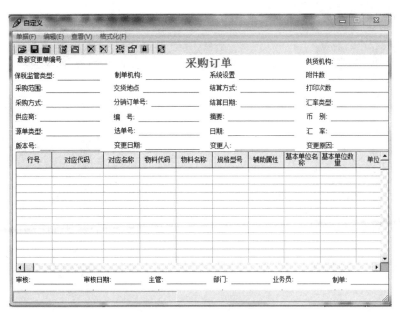

图 6-44　单据自定设置示意图

二、单据套打设置

　　请参照案例的表格格式，对采购订单和外购入库单设置打印格式，如图 6-45、图 6-46 所示。

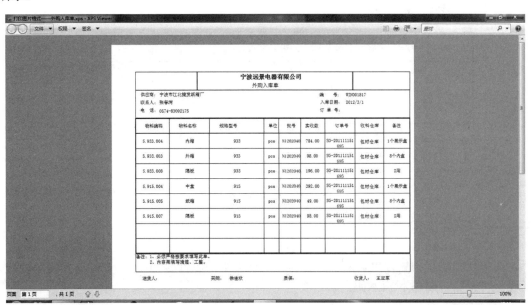

图 6-45　外购入库单

　　实验路径：打开对应的单据，选择"文件"→"套打设置"→套打文件设置→选择默认的打印格式，如图 6-47 所示。

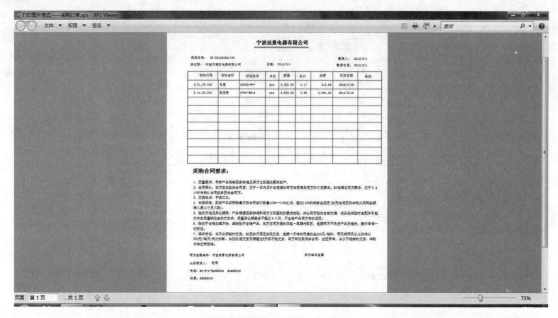

图 6-46　采购订单

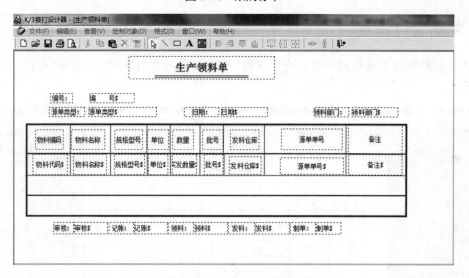

图 6-47　单据套打示意图

三、单据编码设置

在系统中设置销售订单、采购订单和生成任务单的单据编码可手工修改，采购订单的单据号可根据日期+3 位流水码自动生成。

四、结束初始化

(1) 进行财务业务对账，确保总账存货余额与仓库期初金额一致。

(2) 进行财务总账与应收、应付系统对账，确保总账应收账款和应付账款的余额与应收应付系统期初金额一致。

    (3) 结束供应链初始化工作。

    (4) 结束应收系统初始化工作。

    (5) 结束应付系统初始化工作。

    (6) 结束财务总账系统初始化工作。

 本章小结

    (1) 本章以远景公司真实案例数据为主线，全面模拟仿真了 ERP 实施、应用的过程，需要学习者在深入理解实施方法论的基础上，理论结合实践掌握相关知识与技能。

    (2) 本章所用案例数据，部分由于信息量较大，未做截图示例，课堂学习可参考随书光盘调取全套案例数据。

    (3) 本章在案例实践中，重点在于模拟企业真实环境，没有给出具体的操作结果画面，学习者可根据实验数据自行验证。

 复习思考题

    1. 客户、供应商、物料资料如何进行编码设计，列举你所设计的编码方式。

    2. 请画出本公司所列示产品结构图。

    3. 请根据本案例模拟结果，用数据定量分析本月公司盈利情况。

第七章　ERP 个性化应用

【学习要点及目标】

(1) 掌握 ERP 个性化应用的概念及含义。

(2) 掌握 ERP 个性化应用的范围及类型。

(3) 掌握 ERP 个性化应用的方法及工具。

(4) 掌握 ERP 个性化应用的技巧，学会进行简单的 ERP 二次开发。

【核心概念】

K/3 ERP 系统数据结构　个性化报表开发　触发器设计

【引导案例】

客户需求的多样性

软件已经成功上线两个月，系统运行正常，客户的各种单据、报表也能正常生成，数据准确。但是，企业高层需要简单直观地看到每期客户下单的情况，并需要看到每家客户的份额比例及同比、环比数据。同时，企业还需要根据采购订单时间对比采购入库的时间，从而来判断该供应商该批次送货是否及时，以此类推统计一定期间内的交货及时率，方便对供应商来进行考评。然而在 K/3 系统中并无提供这样的统计报表，企业对此十分不满，认为软件功能不足，达不到预期目标。

【案例导学】

这个案例启示:

系统正常运行是项目成功的标志，但是在客户个性化的需求下，系统能否灵活地适应，是考验 ERP 项目的一个关键因素。因此，针对企业进行个性化应用方案的制订是关系到项目获得良好评价的关键，也是 ERP 项目实施过程中必不可少的环节。

本章结合一些企业特殊要求，从 K/3 系统的数据结构入手，重点讲解如何进行个性化报表，触发器的设计开发，以满足 ERP 标准流程之外的需求。本章主要讲述 ERP 核心业务生产、供应链部分的数据表、触发器的设计开发。

第一节　数据库常用语言

一、基础

SQL 语句可以用来执行各种各样的操作。例如更新数据库中的数据、从数据库中提取数据等。目前，绝大多数流行的关系型数据库管理系统，如 Oracle、Sybase、Microsoft SQL Server、Access 等都采用了 SQL 语言标准。虽然很多数据库都对 SQL 语句进行了再开发和扩展，但是包括 Select、Insert、Update、Delete、Create 以及 Drop 在内的标准 SQL 命令仍然可以被用来完成几乎所有的数据库操作。

主要应用语言如下。

1．创建数据库

创建数据库的语句格式如下：

```
Create DATABASE database-name
```

2．删除数据库

删除数据库的语句格式如下：

```
drop database dbname
```

3．备份 SQL Server

备份 SQL Server 的语句格式如下：

```
---创建 备份数据的 device
    USE master
    EXEC sp_addumpdevice 'disk', 'testBack', 'c:\mssql7backup\MyNwind_1.dat'
--- 开始 备份
    BACKUP DATABASE pubs TO testBack
```

4．创建新表

创建新表的语句格式如下：

```
create table tabname(col1 type1 [not null] [primary key],col2 type2 [not
null],..)
```

根据已有的表创建新表，有以下两种格式：

(1) create table tab_new like tab_old (使用旧表创建新表)

(2) create table tab_new as select col1,col2…from tab_old definition only

5．删除新表

删除新表的语句格式如下：

```
drop table tabname
```

6．增加一列

增加一列的语句格式如下：

```
Alter table tabname add column col type
```

注意：列增加后将不能删除。DB2 中列加上后数据类型也不能改变，唯一能改变的是增加 varchar 类型的长度。

7．添加/删除主键

添加主键的语句格式如下：

```
Alter table tabname add primary key(col)
```

删除主键的语句格式如下：

```
Alter table tabname drop primary key(col)
```

8．创建/删除索引

创建索引的语句格式如下：

```
create [unique] index idxname on tabname(col....)
```

删除索引的语句格式如下：

```
drop index idxname on tabname
```

注：索引是不可更改的，想更改必须删除重新创建。

9．创建/删除视图

创建视图的语句格式如下：

```
create view viewname as select statement
```

删除视图的语句格式如下：

```
drop view viewname
```

10．几个简单的基本的 SQL 语句格式

(1) 选择语句：select * from table1 where 范围。
(2) 插入语句：insert into table1(field1,field2) values(value1,value2)。
(3) 删除语句：delete from table1 where 范围。
(4) 更新语句：update table1 set field1=value1 where 范围。
(5) 查找语句：select * from table1 where field1 like '%value1%'。

(6) 排序语句：select * from table1 order by field1,field2 [desc]。

(7) 求总数语句：select count as totalcount from table1。

(8) 求和语句：select sum(field1) as sumvalue from table1。

(9) 求平均值语句：select avg(field1) as avgvalue from table1。

(10) 求最大值语句：select max(field1) as maxvalue from table1。

(11) 求最小值语句：select min(field1) as minvalue from table1[separator]。

11．几个高级查询运算词

1) UNION 运算符

UNION 运算符通过与其他两个结果表(例如 TABLE1 和 TABLE2)组合可消去表中的任何重复行而所派生出一个结果表。当 ALL 随 UNION 一起使用时(UNION ALL)，不能消除重复行。两种情况下，派生表的每一行不是来自 TABLE1 就是来自 TABLE2。

2) EXCEPT 运算符

EXCEPT 运算符通过包括所有在 TABLE1 中但不在 TABLE2 中的行，可消除所有重复行而派生出一个结果表。当 ALL 随 EXCEPT 一起使用时(EXCEPTALL)，不能消除重复行。

3) INTERSECT 运算符

INTERSECT 运算符通过只包括 TABLE1 和 TABLE2 中都有的行，可消除所有重复行而派生出一个结果表。当 ALL 随 INTERSECT 一起使用时(INTERSECTALL)，不能消除重复行。

注：使用运算词的几个查询结果行必须是一致的。

12．使用外连接

1) left outer join

左外连接(左连接)：结果集既包括连接表的匹配行，也包括左连接表的所有行。示例如下：

```
SQL: select a.a, a.b, a.c, b.c, b.d, b.f from a LEFT OUT JOIN b ON a.a = b.c
```

2) right outer join

右外连接(右连接)：结果集既包括连接表的匹配链接行，也包括右连接表的所有行。

3) full outer join

全外连接：不仅包括符号连接表的匹配行，还包括两个连接表中的所有记录。

二、提升

了解一些基本常用 SQL 语句后，在实际的应用会有一些较为复杂的语句应用，下面就 ERP 数据库日常开发中常用语句解释如下。

1．复制表(只复制结构，源表名：a；新表名：b) (Access 可用)

方法一：select * into b from a where 1<>1。

方法二：select top 0 * into b from a。

2. 复制表(复制数据，源表名：a；目标表名：b) (Access 可用)

语句格式如下：

```
insert into b(a, b, c) select d,e,f from b。
```

3. 跨数据库之间表的复制(具体数据使用绝对路径) (Access 可用)

语句格式如下：

```
insert into b(a, b, c) select d,e,f from b in "具体数据库" where 条件
```

例子：

```
...from b in "&Server.MapPath('.'&'\data.mdb' &" where…
```

4. 子查询(表名 1：a 表名 2：b)

语句格式如下：

```
select a,b,c from a where a IN (select d from b
```

或者：

```
select a,b,c from a where a IN (1,2,3)
```

5. 显示文章、提交人和最后回复时间

语句格式如下：

```
select a.title,a.username,b.adddate from table a,(select max(adddate)
adddate from table where table.title=a.title) b
```

6. 外链接查询(表名 1：a 表名 2：b)

语句格式如下：

```
select a.a, a.b, a.c, b.c, b.d, b.f from a LEFT OUT JOIN b ON a.a = b.c
```

7. 在线视图查询(表名 1：a)

语句格式如下：

```
select * from (Select a,b,c FROM a) T where t.a > 1;
```

8. between 的用法

between 限制查询数据范围时包括了边界值，not between 不包括。
语句格式如下：

```
select * from table1 where time between time1 and time2
select a,b,c, from table1 where a not between 数值1 and 数值2
```

9. in 的使用方法

语句格式如下：

```
select * from table1 where a [not] in ("值 1","值 2","值 4","值 6")
```

10. 两张关联表，删除主表中已经在副表中没有的信息

语句格式如下：

```
delete from table1 where not exists ( select * from table2 where
table1.field1=table2.field1
```

11. 四表联查问题

语句格式如下：

```
select * from a left inner join b on a.a=b.b right inner join c on a.a=c.c
inner join d on a.a=d.d where ...
```

12. 日程安排中提前五分钟提醒

语句格式如下：

```
SQL: select * from 日程安排 where datediff('minute',f 开始时间,getdate())>5
```

13. 一条 SQL 语句搞定数据库分页

语句格式如下：

```
select top 10 b.* from (select top 20 主键字段,排序字段 from 表名 order by 排
序字段 desc) a,表名 b where b.主键字段 = a.主键字段 order by a.排序字段
```

14. 前 10 条记录

语句格式如下：

```
select top 10 * form table1 where 范围
```

15. 较为复杂的选择语句(1)

选择在每一组 b 值相同的数据中对应的 a 最大的记录的所有信息(类似这样的用法可以用于论坛每月排行榜、每月热销产品分析、按科目成绩排名等。语句格式如下：

```
select a,b,c from tablename ta where a=(select max(a) from tablename tb where
tb.b=ta.b)
```

16. 较为复杂的选择语句(2)

包括所有在 TableA 中但不在 TableB 和 TableC 中的行并消除所有重复行而派生出一个结果表。语句格式如下：

```
select a from tableA except (select a from tableB) except (select a from tableC)
```

17．随机取出 10 条数据

语句格式如下：

```
select top 10 * from tablename order by newid()
```

18．随机选择记录

语句格式如下：

```
select newid()
```

19．删除重复记录

语句格式如下：

```
Delete from tablename where id not in (select max(id) from tablename group
by col1,col2,...)
```

20．列出数据库里所有的表名

语句格式如下：

```
select name from sysobjects where type='U'
```

21．列出表里所有的列名

语句格式如下：

```
select name from syscolumns where id=object_id('TableName')
```

22．多重选择示例

列示 type、vender、pcs 字段，以 type 字段排列，case 可以方便地实现多重选择，类似 select 中的 case。语句格式如下：

```
select type,sum(case vender when 'A' then pcs else 0 end),sum(case vender
when 'C' then pcs else 0 end),sum(case vender when 'B' then pcs else 0 end)
FROM tablename group by type
```

显示结果：

```
type vender pcs
电脑 A 1
电脑 A 1
光盘 B 2
光盘 A 2
手机 B 3
手机 C 3
```

23．初始化表 table1

语句格式如下：

```
TRUNCATE TABLE table1
```

24. 选择从 10 到 15 的记录

语句格式如下：

```
select top 5 * from (select top 15 * from table order by id asc) table_别名
order by id desc
```

三、技巧

在真实的系统开发过程，往往会有一些小的语句编写技巧，以优化语句的算法，便宜阅读和修改。下面就几张常用技巧做简单解释。

1. "1=1" "1=2" 的使用，在 SQL 语句组合时用得较多

"where 1=1" 表示选择全部；"where 1=2" 表示全部不选。
例如：

```
if @strWhere !='
begin
set @strSQL = 'select count(*) as Total from [' + @tblName + '] where ' +
@strWhere
end
else
begin
set @strSQL = 'select count(*) as Total from [' + @tblName + ']'
end
```

我们可以直接写成：

```
set @strSQL = 'select count(*) as Total from [' + @tblName + '] where 1=1
安定 '+ @strWhere
```

2. 收缩数据库

1) 重建索引
语句格式如下：

```
DBCC REINDEX
DBCC INDEXDEFRAG
```

2) 收缩数据和日志
语句格式如下：

```
DBCC SHRINKDB
DBCC SHRINKFILE
```

3．压缩数据库

语句格式如下：

```
dbcc shrinkdatabase(dbname)
```

4．转移数据库给新用户以已存在用户权限

语句格式如下：

```
exec sp_change_users_login 'update_one','newname','oldname'
go
```

5．检查备份集

语句格式如下：

```
RESTORE VERIFYONLY from disk='E:\dvbbs.bak'
```

6．修复数据库

语句格式如下：

```
Alter DATABASE [dvbbs] SET SINGLE_USER
GO
DBCC CHECKDB('dvbbs',repair_allow_data_loss) WITH TABLOCK
GO
Alter DATABASE [dvbbs] SET MULTI_USER
GO
```

7．日志清除

语句格式如下：

```
SET NOCOUNT ON
DECLARE @LogicalFileName sysname,
@MaxMinutes INT,
@NewSize INT
USE tablename -- 要操作的数据库名
Select @LogicalFileName = 'tablename_log', -- 日志文件名
@MaxMinutes = 10, -- Limit on time allowed to wrap log.
@NewSize = 1 -- 你想设定的日志文件的大小(M)
-- Setup / initialize
DECLARE @OriginalSize int
Select @OriginalSize = size
  FROM sysfiles
  Where name = @LogicalFileName
  Select 'Original Size of ' + db_name() + ' LOG is ' +
  CONVERT(VARCHAR(30),@OriginalSize) + ' 8K pages or ' +
  CONVERT(VARCHAR(30),(@OriginalSize*8/1024)) + 'MB'
  FROM sysfiles
```

```
       Where name = @LogicalFileName
       Create TABLE DummyTrans
       (DummyColumn char (8000) not null)
       DECLARE @Counter INT,
       @StartTime DATETIME,
       @TruncLog VARCHAR(255)
       Select @StartTime = GETDATE(),
       @TruncLog = 'BACKUP LOG ' + db_name() + ' WITH TRUNCATE_ONLY'
       DBCC SHRINKFILE (@LogicalFileName, @NewSize)
       EXEC (@TruncLog)
-- Wrap the log if necessary.
       WHILE @MaxMinutes > DATEDIFF (mi, @StartTime, GETDATE()) -- time has not expired
       AND @OriginalSize = (Select size FROM sysfiles Where name = @LogicalFileName)
       AND (@OriginalSize * 8 /1024) > @NewSize
       BEGIN -- Outer loop.
       Select @Counter = 0
       WHILE ((@Counter < @OriginalSize / 16) AND (@Counter < 50000))
       BEGIN -- update
       Insert DummyTrans VALUES ('Fill Log')
       Delete DummyTrans
       Select @Counter = @Counter + 1
       END
       EXEC (@TruncLog)
       END
       Select 'Final Size of ' + db_name() + ' LOG is ' +
       CONVERT(VARCHAR(30),size) + ' 8K pages or ' +
       CONVERT(VARCHAR(30),(size*8/1024)) + 'MB'
       FROM sysfiles
       Where name = @LogicalFileName
       Drop TABLE DummyTrans
       SET NOCOUNT OFF
```

8. 更改某个表

语句格式如下：

```
exec sp_changeobjectowner 'tablename','dbo'
```

9. 存储更改全部表

语句格式如下：

```
Create PROCEDURE dbo.User_ChangeObjectOwnerBatch
@OldOwner as NVARCHAR(128),
@NewOwner as NVARCHAR(128)
  AS
  DECLARE @Name as NVARCHAR(128)
  DECLARE @Owner as NVARCHAR(128)
  DECLARE @OwnerName as NVARCHAR(128)
```

```
DECLARE curObject CURSOR FOR
select 'Name' = name,
'Owner' = user_name(uid)
from sysobjects
where user_name(uid)=@OldOwner
order by name
OPEN curObject
FETCH NEXT FROM curObject INTO @Name, @Owner
WHILE(@@FETCH_STATUS=0)
BEGIN
if @Owner=@OldOwner
begin
set @OwnerName = @OldOwner + '.' + rtrim(@Name)
exec sp_changeobjectowner @OwnerName, @NewOwner
end
-- select @name,@NewOwner,@OldOwner
FETCH NEXT FROM curObject INTO @Name, @Owner
END
close curObject
deallocate curObject
GO
```

10. SQL Server 中直接循环写入数据

语句格式如下：

```
declare @i int
set @i=1
while @i<30
begin
insert into test (userid) values(@i)
set @i=@i+1
end
```

第二节 常用 SQL 语言

在学习完第一节数据库常用语言之外，本节就其在日常报表的开发中常用的 SQL 语句作归纳说明。学习完本节内容后相信你已经能够进行简单报表的开发了。

1. 数据操作

数据操作是指对数据库中已有数据查询、增加、删除及更新的处理过程，主要语句如下。

(1) SELECT：从数据库表中检索数据行和列。

(2) INSERT：向数据库表添加新数据行。

(3) DELETE：从数据库表中删除数据行。

(4) UPDATE：更新数据库表中的数据。

2．数据定义

数据定义是指对数据库中数据的模式定义与数据的物理存取构建，主要语句如下。

(1) CREATE TABLE：创建一个数据库表。

(2) DROP TABLE：从数据库中删除表。

(3) ALTER TABLE：修改数据库表结构。

(4) CREATE VIEW：创建一个视图。

(5) DROP VIEW：从数据库中删除视图。

(6) CREATE INDEX：为数据库表创建一个索引。

(7) DROP INDEX：从数据库中删除索引。

(8) CREATE PROCEDURE：创建一个存储过程。

(9) DROP PROCEDURE：从数据库中删除存储过程。

(10) CREATE TRIGGER：创建一个触发器。

(11) DROP TRIGGER：从数据库中删除触发器。

(12) CREATE SCHEMA：向数据库添加一个新模式。

(13) DROP SCHEMA：从数据库中删除一个模式。

(14) CREATE DOMAIN：创建一个数据值域。

(15) ALTER DOMAIN：改变域定义。

(16) DROP DOMAIN：从数据库中删除一个域。

3．数据控制

数据控制是指对数据访问权限的控制，主要语句如下。

(1) GRANT：授予用户访问权限。

(2) DENY：拒绝用户访问。

(3) REVOKE：解除用户访问权限。

4．事务控制

事务控制是指对当前事务结束、中止的控制，主要语句如下。

(1) COMMIT：结束当前事务。

(2) ROLLBACK：中止当前事务。

(3) SET TRANSACTION：定义当前事务数据访问特征。

5．程序化 SQL

程序化 SQL 是指数据查询过程中的优化控制，主要语句如下。

(1) DECLARE：为查询设定游标。

(2) EXPLAN：为查询描述数据访问计划。

(3) OPEN：检索查询结果打开一个游标。

(4) FETCH：检索一行查询结果。

(5) CLOSE：关闭游标。

(6) PREPARE：为动态执行准备 SQL 语句。

(7) EXECUTE：动态地执行 SQL 语句。

(8) DESCRIBE：描述准备好的查询。

6．局部变量

局部变量是指用户可自定义的变量，作用范围仅在程序内部，主要语句如下。

(1) declare @id char(10)。

(2) set @id = '10010001'。

(3) select @id = '10010001'。

7．全局变量

全局变量是指数据库系统内部使用的变量，作用范围不局限于某一程序，而任何程序均可随时调用，主要语句定义如下。

(1) 必须以@@开头。

(2) IF ELSE。

第三节　案例开发应用

一、销售订单统计表

1．案例应用场景

在上一章案例的 ERP 系统中，虽然都有销售订单的明细，但是企业高层需要简单直观地看到每期内各客户下单的情况、份额比例及同比、环比数据。附客户提供的手工报表格式，如表 7-1 所示，需要开发顾问在系统中实现。

表 7-1　手工报表格式

客　户	接单数量	订单金额	比　例	同比增长	环比增长	原因分析
客户接单统计表 2021 年×月						
A	7004	131874.36				
B	1620	102930.99				
C	7360	639849.47				
D						

2．开发需求分析

客户需要的只是销售订单的统计，目前 ERP 系统中都有完整的销售订单，但都是明细。客户提出按照客户查看，以及我们可以利用 SQL 语句按客户要求汇总语句，汇总每家客户的接单数量和金额。但是客户可能又提出需要查看每期内的数据及同比和环比数据，所以我们在汇总销售订单的过程中，不仅需要根据输入的期间来汇总该时期内的数据，而且要汇总上月及上年同月的数据。但是总的来说开发原理不变。

3．开发样板语句

表 7-2 所示为根据该案例客户需求编制的二次开发语句，开发方式是编写存储过程。

表 7-2　销售订单统计表开发语句

执行过程：ke_cktjbyf '@niandu@','@yuefen@'

过程语句：

```
CREATE proc ke_cktjbyf    --ke_cktjbyf '2010','11'
@niandu int,
@yuefen int
As
set nocount on
select * into #xs000 from
(select t3.fname 客户,year(fdate) as yyyy ,month(fdate) as mm,
sum( fqty ) as qty,sum(fconsignamount) as jine
  from icstockbill v1
  JOIN icstockbillentry v2 ON  v1.finterid = v2.finterid  AND v2.FInterID<>0
  JOIN t_icitem v3 ON   v3.FItemID = v2.fitemid
  JOIN t_organization t3 ON   t3.FItemID = v1.fsupplyid
  where v1.ftrantype='21'  group by t3.fname,year(fdate), month(fdate)
)a
where (yyyy=@niandu or yyyy=@niandu-1) and (mm=@yuefen or mm=@yuefen-1)
select * into #xs00 from
(select 客户,@niandu as 年度,@yuefen as 月份,
(case when  yyyy=@niandu and mm = @yuefen  then qty else null end) as 销售
发货量,
(case when  yyyy=@niandu  and mm = @yuefen then jine  else null end) as 发货
金额,
(case when  yyyy=@niandu  and mm+1 = @yuefen  then qty else null end) as 销
售发货量s,
(case when  yyyy=@niandu  and mm+1 = @yuefen then jine  else null end) as 发
货金额s,
(case when  yyyy=@niandu+1  and mm = @yuefen  then qty else null end) as 销
售发货量q,
(case when  yyyy=@niandu+1  and mm = @yuefen then jine  else null end) as 发
货金额q
 from #xs000
)b
```

```sql
select * into #xs0 from
(select 客户,年度,月份,sum(销售发货量) as 销售发货量,sum(发货金额) as 发货金
额,sum(销售发货量s) as 销售发货量s,sum(发货金额s) as 发货金额s,sum(销售发货量q) as
销售发货量q,
sum(发货金额q) as 发货金额q from #xs00 group by 客户,年度,月份
)a
-- 按客户汇总#xs1
select * into #xs1 from
(select 客户,年度,月份,
isnull(sum(销售发货量),0) as 销售发货量 ,isnull(sum(发货金额),0) as 发货金额,
isnull(sum(销售发货量s),0) as 销售发货量s ,isnull(sum(发货金额s),0) as 发货金额s,
isnull(sum(销售发货量q),0) as 销售发货量q ,isnull(sum(发货金额q),0) as 发货金额q
from #xs0 group by 客户,年度,月份
 )a
-- 每月合计#xs2
select * into #xs2 from
(select 年度,isnull(sum(销售发货量),0) as 销售发货量 ,isnull(sum(发货金额),0) as
发货金额
from #xs1 group by 年度
)a
-- 增加同比等#xs3
select * into #xs3 from
(select t1.客户,t1.年度,t1.月份,
t1.销售发货量,t1.发货金额,
(case when t2.发货金额=0 then 0 else (t1.发货金额/t2.发货金额)*100 end) as 比例,
(case when t1.发货金额q=0 then 0 else (t1.发货金额/t1.发货金额q-1)*100 end) as
同比,
(case when t1.发货金额s=0 then 0 else (t1.发货金额/t1.发货金额s-1)*100 end) as
环比
 from #xs1 t1  --where t1.年度=@niandu  and t1.月份=@yuefen
join #xs2 t2 on t2.年度=@niandu
)a
--select * from #xs0
select *,'' as 原因分析 from #xs3 where 发货金额<>0
union all
select '合计' as 客户,年度,@yuefen as 月份,销售发货量,发货金额,0 as 比例 ,0 as 同
比,0 as 环比,'' from #xs2
drop table #xs000
drop table #xs00
drop table #xs0
drop table #xs1
drop table #xs2
drop table #xs3
```

二、供应商交货及时率统计表

1．案例应用场景

第六章案例客户需要根据采购订单时间对比采购入库的时间，从而来判断该供应商该批次送货是否及时，以此类推统计一定期间内的交货及时率，方便地对供应商进行考评。附：客户提供的手工交货及时率报表，如表 7-3 所示。

表 7-3　供应商交货及时率统计表

2021 年 9 月						
供应商	送货批数	及时到货批数	及时率	同　比	环　比	原因分析
	20	15	70%	12%	23%	

2．开发需求分析

客户需要统计供应商的交货及时率，我们在开发之前必须与客户协商统计的原则，因为供应商交货及时率是一个非常重要的评估依据，而且必须与客户达成到货的时间是以送检的时间还是合格入库的时间为依据，这是非常重要的。可以说开发需求分析有时候比开发实际工作更要紧，此方案是以外购入库的时间作为依据与采购订单的要求交货日期作比较来判断的。

3．开发样板语句

表 7-4 所示为根据该案例客户需求编制的二次开发语句，开发方式是直接使用 SQL 语句。

表 7-4　供应商交货及时率统计表开发语句

```
set nocount on
SELECT c.supplier,c.fnumber,c.fmodel,c.fname
,sumoutfqty=-sum(c.sumoutfqty),sumfqty=sum(c.sumfqty),
raio=case when sum(c.sumfqty)=0 then 100 else sum(-c.sumoutfqty)/sum(c.
sumfqty)*1000000 end
into #tempicitemscrapentry
from (
SELECT b.supplier,b.fnumber,b.fmodel,b.fname,
sumoutfqty=case when b.fqty<0 then b.fqty else 0 end,
sumfqty=case when b.fqty>0 then b.fqty else 0 end
--,raio=c.sumoutfqty/b.sumfqty*100 into #tempicitemscrapentry
from (select supplier=t_supplier.fname,t_icitem.fnumber,
t_icitem.fitemid,t_icitem.fmodel,t_icitem.fname,icstockbillentry.fqty
from icstockbillentry,icstockbill,t_icitem,t_supplier
```

```
where icstockbillentry.finterid=icstockbill.finterid
and t_icitem.fitemid=icstockbillentry.fitemid
and icstockbill.fsupplyid=t_supplier.fitemid
and icstockbill.fstatus<>0
AND icstockbill.fdate>='********'
AND icstockbill.fdate<='#######'
AND t_supplier.fnumber>='*SuppNo*'
AND t_supplier.fnumber<='#SuppNo#'
AND t_icitem.fnumber>='*ItemNo*'
AND t_icitem.fnumber<='#ItemNo#'
and icstockbill.ftrantype=1
) b) c
group by c.supplier,c.fnumber,c.fmodel,c.fname

SELECT b.supplier as '供应商',
b.fnumber as '物料编码',
b.fmodel as '规格型号',
b.fname as '物料名称',
b.sumoutfqty as '退货数量',
b.sumfqty as '入库数量',
b.raio as '不合格率%(退货数量/入库数量)'
from
 #tempicitemscrapentry as b
 WHERE b.raio>0
union all
select b.supplier+'小计','','','',sum(b.sumoutfqty),sum(b.sumfqty),
avg(raio)
from
 #tempicitemscrapentry as b
 WHERE b.raio>0
group by b.supplier
order by supplier,raio desc
drop table #tempicitemscrapentry
```

三、采购价格走势表

1. 案例应用场景

客户希望随时能直观地看到不同的材料、不同的供应商采购价格的波动情况，从而反映供应商供货政策及我们原材料成本的变动，以达到随时管理供应商的供货价格和内部产品成本的核算。附客户提供的手工报表格式，如表 7-5 所示，需要开发顾问在系统中实现。

表 7-5　采购价格走势

2021 年 9 月						
供应商	材料代码	材料名称	历史最高价	历史最低价	本月加权平均价	上浮比例
A	001		21	18	20	

2．开发需求分析

在开发之前，还是需要仔细地分析客户所提供的手工报表，其中一列就是本月加权平均价，以及客户需要看到的是针对每个供应商每月的平均价格的走势，并非是每单价格的走势，所以在开发的过程中，最先要统计查询月的不同供应商、不同材料的平均价，再调出同材料的历史最高价和最低价，从而计算出上浮比例。

3．开发样板语句

以下是根据该案例客户需求编制的二次开发语句，开发方式是编写存储过程，如表 7-6所示。

表 7-6　采购价格走势表开发语句

```
执行过程: cg_jgzs '********','########'
过程语句:


CREATE proc cg_jgzs    --cg_jgzs '2010-11-01','2010-11-30'
@ksrq datetime,
@jsrq datetime
As
set nocount on
select * into #xs0 from
(select t3.fnumber as 产品代码,(t2.famount/t2.fqty) as 历史单价
from icstockbill t1,icstockbillentry t2,t_icitem t3
where t1.finterid=t2.finterid and t2.fitemid=t3.fitemid and t2.fqty>0 and
t2.famount>0 and t1.ftrantype=1
)a
select * into #xs00 from
(select 产品代码,max(历史单价) as 最高单价,min(历史单价) as 最低单价 from #xs0
group by 产品代码
)a
select * into #xs1 from
```

```
(select t4.fname as 供应商,t3.fnumber as 产品代码,t3.fname as 产品型号,t3.fmodel
as 产品规格,
(sum(t2.famount)/sum(t2.fqty)) as 本月单价
from icstockbill t1,icstockbillentry t2,t_icitem t3,t_supplier t4
where t1.fdate>=@ksrq AND t1.fdate<=@jsrq and t1.finterid=t2.finterid and
t2.fitemid=t3.fitemid   and  t1.fsupplyid=t4.fitemid  and  t2.fqty>0   and
t1.ftrantype=1
group by t4.fname,t3.fnumber,t3.fname,t3.fmodel
)a
--select * from #xs00 order by 产品代码
select t1.*,t2.最高单价,t2.最低单价 from #xs1 t1
left join #xs00 t2 on t1.产品代码=t2.产品代码
order by t1.产品代码
drop table #xs0
drop table #xs00
drop table #xs1
```

第四节　触发器的定义及应用开发

一、定义

　　触发器是一种特殊类型的存储过程，它不是由用户直接调用。创建触发器时会对其进行定义，以便在对特定表或列作特定类型的数据修改时执行。

　　触发器可以强制执行业务规则，它在指定表中的数据发生变化时自动生效，唤醒调用触发器以响应 INSERT、UPDATE 或 DELETE 语句。触发器可以查询其他表，并可以包含复杂的 Transact-SQL 语句。将触发器和触发它的语句作为可在触发器内回滚的单个事务对待。

二、触发器的应用开发

1．自动增加采购申请单的即时库存、预计入库数、已分配数

　　(1) 案例应用场景：第六章案例客户所有的采购申请单都是由 MRP 运算直接所生成的，但是在确认采购需求时，客户还是希望直观地看见每种材料的即时库存及预计入库数和已分配数，以方便地计划人员及时调整采购需求。

　　(2) 开发需求分析：在系统中能自动更新数据，最直接的就是更改程序，但是目前市场上的 ERP 软件基本上都是已经成熟的软件，所有的源代码都未开发，要改程序基本上不可能。所以通过触发器去触发更新是一个非常好的做法。

开始编写该触发器，还必须先理清三个数据的来源。即时库存非常好理解，直接从库存表中取数即可。预计入库数要根据客户的业务模式来判断了，该客户的预计入库量主要包括采购订单、生产任务单和委外订单了。已分配数需要根据客户的业务模式进行判定，该客户的已分配数主要包括投料单中未发数、未出库的委外数和未出库的销售订单数。

(3) 触发器样板语句：如表 7-7 所示，这是根据该案例客户需求编制的触发器语句。

表 7-7　自动增加采购申请单的即时库存、预计入库数、已分配数语句

```
create trigger [xhg_cgsq] on [dbo].[porequest]
for insert,update
as
declare @Finterid int
select @Finterid=Finterid from inserted
select * into #data3 from
(select fitemid,sum(fqty) as fqty from icinventory group by fitemid
)a
select * into #data4 from
(select fitemid,(sum(fqty)-sum(fstockqty)) as fqty from poorderentry group
by fitemid
)a
update t2 set t2.Fentryselfp0131=t3.fqty,t2.Fentryselfp0132=t3.fqty
from porequest t1,porequestentry t2,#data3 t3,#data4 t4
where  t1.finterid = @Finterid and  t1.finterid = t2.finterid and
t2.fitemid=t3.fitemid and t2.fitemid=t4.fitemid
drop table #data3
drop table #data4
```

注：(1) 在采购申请单中单据自定义，增加三个字段"库存""预计入库量""已分配量"，字段设为数量格式。

(2) 在 SQL 查询分析器中，选择对应的数据库，执行上面的触发器即可。

(3) Fentryselfs0166 是"当时库存"的字段名，具体的字段名需要根据每个账套的字段查询中查看。

2. 增加生产领料单行中的销售订单号

(1) 案例应用场景：第六章案例客户所有的生产领料都是由关联生产任务单生成的，而生产任务单又是根据销售订单生成的。而金蝶 ERP 中的单据只会显示每张单据的原单，不会跨单显示单号。但是对客户而言，如果生产领料单中显示了销售订单号，就对统计每张销售订单的领料情况非常有利，从而希望开发顾问帮助完成销售订单号在领料单中的显示。

(2) 开发需求分析：客户的这个需求从逻辑上一点都不难，关键是成熟的软件源代码都已关闭，这时我们只能从 SQL 数据库表中根据关联信息调用需要的数据来更新某单据了。所以我们对待客户的需求可以采用触发器的方式，将销售订单、生产任务单和生产领料三单进行关联，从而实现自动更新某字段达到客户的需求。

(3) 触发器样板语句：如表 7-8，这是根据该案例客户需求编制的触发器语句。

表 7-8 增加生产领料单行中的销售订单号语句

```
create trigger [xhg_gxdd] on [dbo].[icstockbill]
for insert,update
as
declare @Finterid int
select @Finterid=Finterid from inserted
update t1 set t1.销售订单号字段=t4.fbillno
from icstockbill t1,icstockbillentry t2,icmo t3,seorder t4
where t1.finterid = @Finterid and t1.finterid = t2.finterid
and t2.ficmobillno=t3.fbillno and t3.forderinterid=t4.finterid
```

 ## 本章小结

(1) 本章介绍了 SQL 数据库基本常用语句，介绍了常用的语句编写技巧，加强了 SQL 语句的学习。

(2) 本章以宁波远景电器有限公司真实案例数据为载体，介绍 ERP 报表开发、触发器设计的方法与工具。

(3) 本章所涉及 ERP 个性化应用均基于 SQL 数据库平台开发，但对于一些辅助功能，例如新增单据等功能没有涉及。

 ## 实训课堂

试验一 查询 K/3 系统表结构
直接进入 SQL 后台数据库，查询 K/3 系统所有存储数据的对应表 ID 及名称。

试验二 语句导入
请问本章开发的销售订单统计表、供应商交货及时率统计表、采购价格走势表，应从 K/3 系统的哪个模块导入，导入时要注意什么问题。

 ## 复习思考题

1. 本章销售订单统计表是否有其他语句编写方法，如有请写出自己改进的 SQL 语句。

2. 本章供应商交货及时率统计表是否有其他语句编写方法，如有请写出自己改进的 SQL 语句。

3. 本章采购价格走势表是否有其他语句编写方法，如有请写出自己改进的 SQL 语句。

参 考 文 献

[1]杜建国. ERP 系统原理与应用[M]. 南京：东南大学出版社，2020.

[2]刘秋生，赵广凤，刘涛. 企业信息化工程理论与方法[M]. 南京：东南大学出版社，2016.

[3]李武韬. 金蝶 ERP 二次开发入门(项目教学版)[M]. 北京：清华大学出版社，2016.

[4]王惠芬，赵燕锡，黎文. 企业应用 MRPⅡ/ERP 的理论与实践[M]. 北京：北京大学出版社，2015.

[5]金蝶软件中国有限公司. 金蝶 ERP-K/3 标准财务培训教程[M]. 北京：人民邮电出版社，2014.

[6]胡凌. ERP 生产供应链管理实践教程：金蝶 K/3 版[M]. 北京：人民邮电出版社，2014.

[7]金蝶软件有限公司. 金蝶 ERP-K/3 完全使用详解[M]. 北京：人民邮电出版社，2013.

[8]吴鹏跃. ERP 项目实施教程[M]. 北京：清华大学出版社，2013.

[9]陈启申. ERP ——从内部集成起步[M]. 北京：电子工业出版社，2012.

[10]何亮，龚中华，付松广. 金蝶 ERP-K/3 模拟实战[M]. 北京：人民邮电出版社，2011.

[11]李湘琳，傅仕伟. 供应链管理系统实验教程：金蝶 ERP K/3 V12.1 版[M]. 北京：清华大学出版社，2010.

[12]Odd Jøran Sagegg, Erlend Alfnes. ERP Systems for Manufacturing Supply Chains: Applications, Configuration, and Performance[M]. CRC Press:2020-05.

[13]Gary A Langenwalter. Enterprise Resources Planning and Beyond: Integrating Your Entire Organization[M]. Taylor and Francis: 2020-01.

[14]王杰，刘刚屏，李崇，刘锦永. 浅谈 ERP 实施中主数据的重要性[J]. 科技与创新，2021(08).

[15]彭贵华. ERP 系统在财务管理中的意义及实施方案研究[J]. 财会学习，2021(02)

[16]王晓燕，樊世阳. 基于 NVivo 的 ERP 系统成功实施的关键因素分析[J]. 会计之友，2020(5)

[17]孟华敏. 我国制造企业 ERP 实施现状调查分析[J]. 经济研究导刊，2020(26)

[18]孙健，袁蓉丽，王百强. ERP 实施真的能提升企业业绩吗？[J]. 中国软科学，2017(08)